Alexander Redlich, Jens R. Elling · Potential : Konflikte

Windmühle GmbH · Verlag und Vertrieb von Medien · Hamburg

Potential: Konflikte

Alexander Redlich
Jens R. Elling

Ein Seminarkonzept zur KonfliktModeration
und Mediation für Trainer und Lerngruppen.
Mit Übungsmaterial und 10 Fallbeispielen

Moderation
in der Praxis

BAND 7

 Windmühle GmbH · Verlag und Vertrieb von Medien

Die Deutsche Bibliothek – CIP-Einheitsaufnahme

Redlich, Alexander:

Potential: Konflikte: ein Seminarkonzept zur
KonfliktModeration und Mediation für Trainer und Lerngruppen;
mit Übungsmaterial und 10 Fallbeispielen/
Alexander Redlich ; Jens R. Elling. - 1. Aufl. -
Hamburg: Windmühle, Verlag und Vertrieb von Medien, 2000
(Moderation in der Praxis ; Bd. 7)
ISBN 3-922789-78-1

1. Auflage 2000
©Windmühle GmbH, Hamburg
Alle Rechte vorbehalten
Layout: Regina Isterling, Hamburg
ISBN 3-933789-78-1

Inhalt

Kapitel 2

Kapitel 3

Vorwort des Herausgebers

Kaum war das Buch „KonfliktModeration" von Alexander Redlich angekündigt, da häuften sich schon die Bestellungen beim Verlag. Kein Wunder, denn das Bearbeiten von Konflikten ist nicht nur die Königsdisziplin der Moderatoren, es ist für Kommunikationsprofis wie für -laien in gleicher Weise angstbesetzt. Dazu lieferte Redlich mit seinem Buch fundiertes und klares Basiswissen über Entstehung und Eskalation von Konflikten und zeigte Ansätze von Lösungen.

Manch ein Leser hat aber auch die Erfahrung gemacht, daß zwischen dem Lesen und Verstehen einerseits und dem Umsetzen andererseits eine schmerzliche Lücke klafft. Die Souveränität zu haben, Spannung in Konfliktsitiationen auszuhalten und destruktive Energien in konstruktive Richtungen zu leiten, setzt ein hohes Maß an Selbsterfahrung und fachlich-methodischer Kompetenz voraus.

Dies ist der Grund, weshalb wir in der Reihe „Moderation in der Praxis" erstmals ein Trainingskonzept aufnehmen. „Potential : Konflikte" soll dazu anregen, sich gemeinsam mit anderen Menschen Lernsituationen zu schaffen, in denen der Umgang mit Konflikten mit „sicherem Netz" geübt und ihre Lösungskonzepte ausprobiert werden können.

Es ist eher ungewöhnlich, daß Autoren ein ausgereiftes und in jahrelanger Praxis validiertes Trainingskonzept veröffentlichen. Die meisten Trainer neigen eher dazu, ihre Konzepte geheim zu halten oder gar als Lizenzprodukt auf den Markt zu werfen, um nur ja keine Möglichkeit der Vermarktung auszulassen. Anders die Autoren dieses Buchs. Sie greifen damit eine gute alte Tradition der ModerationsMethode auf, die nur deshalb eine so große Verbreitung finden konnte, weil ihren Erfindern die Verbreitung wichtiger war als die Vermarktung – in unserer auf schnelle Gewinne ausgerichteten Zeit eine Ausnahme. Und dafür gilt den Autoren ein besonderer Dank des Herausgebers, den abzustatten auch, wie ich hoffe, im Sinn des Lesers ist.

Wer einmal am Ende von erfolgreich durchgearbeiteten Konfliktprozessen in die entspannten Gesichter der Beteiligten geschaut hat, in deren Augen Tränen der Erleichterung zu erkennen waren, der weiß, wie lohnend und wie herzstärkend die kompetente Arbeit an und mit Konflikten sein kann. Diese Erfahrung wünsche ich den Lesern, die sich auf die harte Arbeit einlassen. Der Erfolg ist Nahrung pur.

Einhard Schrader
im September 1999

Wem bietet dieses Buch was?

Dieses Buch ist für alle Trainer und Berater gedacht, die ihre Moderations-
fähigkeiten ausbauen wollen, um Konflikte in Arbeitsgruppen besser zu bewältigen und für neue Lösungen alter Probleme fruchtbar zu nutzen.

Es stellt das Konzept eines in langjähriger Seminarpraxis bewährten Trainings
der Konfliktmoderation dar und liefert eine Sammlung von rollenspielfähigen
Fällen, mit der sich interessierte Leser in kleinen Gruppen selbst trainieren
können. Jeder Fall ist als Trainingsmaterial mehrmals erprobt worden. Manche haben wir mehr als ein dutzendmal erlebt und immer wieder festgestellt,
daß sie hervorragend geeignet sind, Sicherheit bei problematischen Situationen zu gewinnen. Inhaltlich beruht dieses Training auf den Konzepten des
Buches „KonfliktModeration" von Alexander Redlich (1997a). Die Kenntnis
dieser Konzepte setzen wir beim Leser voraus.

Wie sieht die konkrete Praxis eines Konfliktmoderators nun aus? Am Beispiel
eines eintägigen Teamentwicklungsworkshops zum Führungsfeedback stellen
wir fünf Moderationsphasen dar, welche die Moderation von einzelnen Kon-
fliktthemen immer wieder durchlaufen muß. Wir arbeiten uns anschließend
durch diese fünf Phasen hindurch.

Im ersten Kapitel illustrieren wir am Beispiel eines 2 1/2 tägigen Seminars, wie
Sie als Trainer vorgehen können. Die Trainingsteilnehmer erproben sich dabei
als Konfliktmoderatoren im Rollenspiel an Fällen, die dem Arbeitsalltag
entlehnt sind und didaktisch aufbereitet wurden.

Für die Durchführung eines Trainings finden Sie im zweiten Kapitel 10 Fallbeispiele aus Wirtschaft und Verwaltung, Sozial- und Bildungsbereich.

Jeder Fall konzentriert sich auf eine der fünf Phasen einer vollständigen
Konfliktmoderation.

Er enthält die Beschreibung einer Ausgangslage, Instruktionen für die Rollenspieler und eine Hilfe für die Auswertung jeder Trainingseinheit.

Im letzten Kapitel können Sie nachlesen, wie aus einem Praxisfall ein Rollenspiel konstruiert wird. Damit soll es Ihnen erleichtert werden, selbst Konfliktfälle mit Ausgangslage und Rolleninstruktionen zu gestalten.

Wir wünschen viel Spaß!

Fallbeispiel
Aus dem Kampfgetümmel auf den Feldherrnhügel: Führungsfeedback als Teamentwicklungsmaßnahme

Ein Auftrag zur Teamentwicklung

Die Moderatorin eines großen Energieversorgers wird von einem Vorstandsmitglied des Unternehmens, Frau Dr. Klahn, angerufen. Es geht um die Forschungs- und Entwicklungsabteilung des Unternehmens. Frau Dr. Klahn ist für diese Abteilung zuständig.

„Der Leiter der Abteilung, Herr Horsh, wird von manchen seiner Mitarbeiter als überheblich, launisch und ungerecht erlebt. Die beschweren sich dann bei mir," erzählt Frau Dr. Klahn der Moderatorin, „es hat schon ein internes Führungsfeedback-Treffen mit den Leuten gegeben, aber die Mitarbeiter können wohl keine klaren Aussagen machen. Sie kommen mit ihrer Kritik nicht so rüber, wie ich mir das wünsche, sondern beschweren sich immer indirekt darüber, daß er ironische Bemerkungen mache, nicht alle gleich behandele usw. Ich habe sie immer darauf verwiesen, ihre Kritik mit ihm offen zu besprechen. Das haben sie aber nicht umgesetzt. Jetzt bin ich mit meinen Möglichkeiten am Ende und denke, das ist Sache der Personalentwicklung. Es ist doch ihre Aufgabe, Führungskräfte zu schulen und Teams zu besserer Kooperation zu bringen. Ich kann mit Herrn Horsh sprechen und darauf hinwirken, daß er sich von der Personalentwicklung beraten läßt. Vorher will ich aber mit Ihnen abklären, ob dies überhaupt sinnvoll ist."

Die Moderatorin kennt diese Abteilung kaum, da sie noch nicht sehr lange im Unternehmen ist. Sie weiß, daß die Forschungs- und Entwicklungsabteilung mit hochqualifizierten Naturwissenschaftlern besetzt ist. Sie befassen sich mit der chemisch-technischen Abstimmung von Maschinen (z.B. Lichtanlagen, Ölbrennern) auf die Energieformen Gas, Kohle, Öl, Wind und Sonne.

Sie bestätigt Frau Dr. Klahn, daß die Moderation eines Führungsfeedbacks durchaus sinnvoll sein könne, wenn Herr Horsh und seine Mitarbeiter das auch wollen. Allerdings müsse der Auftrag noch genauer geklärt werden. Zunächst mit Frau Dr. Klahn, später dann mit Herrn Horsh und den Mitgliedern der Abteilung. Dazu stellt sie Frau Dr. Klahn folgende Frage: „Woran würden Sie hinterher merken, daß die Moderation erfolgreich war?"

Frau Dr. Klahn antwortet auf diese klare Frage ebenso klar: „Ich würde das daran erkennen, daß die Mitarbeiter sich nicht mehr bei mir über Herrn Horsh beschweren, sondern ihre Kritik bei ihm direkt äußern. Ich würde daraus schließen, daß sich sein Führungsstil positiv entwickelt. Dabei soll allerdings der hohe Leistungsstand der Abteilung bestehen bleiben. Ich befürchte nämlich, daß sich das schlechte Klima zwischen Herrn Horsh und den Mitar-

Die vorgesetzte Stelle gibt die Richtung an

9

beitern irgendwann negativ auf die Leistungen der Abteilung auswirkt." Zudem zeigt sich rasch, daß Frau Dr. Klahn noch ein Hintergrundmotiv hat: „Herr Horsh hat durchaus das Zeug, innerhalb des Unternehmens weiterzukommen. Fachlich ist er Spitzenklasse, zeigt sich immer außerordentlich gut informiert und kann oft Verbindungen zwischen den Fachbereichen ziehen, die niemandem anderen sonst einfallen. Deshalb halte ich ihn für fähig, einen höheren Posten fruchtbar auszufüllen. Ich kann darauf positiv Einfluß nehmen, daß er so eine Position bekommt. Ich will dies aber nicht vorantreiben, solange er im Bereich der Mitarbeiterführung noch diese Schwäche aufweist. Wenn er allerdings innerhalb des nächsten halben Jahres zeigt, daß er mit seinen Leuten besser klar kommt, würde ich mich für ihn einsetzen."

Frau Dr. Klahn und die Moderatorin verständigen sich darauf, daß es darum geht, eine größere Offenheit zwischen den Mitarbeitern und Herrn Horsh herzustellen – woran auch immer die derzeitige Unoffenheit liegen mag.

In diesem Sinne kann sich die Moderatorin eine erfolgreiche Beratung vorstellen – immer angenommen, Herr Horsh und seine Mitarbeiter sind dazu bereit. Dazu müsse sich Herr Horsh – als erste Voraussetzung – bei der Personalentwicklung melden. Die Moderatorin fände es durchaus sinnvoll, daß Frau Dr. Klahn ihm diese Empfehlung gibt, letztlich müsse er diesen Schritt aber aus eigenem Antrieb tun, gegebenenfalls könnte man auch einen anderen Moderator außerhalb des Unternehmens einschalten.

Frau Dr. Klahn versichert ihr, daß sie genügend Fingerspitzengefühl besitze, um das hinzukriegen…

Einige Tage später ruft Herr Horsh die Moderatorin an und schildert ihr die Lage ähnlich: „Meine Mitarbeiter trauen sich nicht, in offener Weise Kritik an mir zu üben. Ich kann sie nicht dazu bewegen und brauche daher eine gute Moderation. Außerdem hat Frau Dr. Klahn wohl Zweifel an meiner Führungsfähigkeit. Ich halte mich aber – ehrlich gesagt – durchaus für eine gute Führungskraft und würde das gern unter Beweis stellen – auch lernen, mein Verhalten zu optimieren. Sie sind mir von mehreren Seiten empfohlen worden, und darum möchte ich mich gern mit Ihnen zusammensetzen, um das weitere Vorgehen zu besprechen." Das Gespräch findet rasch statt.

Mit Herrn Horsh kann sich die Moderatorin schnell verständigen. Er hört ihr interessiert und aufmerksam zu, besitzt offensichtlich eine schnelle Auffassungsgabe und hat Humor – einen etwas herben zwar, aber durchaus intelligent und differenziert. Sie kann sich vorstellen, daß er auf manche Leute arrogant und sarkastisch wirkt.

Die Teamleitung präzisiert die Ziele des Auftrags Er führt noch einmal aus, daß seine Mitarbeiter offenbar mit seinem Führungsstil nicht zufrieden seien. Das spüre er deutlich. Sie trauten sich aber offensichtlich nicht, klar damit herauszurücken, was ihnen nicht gefällt. Vielleicht wüßten sie es auch nicht so genau, daß sie es klar sagen könnten. Er möchte nicht wieder so ein „laues" Führungsfeedback wie beim letzten Mal bekommen, sondern stelle sich einen ganzen Tag vor, an dem jemand die Truppe so moderiere, daß mehr rüberkomme. Er möchte allerdings auch nicht „alleine auf dem heißen Stuhl sitzen", sondern fordert, daß die Mitarbeiter auch untereinander Feedback geben, damit nicht alles einseitig nur auf ihn ausgerichtet sei. Darüber habe er schon in der letzten Konferenz mit den Mitarbeitern geredet, und sie seien damit einverstanden, daß jemand von außen dieses Gespräch moderiert.

Die Moderatorin und Herr Horsh besprechen, wer zur Arbeitsgruppe gehört – es handelt sich um fünf leitende Mitarbeiter und Herrn Horsh. Sie verabreden, daß diese Gruppe in vierzehn Tagen in einem Tagungshotel für einen Tag zusammenkommt, um in einer offenen Atmosphäre kritische Punkte zwischen Mitarbeitern und Leitung sowie unter den Mitarbeitern selbst zu besprechen. Gegebenenfalls sollen Absprachen getroffen werden, wie die Kommunikation und Kooperation in der Arbeitsgruppe in Zukunft verbessert werden können.

Die Moderatorin vereinbart zudem mit Herrn Horsh, daß alle sechs Teammitglieder einen Teamfragebogen ausfüllen, anhand dessen die Moderatorin die Stärken und Schwächen der Arbeitsgruppe erfassen und die Tagung entsprechend besser auf die aktuellen Themen zuschneiden kann. Außerdem möchte sie sich ein zweites Mal mit ihm treffen, um ihn auf den Teamtag vorzubereiten.

Nach einer Woche erhält die Moderatorin die Fragebögen ausgefüllt zurück. Diejenige Kategorie, bei der die Arbeitsgruppe nach einhelliger Meinung am schwächsten abschneidet, lautet: „Die Teammitglieder gehen offen und ehrlich miteinander um." Alle geben an, daß dies nicht zutrifft. Weitere schwache Punkte des Teams sind offenbar die interne Kooperation und die Teamleitung, während die Aufgabenerfüllung, Kundenzufriedenheit, Qualifikation der Mitarbeiter, Kooperation mit anderen Bereichen des Unternehmens, Einsatz und Leistungsfähigkeit der einzelnen Personen die Stärken des Teams darstellen. Im Hinblick auf das schlechte Abschneiden des Leiters finden die meisten Mitarbeiter, daß er „Mitarbeiter zu wenig anerkennt" sowie „Konflikte nicht offen anspricht". Die Moderatorin trifft sich drei Tage vor der Tagung mit Herrn Horsh und bereitet ihn vor. Sie informiert ihn darüber, daß sie Vertraulichkeit sicherstellen wolle. Denn Offenheit werde nicht durch den festen Willen, Anweisungen oder Mut hergestellt, sondern entstehe durch Vertrauen langsam. Vertrauen könne nur wachsen, wenn Vertraulichkeit gewährleistet sei. Sie möchte daher die Tagung unter das Motto „Vertrauen durch Vertraulichkeit" stellen und plant im Kern eine Reihe von Vier-Augen-Gesprächen der Mitarbeiter untereinander und zwischen Mitarbeitern und Leiter. Es könne allerdings auch so kommen, daß es eine Feedback-Runde mit der gesamten Gruppe gebe, in der jeder Mitarbeiter Herrn Horsh vor den Augen der anderen differenziert rückmelde, was er oder sie an seinem Führungsverhalten gut bzw. schlecht findet. Sowohl bei den Vier-Augen-Gesprächen als auch im Fall der öffentlichen Feedback-Runde sei es wichtig, daß er aufmerksam zuhöre und die Aussagen der Mitarbeiter erst einmal aufnehme, ohne dazu kritisch Stellung zu nehmen.

Um ihm zu zeigen, wie man Feedback annehmen kann, beginnt die Moderatorin mit einem Feedback-Training für Herrn Horsh. Dazu läßt sie sich von ihm Feedback zu ihrem eigenen Fragebogen geben. Sie hatte nämlich den schrift-

Der Auftrag nimmt Gestalt an

Feedback-Training als Vorbereitung der Teamleitung

lichen Anmerkungen von Herrn Horsh entnommen, daß er manches am Fragebogen zu bemängeln hat. Herr Horsh gibt in seiner Rückmeldung an, daß eine Reihe von Fragen gar nicht auf seinen Bereich zugeschnitten seien, daß der Fragebogen zu lang sei, die Antwortalternativen zu wenig differenziert, und daß bei ihm und den Mitarbeitern erhebliche Zweifel bestünden, ob die Ergebnisse aussagekräftig seien. Die Moderatorin zeigt ihm modellhaft, wie man als Feedback-Empfänger aktiv zuhört, offen nachfragt und gelegentlich in eigenen Worten ausdrückt, was der andere gesagt hat, um zu prüfen, ob man es richtig verstanden hat. Sie erläutert ihm, daß es auch ihr schwerfällt, keine Erklärungen und Entschuldigungen zu geben, sondern sich auf die neuen Informationen zu konzentrieren. Er nimmt dieses kleine Lehrstück interessiert und aufmerksam auf. Außerdem gibt sie ihm eine Rückmeldung darüber, wie sie seinen Kommunikationsstil wahrnimmt. Herr Horsh hatte zuvor einen entsprechenden Wunsch geäußert. Die Moderatorin führt aus, daß sie ihn als aufmerksamen Zuhörer mit rascher Auffassungsgabe erlebe, der offenbar Humor besitzt. Sie merkt kritisch an, daß sein Kommunikationsstil gelegentlich eine sarkastisch-abwertende Komponente enthalte, wenn er über Dritte spricht, daß es bedrohlich wirke, wenn er zu lange ohne ein Wort und ohne sichtbare Resonanz zuhört. Herr Horsh zeigt bei diesem Feedback, daß er die Kritikpunkte ohne große Abwehr aufnehmen und Verständnisfragen von der Diskussion strittiger Punkte gut trennen kann. Hinterher sprechen beide über die Schwierigkeit, sich Kritik anzuhören, ohne den Gesprächspartner zu unterbrechen, um vermeintliche oder tatsächliche Mißverständnisse zu klären und um erläuternde Hintergrundinformationen zu liefern, die den einen oder anderen Kritikpunkt entkräften. Es wird Herrn Horsh zunehmend klarer, daß genau diese Fähigkeit gefragt ist, damit er die Mitarbeiter mit ihren Anliegen – gerade auch kritischen – besser versteht und sie das Gefühl bekommen, gehört zu werden. Dadurch entwickelt sich Vertrauen und Offenheit.

Die Moderatorin geht mit einem guten Gefühl aus dieser Sitzung.

Einstieg in den Teamtag

Kontakt stiften und Thematik kommen lassen

Am Teamtag stellt die Moderatorin sich und den bisherigen Auftrag genau vor und bittet die einzelnen Mitarbeiter, sich selbst auch vorzustellen und dazu Stellung zu nehmen, ob der mit Frau Dr. Klahn und Herrn Horsh besprochene Auftrag, mehr Offenheit in die Arbeitsgruppe zu bringen, auch für sie so stimmt. Die Vorstellungsrunde ergibt, daß dies genauso gesehen wird. Der Auftrag ist damit bestätigt. Im nächsten Schritt läßt die Moderatorin die Teilnehmer Zeichnungen anfertigen zum Thema „Unsere Arbeitsgruppe aus meiner Sicht". Jede Zeichnung soll in Form einer Metapher dargestellt werden. Sie zeigt den Teilnehmern als Beispiel eine von ihr selbst angefertigte Zeichnung über eine Arbeitsgruppe, der sie früher selbst angehört hat, und erläutert sie so, daß die Teilnehmer wissen, wie so eine Zeichnung aussehen kann und wie sie sie vorstellen können. Die Metaphern der Teilnehmer reichen von einfachen Diagrammen (Personen als Kreise in ihrer Nähe und Distanz zueinander oder als Planeten, die im Gravitationsfeld einer Sonne kreisen) über eine gut eingezäunte Wiese mit einigen Rindern (Stacheldrahtzaun? Stromzaun? Nein: Holzzaun!) und über die Symbolik einer Brücke bis hin zu einem kooperativen Tauziehen aller an der gemeinsamen Aufgabe.

Es wird zum Ausdruck gebracht, daß die Gruppe im Alltag ganz gut funktioniert, daß es aber auch Konfliktpotential in der Gruppe gibt – sowohl zwischen den Mitarbeitern als auch zwischen Mitarbeitern und Herrn Horsh. Die Besprechung der Zeichnungen führt zu einer Diskussion über die Profilierung der Einzelnen, die zur Karrieresicherung nötig ist: Alle möchten gern im Unternehmen weiterkommen. Ein unverfängliches „Miteinander", wie es die Unternehmensleitlinien („Miteinander arbeiten statt gegeneinander") vorsehen, ist deshalb nicht leicht umzusetzen. Die Teilnehmer äußern den Wunsch, daß alle diese Tendenz zur Profilierung im Team nicht verstärken, sondern vermindern sollten. Dann könne sich auch das „Miteinander" verbessern und mehr Offenheit und Vertrauen untereinander entstehen. Einige Mitarbeiter betonen, daß dabei Herrn Horsh als Vorbild eine prominente Rolle zufalle. Sie wünschen sich, daß er Konkurrenz nicht fördern, sondern mildern solle.

Das Gespräch über die Zeichnungen erzeugt überdies eine entspanntere Atmosphäre. Die anfängliche Spannung und Vorsicht lockert sich. Es werden Witze gemacht, „Sprüche geklopft", es wird interessiert nachgefragt, was das eine oder andere Detail in den Zeichnungen darstellen soll. Die Mitglieder der Arbeitsgruppe lernen sich aus einer anderen Perspektive kennen. Der sonst so nüchterne Chemiker Dr. Lutz z.B. stellt seine Sicht der Arbeitsgruppe in einem abstrakten Bild dar, das zu vielen Fragen Anlaß gibt, während die redegewandte Frau Reining Mühe hat, identifizierbare Rinder auf einer Weide zu zeichnen. Man hielt sie zunächst für Hunde. Kurzum: Es ist ein lockerer Kontakt zwischen den Teilnehmern entstanden. Zugleich hat sich bereits die Thematik der Tagung herauskristallisiert.

An dieser Stelle – ungefähr eineinhalb Stunden nach Beginn der Tagung – gelingt es der Moderatorin, das Thema der Gruppe zu formulieren: „Wie können wir – jeder Einzelne und Herr Horsh im besonderen – dazu beitragen, eine offene Kommunikation und Kooperation in der Arbeitsgruppe zu fördern – und sich trotzdem individuell nach außen und nach innen zu profilieren?

Ein Kernthema kristallisiert sich heraus

Sie legt nun eine Pause ein und bereitet die nächste Arbeitseinheit zu diesem Thema vor, während die Teilnehmer Zeit für ein zweites Frühstück haben. Die Moderatorin konnte sich einen Eindruck vom Kommunikationsstil der Mitglieder der Abteilung machen und zeichnet für sich die auf der nächsten Seite folgende Grafik auf. Jede Person wird darin als Kreis dargestellt, der um so größer ist, je aktiver, „raumgreifender" die Person sich bisher verhalten hat. Die Lage eines Kreises im Quadrat gibt an, ob die jeweilige Person eher Beständigkeit liebt und Ordnung sucht (oben) oder Abwechslung braucht und offen für alles ist (unten), eher Abstand hält und Distanz bevorzugt (links) oder zwischenmenschliche Nähe und Harmonie sucht (rechts). Schließlich zeigt die Helligkeit des jeweiligen Kreises, wie stark die Person dazu neigt, ihre Gefühle zum Ausdruck zu bringen: je dunkler der Kreis, desto emotionaler.

Die Moderatorin betrachtet die soziale Architektur der Gruppe

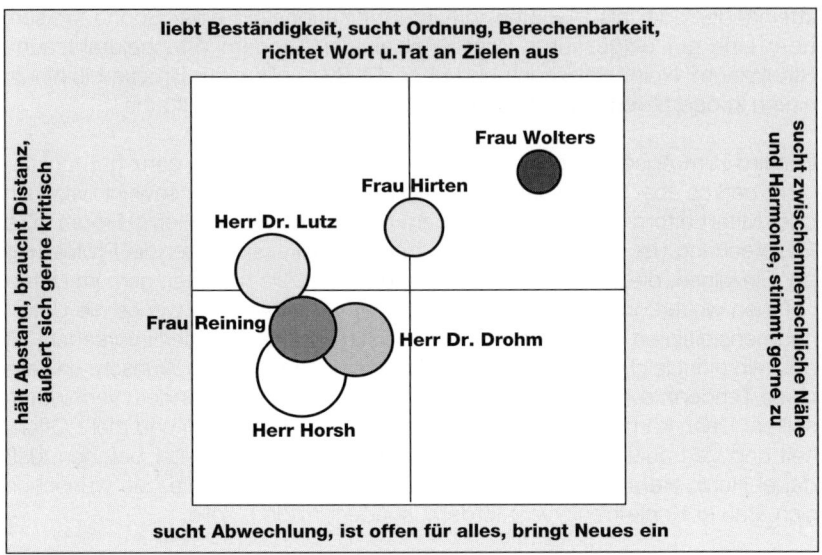

Abb. 1: Übersicht zur Sozialen Architektur der Gruppe

So verhält sich z.B. Frau Wolters eher zielgerichtet-geordnet, nimmt sich am wenigsten „Raum", ist also wenig aktiv, bringt aber ihre Gefühle deutlich zum Ausdruck. Wenn sie etwas sagt, stimmt sie anderen eher zu und setzt sich wenig von anderen ab. Sie verkörpert demnach in der Arbeitsgruppe so etwas wie „freundliche Rücksichtnahme". Ihr Gegenpol ist Herr Horsh. Er zeigt weniger Gefühle, ist der aktivste in der Gruppe, setzt sich in seinen Aussagen gern von anderen ab und verhält sich nicht so berechenbar wie Frau Wolters, sondern eher offen und kreativ. Er personifiziert so etwas wie „eigenwillige Provokation". Die vier großen Kreise deuten auf eine Mehrzahl hochaktiver, raumgreifender Gruppenmitglieder hin. Sie liegen zudem eng beieinander in der linken Hälfte der Grafik. Das zeigt an, daß die Mitglieder sich aktiv voneinander absetzen, und stützt die Annahme, daß in der Gruppe viel Wettbewerb herrscht. Da Herr Horsh sich offenbar ähnlich verhält, liegt die Vermutung nahe, daß er bei diesem Wettbewerb kräftig „mitmischt".

Die Einstiegsphase ist somit glücklich abgeschlossen. Die Moderatorin kann jetzt an die eigentliche Aufgabe gehen, offenes Feedback gegenüber der Führungskraft und untereinander zu fördern.

Anliegen sammeln

Die Moderatorin läßt in Form eines Briefes jedes Teammitglied an jedes andere eine Wunschliste formulieren. Alle erhalten die an sie gerichtete Wunschliste. Anschließend gibt jeder an, mit wem er ein Gespräch über die an ihn/sie gerichteten Wünsche führen möchte.

Wünsche und Anliegen sammeln

von: _____ an: _____

Ich wünsche mir, daß Sie …
weiterhin:

häufiger oder mehr:

weniger oder überhaupt nicht mehr:

Und außerdem:

Die Moderatorin fertigt aus den Gesprächswünschen eine Übersicht über die Gesprächspaare an. Die Gesprächsrunde findet in folgenden Paaren statt: Herr Horsh – Dr. Lutz, Frau Wolters – Dr. Drohm, Frau Hirten – Frau Reining. Die Moderatorin bietet zudem an, daß sie eines der Zweiergespräche moderieren kann, wenn die Gesprächspartner dies wünschen. Sie gibt den Gesprächen eine Stunde Zeit, bis alle wieder zu einer Zwischenbilanz zusammenkommen. Herr Horsh und Dr. Lutz möchten gern, daß die Moderatorin ihr Gespräch moderiert. Sie sind auch aus ihrer Sicht das Gesprächspaar, bei dem ihre Moderation dringend gebraucht wird.

Klärungsgespräch

Jedes Gespräch läuft für sich in den Schrittfolgen ab: Auftrag gestalten, Kontakt stiften, Themen sammeln, Sichtweisen klären und Lösungen aushandeln. So wie auch in dem folgenden Gespräch zwischen Herrn Horsh und Dr. Lutz.

Auftrag gestalten: Rollen und Richtungen festlegen

Sorgfältiger Einstieg
Die Moderatorin erwähnt zum Einstieg in das Gespräch kurz, daß es ihre Aufgabe ist, für eine geordnete Struktur des Gespräches und für Klarheit zu sorgen: „... dafür bin ich verantwortlich. Sie dagegen verantworten, was inhaltlich gesagt wird. Sie haben volle Kontrolle darüber, inwieweit Sie Ihre Meinungen offen und ehrlich zum Ausdruck bringen und was sie zurückhalten wollen. Es ist meiner Meinung nach taktvoll und vernünftig, daß Sie nicht alles so ungeschminkt zum Ausdruck bringen, wie Sie es vielleicht im Kopf haben. Es ist ein großer Fortschritt, wenn Sie beide sich am Ende mehr voneinander mitgeteilt haben als bisher und ihre Auffassungen und Hintergrundinteressen bei strittigen Punkten etwas genauer kennen."

Kontakt stiften

„Wie kam es dazu, daß Sie jetzt hier in der ersten Runde ein Gesprächspaar bilden?" So leitet die Moderatorin das Gespräch ein. Dabei besteht die Möglichkeit, die Anliegen und Themen zu benennen, die bearbeitet werden sollen, aber es besteht auch die Möglichkeit, etwas Persönliches zu sagen, zur Bedeutung der Beziehung der beiden Gesprächspartner oder seine momentane Stimmung zum Ausdruck zu bringen. So meint Dr. Lutz, daß er sich einerseits freut, weil er schon lange darauf gewartet hat, dieses Gespräch zu führen. Anderseits sei er aber auch sehr gespannt, weil es eben um kritische Punkte geht. „Mit der Wunschliste sind wir ganz gut auf die Punkte gekommen, aber jetzt wird's ernst", meint er. Herr Horsh nickt und meint, auch er möchte jetzt ganz konkret auf die kritischen Punkte kommen. So haben beide kurz noch einmal Übereinstimmung erzielt und Kontakt zueinander bekommen, bevor es „richtig" losgeht.

Themen sammeln und festlegen

Die Moderatorin schlägt vor, zunächst gemeinsam einige Minuten alle Punkte zu sammeln, über die die beiden sprechen wollen, um dann eine Reihenfolge festzulegen.

Themenübersicht

Die beiden sind einverstanden, es kommt schnell folgende Liste zusammen:

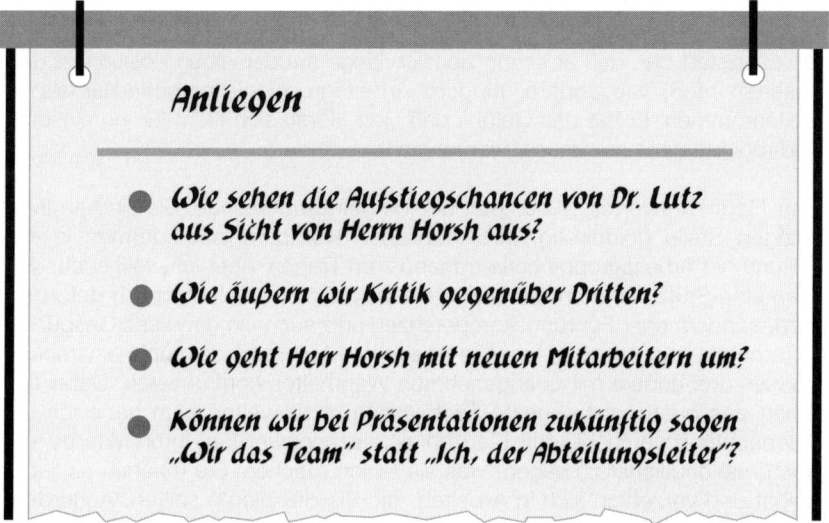

Abb. 2: Anliegen

Dr. Lutz möchte wissen, was Herr Horsh damit meint, daß er in seinem „Brief" geschrieben hat, er solle seine Grenzen realistisch einschätzen. Hier geht es um die Aufstiegschancen aus der Sicht von Herrn Horsh. Beide bemängeln, daß der andere seine Kritik nur Dritten gegenüber äußert. Herr Horsh möchte wissen, was es mit seinem kritischen Umgang mit neuen Mitarbeitern auf sich habe. Außerdem möchte Herr Dr. Lutz gern, daß Herr Horsh in Zukunft bei Präsentationen nicht nur in der „Ich-Form" die Ergebnisse der Abteilung vorstellt, sondern mehr betont, daß diese Ergebnisse ein Produkt des Teams seien. Gegebenenfalls solle er sogar einzelne Mitarbeiter benennen, welche die Ergebnisse erarbeitet haben.

Die Moderatorin fragt sie nach ihren Prioritäten. Beide meinen, daß es jetzt an der Zeit sei, über die Karrierechancen von Herrn Dr. Lutz zu sprechen. Der zweitwichtigste Punkt sei die Frage des Umganges von Herrn Horsh mit neuen Mitarbeitern. Das Problem „Kritik in Gegenwart Dritter" solle eher im Gesamtteam besprochen werden, weil es auch andere betreffe. Die Frage der Präsentation von Teamergebnissen durch Herrn Horsh alleine möchte dieser ebenfalls mit allen klären, um deren Sichtweise zu erfahren.

Die Moderatorin faßt zusammen: „Als erstes geht es jetzt darum, wie Sie beide die Aufstiegsmöglichkeiten von Herrn Dr. Lutz sehen." Sie wartet kurz ab, bis Zustimmung signalisiert wird, und fährt fort: „Ich schlage vor, zunächst führt Herr Dr. Lutz kurz aus, was er von Herrn Horsh wissen möchte, damit Herr Horsh dann seinen Standpunkt erläutert. Ich erlaube mir, in Ihren Dialog gegebenenfalls als Übersetzerin oder Vermittlerin einzugreifen." Auch hier gibt es Zustimmung.

Sichtweisen auseinandergesetzt klären

Dr. Lutz stellt dar, daß er schon ziemlich lange auf derselben Position ist und zusehen muß, wie andere, jüngere Arbeitsgruppenleiter schneller als er weiterkommen. Er hat das Gefühl, daß Herr Horsh sich nicht für ihn einsetzt, und möchte genauer wissen, warum nicht.

Herr Horsh antwortet: „Also, jetzt bin ich gefragt. Ich finde, Sie sind an Ihrer jetzigen Stelle goldrichtig. Ihre fachlichen Kompetenzen kommen in der Leitung der Arbeitsgruppe hervorragend zum Tragen. Aber ich weiß auch, daß man eine Stufe höher in der Karriereleiter gar nicht mehr fachlich gefordert wird, sondern eher Führungskompetenzen und auch ein gewisses Gespür für unternehmenspolitische Aspekte braucht. Man muß da auch einstecken können und andere mit unangenehmen Wahrheiten konfrontieren. Dabei hilft Ihnen das beste und neueste Fachwissen nicht weiter. Nun habe ich die Beobachtung gemacht, daß Sie sich ziemlich schwer tun, Ihren Mitarbeitern auch mal deutlicher zu sagen, was sie falsch machen. Sie machen es lieber selbst und verzetteln sich in Arbeiten, die Sie delegieren sollten. Außerdem sehe ich bei Ihnen wenig Interesse über den engeren Bereich der Chemie hinaus. Wenn wir im Kreis mit den anderen, die auch heute hier sind, über Unternehmenspolitik reden, dann sind z.B. Dr. Drohm und Frau Reining sehr wach und aktiv dabei, während man Ihnen richtig anmerkt, daß es Sie nicht interessiert. Das ist nicht Ihr Ding, das kann ich auch verstehen ..."

Dr. Lutz unterbricht: „Woher wollen Sie denn wissen, daß mich das nicht interessiert? Und die Sache mit der Delegation an Mitarbeiter ist ja gut und schön, aber das geht gar nicht bei jedem. Ich habe in meiner Arbeitsgruppe immer auch Leute, denen man die einfachsten Sachen zehnmal vormachen muß, bis sie das kapiert haben ..."

Nun unterbricht die Moderatorin wiederum Dr. Lutz: „Ich glaube, Herr Horsh war noch nicht ganz zu Ende. Wir sollten erst einmal alles hören. Dann können Sie dazu Stellung nehmen."

Eine Eskalation zeichnet sich ab: „Alte Geschichten" drohen

Herr Horsh: „Ich hab' sowieso schon das Wichtigste gesagt."
Dr. Lutz: „Ich glaube, Sie können einfach niemanden akzeptieren, der anders führt als Sie. Darum können Sie auch bei mir kein grünes Licht geben." – Herr Horsh: „Das können Sie so glauben, aber das stimmt einfach nicht!" – Dr. Lutz: „Doch, das war ja beim Vorgänger von Dr. Drohm, Herrn Vorgeleit, schon so. Der ist ja deshalb auch weggegangen. Sie haben ihm einfach keine Chance gegeben." – „Jeder erhält bei mir seine Chance. Aber es gibt eben auch Situationen, in denen deutlich wird, daß man seine Decke erreicht hat." –

Dr. Lutz (bitter): „Besonders, wenn man es mit einem demokratischen Führungsstil ernst nimmt, dann wird man hier schnell abgesägt." – „Das muß ich jetzt aber sehr deutlich zurückweisen: Das ist eine unhaltbare, nein – eine böswillige Unterstellung. ..."

Die Moderatorin unterbricht die sich entwickelnde Eskalation. Sie zieht die Aufmerksamkeit auf sich und beginnt einen Dialog mit Herrn Dr. Lutz, bei dem Herr Horsh erst einmal zuhört.

„Darf ich einmal unterbrechen ... Wollen wir der Sache mal in Ruhe und mit Sorgfalt auf den Grund gehen, Herr Horsh? ... Darf ich Sie fragen, Herr Dr. Lutz, was Sie damit meinen, wenn Sie sagen, daß Sie keine Chance hatten? Konkreter: Woran würden Sie merken, daß Sie Ihre Chance bekommen? Was müßte morgen und in den nächsten Tagen geschehen?"

Während Dr. Lutz seine Vorstellungen zum Ausdruck bringt, hört Herr Horsh aufmerksam zu. Die wichtigsten Punkte sind: Dr. Lutz möchte selbst vor dem Vorstand präsentieren, was seine Arbeitsgruppe entwickelt hat. Als stellvertretender Abteilungsleiter möchte er mehr Führungsaufgaben bekommen, welche die gesamte Abteilung betreffen, z.B. die Leitung der Abteilungsbesprechungen, wenn Herr Horsh nicht anwesend ist. (Bisher fallen dann die Besprechungen aus.) Er möchte selbständig mit anderen Unternehmen wie z.B. der Deutschen Brenner AG verhandeln. Herr Horsh schüttelt den Kopf, kann sich aber mit Hilfe der Moderatorin recht gut zurückhalten und zuhören.

Deeskalation durch konstruktive Zukunftsorientierung: Wünsche und Zielvorstellungen werden zum Thema statt alte Geschichten

Als Dr. Lutz fertig ist, sagt Herr Horsh nur kurz: „Das geht so nicht. Ich muß solche Aufgaben selbst machen. Das kann und will ich nicht delegieren. Hier geht es um Unternehmenspolitik, und es ist mir viel zu risikoreich, das abzugeben." Durch diese Aussage fühlt sich Dr. Lutz nur in seiner Auffassung bestätigt, daß Herr Horsh ihm keine Chance gibt. Er wendet sich fast triumphierend an die Moderatorin: „Sehen Sie, da hat man keinerlei Chance!" Herr Horsh reagiert gereizt: „Das stimmt nicht. Jeder kriegt seine Chance bei mir, aber wenn man so überzogene Vorstellungen hat wie Sie ...". Zwischen den beiden droht sich ein kleinliches Hickhack um die Frage zu entwickeln, was eine Chance ist oder was nicht. Um dieses Hickhack nicht eskalieren zu lassen, unterbricht die Moderatorin und fragt Dr. Lutz nach seinen Hintergrundbedürfnissen: „Was versprechen Sie sich davon, wenn Sie Ihre Ideen umsetzen könnten? Was wäre dann die Folge?" – Dr. Lutz antwortet nach kurzem Überlegen: „Ich könnte zeigen, was ich kann, und gegebenenfalls lernen, unternehmenspolitische Aspekte schärfer zu sehen und mich hier weiter zu entwickeln." – „Und Sie, Herr Horsh, was befürchten Sie, wenn Dr. Lutz diese Aufgaben übernimmt?" – „Das sagte ich ja schon, es ist mir zu risikoreich." – „Welches sind diese Risiken?" – „Also, die Abteilungsbesprechungen können sicher mal ohne mich stattfinden, aber unsere Ergebnisse vor dem Vorstand darzustellen, das bedarf einer detaillierten Kenntnis der verschiedenen unternehmenspolitischen Aspekte. Ein falsches Wort im Zusammenhang mit einem unserer Projekte, und der Finanzvorstand baut Barrieren auf, die wir in wochenlanger Kleinarbeit wieder abtragen müssen. Noch schlimmer ist es bei personalrechtlichen Fragen. Da muß man dann endlos mit dem Betriebsrat reden, weil der

Es reicht nicht: erneute Eskalation

Gegenmittel: Klärung der Hintergrundbedürfnisse: Befürchtungen und Hoffnungen

19

wieder die Flöhe husten hört. Und bei Verhandlungen mit anderen Unternehmen wird es noch riskanter, was man sagt. Das sind geschulte Juristen, die einem das Wort im Munde umdrehen, um rauszukriegen, wo unsere Schmerzgrenze bei Kostenkalkulationen liegt. Das muß ich alleine machen."

Lösungen aushandeln

Die Moderatorin wendet sich an beide: „Es sieht fast so aus, als kämen Sie hier nicht auf einen Nenner. Ich möchte Ihnen dennoch einen Vorschlag machen. Manchmal kommt man zu einem Kompromiß oder zu neuen Lösungen, wenn man einmal alle Ideen sammelt. Können Sie beide möglichst viele, vielleicht auch verrückte Ideen sammeln, die es Dr. Lutz ermöglichen, sich weiterzuentwickeln, und zugleich die Risiken von Herrn Horsh minimieren? Wir machen das nach Art eines Brainstormings: Alle Ideen sind erlaubt, Kritik oder Bewertungen sind erst einmal nicht erlaubt, und Ideen des anderen dürfen weiterentwickelt werden."

Nach anfänglichem Zögern kommen die beiden mit Hilfe der Moderatorin in Gang: Sie finden heraus, es sei zwar nicht möglich, daß Dr. Lutz selbständig Verhandlungen mit anderen Unternehmen führt, aber daß Herr Horsh ihn mitnimmt. Anschließend können sie die unternehmenspolitischen Aspekte der Gespräche unter die Lupe nehmen, damit Dr. Lutz hier mehr Einblick gewinnt. Außerdem soll Dr. Lutz in Zukunft die von seiner Arbeitsgruppe erarbeiteten Ergebnisse dem Vorstand selbst präsentieren. Allerdings nur unter drei Bedingungen: Er hat vorher mit Herrn Horsh die Präsentation genau durchgesprochen. Herr Horsh muß außerdem dabei sein und kann eingreifen, wenn aus seiner Sicht etwas schief zu laufen droht. Zudem sollen auch diese Präsentationen hinterher gemeinsam reflektiert werden. Abschließend läßt Herr Horsh es sich nicht nehmen, zu betonen, daß seine Bereitschaft, Dr. Lutz diese „Lernchancen" zu geben, nicht bedeutet, daß er schon für einen Karriereschritt grünes Licht gegeben hat. Lutz bemerkt dazu trocken, daß er auch gar nicht mehr erwartet hätte. Damit ist das Gespräch abgeschlossen. Man kommt wieder im Plenum zusammen.

Wieder zum Kernthema kommen

Eine kurze Bestandsaufnahme bei den übrigen Teilnehmern ergibt: Die Zweiergespräche haben zur Klärung einiger Fragen geführt. Die übriggebliebenen Themen betreffen vor allem Herrn Horsh. Es scheint deshalb an der Zeit für ein Führungsfeedback im Kreis aller Teilnehmer. Allerdings ist inzwischen Mittagszeit, und man beschließt, jetzt in die Pause zu gehen und in einer Stunde weiterzumachen.

Nach der Mittagspause sind noch drei Stunden Zeit. Die Moderatorin möchte die zentrale Thematik vom Vormittag aufgreifen, die sich bei der Präsentation der Zeichnungen herausgestellt hat. Hier geht es ihr zunächst darum, die einzelnen Themen zu sammeln, die sich hinter der zentralen Thematik verbergen, und dann jedes Thema zu klären und zu lösen, soweit es geht.

Zunächst sollen sich die Gruppenmitglieder jeweils zu zweit oder dritt zusammenfinden und folgende Frage bearbeiten:

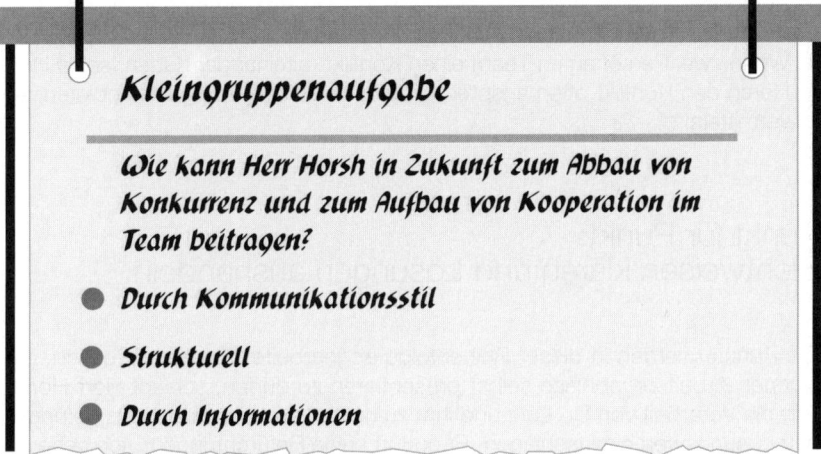

Abb. 3: Kleingruppenaufgabe

Sich in kleinen Gruppen vorbereiten schafft Sicherheit und Mut

Die Moderatorin sagt dazu, daß sie die einzelnen Wünsche, die ihnen wichtig sind, mit dieser Frage verbinden und damit das Führungsfeedback in eine konstruktiv-zukunftsweisende Form bringen sollen. Während die Teilnehmer sich darüber austauschen, sitzt die Moderatorin mit Herrn Horsh zusammen und läßt ihn darüber spekulieren, welche Punkte seine Mitarbeiter wohl nennen werden. Nach 20 Minuten kommen alle zusammen, und die beiden Teilgruppen machen ihre Vorschläge.

Folgende Themen werden in den Vordergrund gestellt:

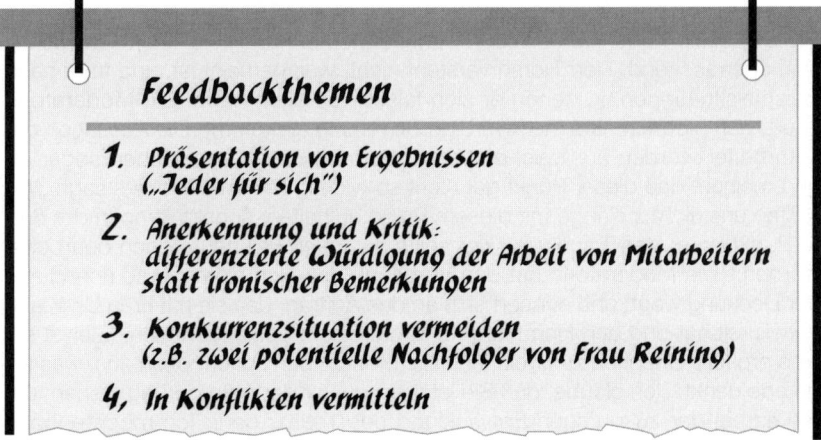

Abb. 4: Feedbackthemen

1. Die Mehrzahl der Mitarbeiter möchte ihre Arbeitsergebnisse im Vorstand oder vor anderen selbst präsentieren.
2. Einige wünschen sich, daß Herr Horsh ihre Arbeit differenziert würdigt und Kritik nicht mehr in ironische Bemerkungen verpackt.
3. Es sollten Situationen vermieden werden, in denen zwei Personen innerhalb des Teams um eine Stelle konkurrieren müssen. So dürften z.B. nicht zwei Personen als potentielle Nachfolger von Frau Reining eingestellt werden, wenn diese demnächst die Arbeitsgruppe verläßt.
4. Wenn zwei Personen im Team einen Konflikt miteinander haben, sollte Herr Horsh den Konflikt offen ansprechen und den Konfliktpartnern anbieten, zu vermitteln.

Punkt für Punkt:
Sichtweisen klären und Lösungen aushandeln

Die Punkte werden in dieser Reihenfolge abgearbeitet. Zu dem Wunsch, die eigenen Arbeitsergebnisse selbst präsentieren zu dürfen, schlägt Herr Horsh vor, die Vorarbeit von Dr. Lutz und ihm zu nutzen und den von ihnen gefundenen Lösungsweg einzuschlagen. Er äußert seine Befürchtungen: „Ich sehe da eine gewisse Gefahr, daß Sie in Ihren Präsentationen die strategische Komponente vernachlässigen. Dann bringen Sie zwar sachlich richtige Informationen ein. Diese Informationen werden aber nicht so umgesetzt, wie wir uns das wünschen, wenn man z.B. nicht genug über die Entscheidungswege weiß und sie strategisch vernachlässigt. Sie erinnern sich sicher an die Sache mit dem ‚Allesbrenner' im vorigen Jahr. Das ist deshalb im Sande verlaufen, weil die Sache während meines Urlaubs zum falschen Zeitpunkt und übereilt eingebracht wurde… Darum schlage ich vor, daß wir die Lösung, die Dr. Lutz und ich gerade entwickelt haben, auf alle übertragen." Nach einigen Nachfragen sind alle einverstanden. Diese Lösung soll noch mit Frau Dr. Klahn besprochen werden, damit es auch von ihrer Seite abgesichert ist.

Das Ausgangsproblem zeigt sich im Hier und Jetzt

Die Diskussion über den zweiten Punkt „Anerkennung und Kritik" entwickelt sich überraschend. Herr Horsh versteht nicht, was gemeint ist, und fragt nach Beispielsituationen, in denen er sich falsch verhalten habe. Die Moderatorin spürt, daß plötzlich eine merkwürdige Stimmung aufkommt. Die Aussagen der Mitarbeiter werden ausweichend und abstrakt. Einige schwächen sogar ab und meinen, daß dieser Punkt gar nicht so wichtig sei. Frau Wolters sagt: „Wir sollten uns nicht zu lange mit diesem Punkt aufhalten, sonst fällt noch der dritte Punkt unter den Tisch, und der sollte auf jeden Fall heute noch bearbeitet werden." Die Moderatorin hat den Verdacht, daß sich niemand so richtig aus der Deckung wagt, und erinnert sich an den Auftrag, den sie mit Frau Dr. Klahn entwickelt hat und den Herr Horsh und das Team bestätigt haben. (Ziel ist es, eine größere Offenheit zu erreichen.) Die Moderatorin spricht offen aus, was sie gerade denkt: „Ich glaube, daß Sie jetzt genau vor der Anforderung stehen, um die es bei der zukünftigen Entwicklung des Teams geht. Ich möchte Ihnen ganz offen sagen, was ich als Außenstehende hier gerade wahrnehme. Sie

Die außenstehende Moderatorin kann es auf den Punkt bringen

können ja dann prüfen, ob es aus Ihrer Sicht stimmt oder falsch ist. Eben hat sich nach meiner Sicht über die ganze Gruppe ein Kommunikationsstil verbreitet, den ich als ‚sehr vorsichtig' bezeichnen möchte. Diese Vorsicht könnte sehr schnell in Unoffenheit und verdeckte Kommunikation übergehen. Um Ihnen die Entwicklung von mehr Offenheit zu erleichtern, schlage ich vor, daß Herr Horsh zunächst einmal seine Vermutungen schildert; also was er glaubt, das Sie an seinem Kommunikationsstil kritisch sehen. Sie können das anschließend bestätigen, ergänzen und richtigstellen. … Sind alle damit einverstanden?" – Alle nicken gespannt, auch Horsh signalisiert seine Bereitschaft.

Während er seine Vermutungen schildert, notiert die Moderatorin die Punkte am Flipchart.

Der Mächtige äußert seine Vermutungen

„Da steht es ja: Man mag meine Ironie nicht. Ich weiß allerdings nicht, was jemanden daran stört. Ironie ist doch eine Form, jemanden indirekt, humorvoll und nicht in so bitterernster Form auf einen Fehler aufmerksam zu machen." Sie fragt nach, was er glaubt, das man „daran nicht mag". Herr Horsh: „Das weiß ich nicht." – „Weiß es jemand von Ihnen?" wendet sie sich an die anderen Mitglieder.

Dr. Drohm wagt sich vor: „Zu Anfang bin ich überhaupt nicht damit klargekommen, daß er so einen zynischen Humor hat. An manchen Tagen wußte ich überhaupt nicht, was er kritisiert, so indirekt war das, und ich hatte den Eindruck, daß er einfach nur irgendwie schlechte Laune hatte. Ich stand dann da wie ein dummer Junge und war hinterher stinksauer. Jetzt weiß ich, daß er das anders meint, als es so rauskommt, aber ich finde es immer noch nicht gut."

Dr. Lutz ergänzt: „Ich habe eigentlich auch nichts gegen ein bißchen Ironie und indirekte Kritik, die kurz und etwas humorvoll die Sache auf den Punkt bringt. Es ist bei ihm aber noch etwas anderes, was das eigentliche Problem ist. Ich habe den Eindruck, daß seine Ironie nicht wohlwollend ist, sondern immer so einen bitteren Beigeschmack hat, nicht von Wertschätzung getragen, sondern herabsetzend.…" – Herr Horsh unterbricht: „Das stimmt nicht. Ich meine das nicht so …" – Jetzt unterbricht die Moderatorin wiederum: „Moment, wenn Sie wirklich mehr Offenheit Ihnen gegenüber haben wollen, dann ist es ganz wichtig, jetzt wirklich zuzuhören und zu verstehen, was jeder meint." Herr Horsh hebt entschuldigend die Hände und murmelt ein OK. Die Moderatorin fährt fort, indem Sie auf das Flipchart zeigt und Dr. Lutz ansieht: „Was soll ich hier aufschreiben?"

Visualisierung ist wichtig

Dr. Lutz: „Wohlwollende Ironie ja – aber keine Herabsetzung! Und vor allem: nicht nur Fehlersuche, sondern auch Anerkennung!" Aus dem Kreis kommt Zustimmung. Die Moderatorin schreibt den ersten Teil auf und fragt in den Kreis: „Wie sieht wohlwollende Ironie im Gegensatz zu Herabsetzungen aus?" Frau Hirten wendet sich an Herrn Horsh: „Ich finde, das machen Sie doch oft genug – wohlwollende Kritik." – Die Moderatorin greift es auf und fragt sie: „Wie macht er das?" – „Zum Beispiel sagt er gern: ‚Da liegen Sie diesmal ausnahmsweise haarscharf daneben, Frau Hirten!' und dann lacht er dabei." – „Gibt es noch mehr solche Beispiele?" Sie denkt nach …: „Wenn er sorgenvoll die Stirn runzelt und seufzt: ‚Frau Hirten, Frau Hirten – da sind Sie gerade dabei, einen kapitalen Bock zu schießen,‘ und mir dann zeigt, wo der Fehler liegt.“

Die Moderatorin merkt, wie Dr. Drohm und Dr. Lutz unruhig werden. Da sagt Herr Horsh unvermittelt: „Ich möchte jetzt aber auch mal wissen, was herabsetzende Ironie ist.“ – Von Dr. Drohm kommt spontan: „Wenn Sie vor anderen Mitarbeitern sagen: ‚Das Denken sollte man den Pferden überlassen …‘ Da brauchen Sie gar nicht den Satz zu vollenden. Oder einer Ihrer Lieblingssätze ist: ‚Jetzt hat wieder jemand die höchste Stufe seiner Inkompetenz erreicht.‘ Man fühlt sich so nicht gerade aufgebaut.“ – Herr Horsh kontert: „Aber das ist doch gar nicht an Sie gerichtet!“ – „Ja, das ist es ja. Ihre ironischen Bemerkungen sind oft an niemanden direkt gerichtet. Niemand muß sich angesprochen fühlen, aber alle wissen doch, wie Sie über andere denken.“ Herr Horsh ist einen Augenblick verblüfft. Bevor er antworten kann, fordert die Moderatorin ihn auf, das so stehenzulassen, ohne es klarstellen zu müssen, und fragt ihn, ob er lieber weitere Beispiele hören möchte. Er: „Ja, nur zu, dafür sind wir hier.“ Frau Wolters meint: „Was Dr. Lutz vorhin sagte, müssen Sie noch aufschreiben: Mehr Anerkennung. Ich habe noch nie ein Lob gehört. Alles, was man gut macht, wird kommentarlos übergangen. Aber das ist der Stil im ganzen Unternehmen, da ist er nichts Besonderes.“ –

„Dennoch ist es Ihr Wunsch an Herrn Horsh?“ – „Ja, wie die Amerikaner das machen: ‚You did a good job!‘ Das muß ja gar nicht groß ausufern in Lobhudelei, kurz und prägnant.“

Während die Moderatorin aufschreibt, sagt Frau Reining, die bisher sehr wenig gesagt hat: „Ich habe jetzt eine Weile nur zugehört, weil ich ja wegen der neuen Position nicht mehr so betroffen bin von dem, was hier geschieht.“

Plötzlich sind alle ganz ruhig und gespannt.

Mehrere Gesichtspunkte werden in ein „ganzes Bild“ verpackt

„Dennoch möchte ich etwas sagen, was mir aufgefallen ist: Ich habe den Eindruck, daß die eben angesprochenen Punkte daraus resultieren, daß Sie, Herr Horsh, mit uns, vor allem mit den männlichen Mitgliedern der Abteilung, konkurrieren – trotz Ihrer Vorgesetztenposition. Ich habe so ein Bild, in dem Sie gewissermaßen bei uns unten im Kampfgetümmel der Konkurrenten mitkämpfen, obgleich Sie gar nicht dazu gehören, sondern eher auf dem Feldherrnhügel stehen sollten, von wo aus Sie ein Ausufern der Rivalität besser identifizieren und verhindern können. Ich finde, Sie sollten sich auf die Rolle des wohlwollenden Vorgesetzten konzentrieren und uns hier unten unsere Rivalitäten ausfechten lassen, bis Sie meinen, daß sie überhand nehmen. Sie könnten aus der Position auch mehr Anerkennung und Lob als bisher äußern und Kritik in ernsthafter Form zum Ausdruck bringen. Sie brauchen meiner Meinung nach sich und anderen nicht zu beweisen, daß Sie der Beste und Erste sind. Das sind Sie meiner Meinung nach sowieso unangefochten.“ Es ist völlig still, als ob alle die Luft anhalten. Man spürt die Spannung, wie Herr Horsh nun reagieren wird. Der wehrt zunächst etwas spöttisch ab: „Das wäre mir aber zu opahaft, zu abgehoben, und scheint mir auch ziemlich langweilig.“

Die Moderatorin faßt nach: „Wie sehen denn die anderen das? Stimmt das Bild vom Feldherrn, der unten im Getümmel der Rivalen mitmischt, statt auf dem Feldherrnhügel zu stehen?" Aus dem Kreis kommen zustimmende Signale. Einer sagt: „Abgesehen davon, daß der Feind fehlt, stimmt das Bild ganz gut."

Sie fragt Herrn Horsh: „Wie wäre das für Sie, mehr auf Abstand zu gehen und den Wettbewerb den anderen zu überlassen?"

„Ich kann mir das nur schwer vorstellen, was das heißt. Was soll ich denn genau anders machen?"

Die Moderatorin greift dies auf und fragt in die Runde: „Ja, wie soll das aussehen? Welche Vorstellungen haben Sie?"

Diese Frage öffnet die Gruppe. Es kommt schnell eine Reihe von detaillierten Beschreibungen zusammen: „Nicht immer gleich alles kommentieren, sondern ein bißchen abwarten." –

„In Arbeitsbesprechungen reihum die Diskussionsleitung machen lassen." – „Neue Mitarbeiter sollten Sie nicht gleich beim ersten Fehler kleinmachen, sondern ihnen Zeit geben zum Eingewöhnen." – „Auch mal sagen, daß jemand anderes recht hat," usw.

Die Moderatorin fragt Herrn Horsh zwischendurch, ob er noch mehr hören will. Er fordert auf, weitere Punkte zu benennen. Am Ende sagt er nachdenklich: „Das war zwar nicht unbedingt besonders angenehm für mich, aber ich wollte es ja, daß Sie heute und hier Klartext reden, um es dann nicht mehr Frau Dr. Klahn zu erzählen. Ich werde über Ihre Punkte noch im einzelnen nachdenken, aber ich kann sagen, daß dies in die richtige Richtung geht, auch wenn ich jetzt schon weiß, daß mir der tägliche Kampf fehlen wird und der wohlwollende vorgesetzte Opa nicht so recht meiner Wunschrolle entspricht."

Frau Reining fügt hinzu: „Nennen Sie es doch einfach neudeutsch ‚Coach'! So heißt, glaube ich, die wohlwollende Seite des Vorgesetzten im modernen Sprachgebrauch der Führungslehre." Ein Knoten scheint geplatzt zu sein. Die Moderatorin spürt eine gelöste Atmosphäre, während die Teilnehmer in die Kaffeepause gehen.

Es stehen noch zwei Punkte auf dem Themenplan. Die Moderatorin erinnert daran: Konkurrenz zweier Personen um eine Stelle und Herr Horsh als Vermittler bei Konflikten unter den Mitarbeitern. Die Gruppe meint, daß diese beiden Punkte schnell erledigt werden können. Herr Horsh sagt, daß die Vermittlung bei Konflikten zwischen Mitarbeitern ja gut zu seiner neuen Rolle als Coach paßt. Er würde gern wissen, ob zur Zeit ein solcher Konflikt zu bearbeiten sei. Dies wird verneint. Allerdings legen Frau Wolters und Herr Dr. Drohm Wert darauf, daß die beteiligten Personen vorher gefragt werden, ob sie überhaupt eine solche Vermittlung wünschen. Es wird verabredet, daß Herr Horsh einen möglichen Konflikt anspricht und sein Vermittlungsangebot macht. Die Beteiligten können dies dann aufgreifen oder ablehnen.

Zum letzten Punkt interessiert die Mitarbeiter, ob denn für die Nachfolge von Frau Reining zwei Personen eingestellt werden – von denen hinterher nur eine die Position erhalten kann. Dr. Lutz erläutert, daß dies der Stil des Hauses sei. In einem Fall habe das bereits zu einer ziemlichen Belastung des Arbeitsklimas geführt. Sein Wunsch ist es, daß Herr Horsh eine Wiederholung verhindert, damit die Rivalität in der Gruppe nicht unnötig angeheizt wird. Herr Horsh erwidert, daß es tatsächlich ein Grundsatz im Unternehmen ist, bei so hochrangigen Stellen gewissermaßen einen Wettbewerb durchzuführen, in dem sich die interessierten Personen beweisen müssen. Er macht eindrücklich klar, daß er hinter diesem Grundsatz stehe und daß man von Leuten in dieser Position verlangen dürfe, sich so einem Verfahren auszusetzen. Er wolle daher nicht auf diesen Wunsch eingehen. Im übrigen könne er auch gar nichts daran ändern. Die Gruppe gibt sich nach einigen Nachfragen zu vergangenen Erfahrungen mit diesem Verfahren damit zufrieden.

Nun sollte es noch zu konkreten Absprachen kommen. Dazu schlägt die Moderatorin vor, daß die Gruppe jetzt zusammenfassend das Erarbeitete in einer Vereinbarung festschreibt. Die Vereinbarung läuft auf eine Neuregelung der Interaktionen zwischen Herrn Horsh und den Mitarbeitern hinaus. Die Moderatorin zieht dazu das Flipchart mit den vier Themen aus dem gerade gelaufenen Feedback hinzu:

Transfersicherung durch neue Vereinbarungen

Verhaltensregeln für Herrn Horsh	Komplementäres Verhalten der Mitarbeiter
1. Herr Horsh läßt die Mitarbeiter ihre Arbeitsergebnisse vor dem Vorstand oder in anderen Situationen selbst präsentieren. Die Präsentation wird von den Mitarbeitern mit Herrn Horsh vorbereitet und hinterher ausgewertet. Die letzte Entscheidung darüber, wer es macht, liegt im Einzelfall bei Herrn Horsh.	Die Mitarbeiter präsentieren ihre Arbeitsergebnisse auf Wunsch selbst. Sie bereiten die Präsentation mit Herrn Horsh vor und werten sie mit ihm aus. Sie akzeptieren, wenn er entscheidet, daß er die Präsentation macht.
2. Herr Horsh vermeidet ironisch-herabsetzende Bemerkungen.	Die Mitarbeiter sagen direkt, wenn sie sich durch eine Bemerkung herabgesetzt fühlen.
3. Herr Horsh würdigt die geleistete Arbeit einzelner Mitarbeiter durch differenzierte Anerkennung.	Die Mitarbeiter fragen selbst nach und bitten um Rückmeldung.
4. Bei Konflikten zwischen Mitarbeitern bietet Herr Horsh frühzeitig seine Vermittlung an.	Das Vermittlungsangebot kann von einem oder beiden Konfliktpartnern abgelehnt werden. Die Konfliktpartner unterstützen die Konfliktvermittlung durch rechtzeitige Information über Unstimmigkeiten.

Abb. 5: Die vier neuen Verhaltensregeln werden vereinbart

Die Frage der Wettbewerbssituation für die Nachfolge von Frau Reining wird nicht in der Vereinbarung festgehalten, weil hier keine Veränderung vorgenommen werden kann. Die Moderatorin hält diese Vereinbarung schriftlich fest und fragt am Ende nach, ob alle dem Ergebnis zustimmen. Das ist der Fall. Es wird überdies abgesprochen, daß in Abständen von 14 Tagen in der Abteilungskonferenz über die Umsetzung und Fortschritte gesprochen wird.

Die Tagung endet mit einer „Blitzlicht-Runde", in der jede Person die eigene Stimmung in ein paar Worten beschreibt: „Nachdenklich und vorsichtig-optimistisch", „außerordentlich zufrieden", „erleichtert und gespannt, ob die neue Offenheit in den Alltag hinübergerettet wird", „erschöpft, aber es hat sich auf jeden Fall gelohnt", „gefühlsmäßig war das ein hartes Stück Arbeit, das muß erst mal noch sacken", „Sie haben es geschafft, das Team ein wichtiges Stück weiterzubringen – vielen Dank!"

Nach einem halben Jahr fragt die Moderatorin nach, wie sich die Lage im Team weiterentwickelt hat. Die Präsentationen machen die Mitarbeiter jetzt selbst, was sich sehr gut bewährt. Herr Horsh kann seine ironischen Bemerkungen nicht so ganz lassen, und spürbar mehr Anerkennung gibt es auch nicht, aber die Stimmung ist trotzdem besser geworden und gut geblieben. Um die Nachfolge von Frau Reining wurde keine Wettbewerbssituation eingeführt. Herr Horsh hat in einem schwierigen Konflikt zwischen dem Nachfolger Frau Reinings und Frau Hirten zur Zufriedenheit der beiden vermittelt. „Meistens ist er auf dem Feldherrnhügel", meint Dr. Lutz, „und seitdem ich den Eindruck habe, daß er meinen nächsten Karriereschritt unterstützen würde, habe ich keinen großen Drang mehr dazu."

Follow-up

Aus „Stoff" wie diesem sind die Übungsfälle in diesem Buch gemacht. Sie bieten reichlich Material zum Üben. An ihnen kann man in kleinen Lerngruppen oder unter Anleitung durch einen erfahrenen Konfliktmoderator und Trainer an Rollenspielen lernen, wie man den gesamten Verlauf strukturiert, die einzelnen Moderationsphasen sauber eröffnet und abschließt, für einen fairen Kommunikationsstil sorgt, zur zwischenmenschlichen Klärung beiträgt und sachliche Lösungen aushandelt. Über diese Basiskompetenzen der Konfliktmoderation hinaus ermöglicht unser Trainingskonzept auch noch viel feinere Lernprozesse, in denen es darum geht, den individuellen Moderationsstil zu entwickeln, der die eigenen Wertvorstellungen, Stärken und Schwächen berücksichtigt und den (sub-) kulturellen Besonderheiten der jeweiligen Zielgruppe gerecht wird.

Um die Fälle bewältigen zu können, kann man inzwischen auch im deutschen Sprachraum auf hilfreiche Literatur zurückgreifen. Glasl (1990) hat kürzlich für die Selbsthilfe ein handliches Buch (1998) herausgebracht, Thomann (1998) hat 10 Jahre nach der bewährten „Klärungshilfe" (Schulz von Thun u. Thomann 1988) sein eigenes Konzept ausführlich dargestellt. Die hier geforderten Konzepte und Kompetenzen findet man direkt in der KonfliktModeration von Alexander Redlich (1997a).

Die fünf Phasen der Konfliktmoderation

Bildlich gesehen stellen wir uns die Konfliktmoderation in Gruppen wie eine Führung durch schwieriges Gelände vor, in dem fünf Gefahren lauern. Das Handlungskonzept konzentriert sich auf die Bewältigung dieser Gefahren. Es umfaßt daher fünf Schritte: Beim Auftrag die Rollen und Richtung klären, Kontakt stiften, Themen sammeln und festlegen, Sichtweisen auseinandergesetzt klären und kreative Lösungen aushandeln.

Abb. 6: Die fünf Gefahren in einer Konfliktlandschaft

Fünf Schritte mußt du gehen, um den Konflikt zu überstehen

Am Anfang geht es um eine sorgfältige Gestaltung des Auftrages. Wenn die Moderatorin nicht herausarbeitet, in welche Richtung die Vorstellungen von Frau Dr. Klahn gehen, droht sie sich im Nebel falscher Vorstellungen zu verirren. Dann ist nicht feststellbar, wohin die Reise geht, ob die Ziele der Beteiligten zusammenpassen und ob man der geeignete Moderator für die Aufgabe ist. Wenn die Moderatorin die Zielvorstellungen der Teamleitung und die Themen der Teammitglieder nicht systematisch erhebt, arbeitet sie möglicherweise lange an ihnen vorbei oder treibt sie in berechtigten Widerstand. Gelingt es wie in dem geschilderten Fall, die Vorstellung vom Vorgesetzten und die Themen der Teammitglieder klar zu formulieren, so daß Übereinstimmungen und Gegensätze deutlich werden, kann man sie auch so miteinander koordinieren, daß alle daran arbeiten können. Erst dann handelt es sich um einen „gut gestalteten Auftrag".

Phase 1
Auftrag vereinbaren

Die Auftragsgestaltung beginnt, wie man sieht, mit dem ersten Telefonanruf und kann bis weit in das erste Treffen mit dem Team gehen. Kommt das Team zusammen, ist es wichtig, zwischen allen Anwesenden Kontakt zu stiften, um nicht mit der Tür ins Haus zu fallen. Am Anfang besteht die größte Anforderung darin, Angst und Abwehr bei den Beteiligten abzubauen, sonst versickert die Moderation gewissermaßen in der Wüste der Fassaden. Wenn nämlich jede Person nur darauf achtet, daß sie sich keine Blöße gibt, wird nur formal geredet, und es kommt zu keinem zwischenmenschlichen Kontakt. Um Kontakt zu stiften, läßt die Moderatorin jedes Mitglied der Arbeitsgruppe eine Metapher zum Thema „Unsere Arbeitsgruppe aus meiner Sicht" zeichnen. Jeder stellt sich und seine Sicht des Teams anhand der eigenen Metapher vor. Beim Austausch über die Bilder lernen die Teilnehmer sich einmal in anderer Weise kennen als bisher. Das Spektrum der Bilder ist breiter als das, was die Personen bis jetzt von sich kannten. Es ist meist überraschend, wenn z.B. ein knochentrockener Programmierer seine Sicht des Teams in die Metapher des Kinderspiels „Der Plumpsack geht rum" bringt, um zu zeigen, daß unangenehme Aufgaben in undurchschaubarer Weise verteilt werden, oder wenn eine unauffällige Mitarbeiterin zum Bild des Western „Spiel mir das Lied vom Tod" greift, weil ein aktueller Konflikt eine sehr alte persönliche Ursache hat.

Phase 2
Kontakt stiften

Diese Methode fördert aber nicht allein den Kontakt zwischen den Teammitgliedern. Sie führt schon direkt zum dritten Schritt der Moderation, der Themensammlung und -festlegung. In ihren Zeichnungen können die Beteiligten ihre Themen in einer ersten, noch verfremdeten Form darstellen. Das gibt ihnen eine gute Kontrolle, sich soweit zu öffnen, wie es ihnen im einzelnen richtig erscheint und möglich ist. Die Themensammlung verhindert, daß man sich gleich beim ersten Thema festbeißt und führt zu einem systematischen Überblick über alle Anliegen in der Arbeitsgruppe. Das ist wichtig, weil am Anfang leicht die Gefahr besteht, gewissermaßen im Sumpf der Ziellosigkeit unterzugehen, wenn man sich auf das erstbeste Thema einläßt, das wie Morast an den Füßen klebt, und womöglich nach zwei Stunden erhitzter

29

Phase 3
Themen sammeln

Debatte feststellt, daß es sich um ein vorgeschobenes Thema handelt. In unserem Fall entwickelt sich aus der Diskussion der Zeichnungen ein zentrales Thema: die Neugestaltung der Kooperation unter der Bedingung von Konkurrenz, die hier „Profilierung" genannt wird. Dieses Thema ist ein typisches Beispiel für ein Oberthema, unter dem die Beteiligten ganz unterschiedliche Einzelthemen zusammenfassen. Daher muß die Moderatorin den Gruppenmitgliedern die Möglichkeit geben, ihre einzelnen Themen zu bearbeiten. Dazu greift sie zu einem bewährten Verfahren: Sie sammelt nämlich nicht alle einzelnen Themen, sondern läßt sie als Wünsche aneinander formulieren und in Partnergesprächen direkt bearbeiten. Sie bietet sich als Vermittlerin an und wird prompt von den Gesprächspartnern gewählt, welche die brisanteste Thematik haben. Auch in diesem Gespräch achtet sie darauf, zunächst alle Themen zu sammeln, um dann diejenigen auswählen zu lassen, die den beiden Gesprächspartnern am wichtigsten erscheinen. Auf diese Weise umgeht sie auch hier den Sumpf der Ziellosigkeit.

Phase 4
Sichtweisen klären

Nun geht es an die eigentliche Klärung des Konfliktes. Hier besteht die größte Gefahr darin, daß sich die Konfliktklärung im Dickicht der Argumente verliert. Konfliktpartner neigen dazu, sich argumentativ durchsetzen zu wollen. Sie hören einander schlecht zu, unterbrechen sich häufig und können sich in der Regel nicht überzeugen. Argumente werden kaum systematisch diskutiert, sondern eher wie Einzelschläge geführt und abgewehrt. Diese Gefahr umgeht man dadurch, daß man beide Seiten getrennt hört, statt sich miteinander unlösbar verstricken zu lassen. Man umgeht gewissermaßen das Dickicht der Argumente auf zwei Seiten.

Die Moderatorin läßt Dr. Lutz und Herrn Horsh relativ frei miteinander sprechen, achtet aber sorgfältig darauf, daß sie ihre Sichtweisen vollständig und ungestört darlegen können. Wenn sie den Eindruck hat, daß sie einander nicht verstehen, drückt sie das Gesagte in verständlicher und akzeptabler Weise aus, übernimmt also die Rolle der Übersetzerin. Außerdem sorgt sie dafür, daß auch harte Aussagen und Vorwürfe in fairer Form zum Ausdruck kommen. Sie unterbricht eine zunehmende Eskalation und geht mit jedem in den Dialog. Manchmal reicht schon dieses klärende Gespräch aus, um den Konflikt aufzulösen.

Phase 5
Lösungen aushandeln

Aber oft beharren die beiden Seiten trotz einer guten Klärung auf ihren individuellen Interessen. Wir nennen dies das Gebirge der Sturheit, das noch überwunden werden muß, wenn es zu einer langfristig stabilen Bewältigung des Konfliktes kommen soll. Es müssen meist Kompromisse und manchmal neue Lösungen gefunden werden. Dazu verwendet die Moderatorin die Methode des Brainstorming.

Dieses Vorgehen wiederholt sich bei allen Themen, auch wenn man statt mit zwei Personen mit der ganzen Gruppe arbeitet. Im vorliegenden Fall kommt es zu einer offenen Klärung kritischer Punkte in Form einer Rückmeldung an die Führungskraft. Daraus entwickeln die Teammitglieder gemeinsam mit der Führungskraft eine Reihe von Lösungsideen. Am Ende steht hier eine Vereinbarung.

Kapitel 1
Das Training in der Lerngruppe:
Schritt für Schritt

In diesem Seminar lernen die Teilnehmer, wie sie als dritte und neutrale Seite zwei streitenden Personen oder einer konfliktbelasteten Gruppe zu einer Konfliktklärung und -lösung verhelfen können. Wir bezeichnen die vermittelnde Konfliktbearbeitung mit zwei streitenden Personen ohne Anwesenheit weiterer Bezugspersonen als „Mediation" und die Arbeit mit streitenden Personen in einer Gruppe von drei oder mehr Mitgliedern als „Konfliktmoderation", weil hier über die reine Vermittlung (= Mediation) hinaus weitere Aktivitäten im Sinne einer „mäßigenden" Steuerung der Gruppe (= Moderation) hinzukommen (s. Glossar S. 224). Eine Konfliktmoderation stellt erhöhte Anforderungen an den Moderator. Aber sie kann auch mehr Ressourcen in Anspruch nehmen. Denn in jeder Gruppe gibt es neben den Konfliktpartnern und -lagern meistens auch neutrale Gruppenmitglieder, die in der Konfliktbearbeitung wichtige – dritte – Perspektiven einbringen und auf lange Sicht die Verbindlichkeit von Vereinbarungen zur Konfliktlösung erhöhen. Dieses Potential gilt es durch eine professionelle Konfliktmoderation zu nutzen.

Mediation bedeutet Vermittlung bei zwei Personen

Konfliktmoderation bedeutet Vermittlung in Gruppen

Der Rahmen: Man nehme …

…acht lernwillige Seminarteilnehmer, die zukünftig in professioneller Weise dazu beitragen wollen, daß Konflikte fruchtbar bewältigt werden,
…zwei Räume mit wenigstens 50 und 15 Quadratmetern,
…ausreichend Moderationsmaterial, das heißt: ein bis zwei Flipchartständer inklusive 25 Flipchartbögen, zwei bis vier Pinnwände, sowie verschiedenfarbige Kärtchen, Stifte, Klebepunkte, Nadeln usw.,
…vier Konfliktsituationen aus diesem Buch, die zu den zukünftigen Konfliktfeldern der Teilnehmer passen,
…und einen Trainer.

Das Ganze gebe man in ein Seminar, das fünf halbe Tage à 4 bis 6 Zeitstunden umfaßt.

In einem 90minütigen Rollenspiel wird eine Konfliktszene simuliert und moderiert. Sechs der acht Teilnehmer nehmen die Rollen von Mitgliedern einer Arbeitsgruppe ein, in der sich der Konflikt abspielt. Die beiden anderen Teilnehmer übernehmen die Rolle der Konfliktmoderatoren („Tandem"). Der Trainer sieht dem Rollenspiel von außen zu, leitet bei Bedarf eine Auszeit ein, in der er die Moderatoren auf Wunsch unterstützt, und sorgt für die Einhaltung der Zeitvorgaben. Das Geschehen läuft – kurz gesagt – folgendermaßen ab: Der Trainer gibt den Konfliktmoderatoren in Form einer Ausgangslage quasi

Die Spielanleitung

 **90 Min**

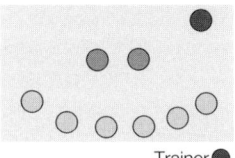

**Rollenverteilung
im Seminar**

Trainer ●
verantw. Moderator ◉
Rollenspieler ○

den Auftrag für die Bearbeitung des Konflikts. Sodann bereiten sich die beiden Moderatoren auf die Moderation des Falles vor. Die anderen sechs Teilnehmer erhalten Rolleninstruktionen, damit sie in der Lage sind, die Mitglieder der Arbeitsgruppe und den Konflikt zu spielen. Damit sind alle Vorbereitungen getroffen. Das Rollenspiel wird durchgeführt. Danach erfolgt eine ausführliche Auswertung der gemeinsam erlebten Konfliktbearbeitung, die vom Trainer geleitet wird.

Voraussetzungen bei den Teilnehmern

**Die Teilnehmer
sollten bereits
Basiskompetenzen der
Gesprächsführung
mitbringen**

Die Teilnehmer sollten grundlegende Kompetenzen aus ihrer Tätigkeit als Gruppenleiter und Trainer mitbringen. So setzen wir voraus, daß die Teilnehmer mit Moderationsmethoden (z.B. Klebert, Schrader, Straub 1994) so vertraut sind, daß sie Gruppenprozesse inhaltlich offen halten und zugleich klar strukturieren können. Sie sollten in der Lage sein, ein Brainstorming so anzuleiten, daß es nicht an der Oberfläche bleibt oder gar im Wetteifer der Skeptiker eine neue Variante des Konfliktes produziert, sondern zu einer Atmosphäre gemeinsamer Produktivität und schwungvoller Kreativität führt.

Außerdem sollten sie aus der Beratung von einzelnen Personen darin geübt sein, aktiv zuzuhören (s. auch Jacobs u. Redlich 1998). Diese Fähigkeit ist nach dem Harvard-Konzept der Konfliktverhandlung (Fisher u. Ury 1984) von besonderer Bedeutung, um die Hintergrundinteressen der Konfliktpartner, d.h. ihre tieferliegenden Wünsche und Bedürfnisse, von vorgeschobenen Positionen unterscheiden und auf den Punkt bringen zu können.

Variationen sind möglich

Unser Standardvorgehen sieht so aus: Vier verschiedene Konfliktsituationen werden an einem Wochenende durchgespielt und ausgewertet. Etwa 14 Tage vorher findet ein halbtägiges Einstiegstreffen statt, in dem die Seminarteilnehmer einander kennenlernen, die vier Konfliktfälle vorgestellt und an ihre Moderatoren verteilt werden. Wir haben auch andere Varianten mit Erfolg erprobt:

- ▧ Das Seminar findet als Blockseminar an 2 1/2 Tagen statt oder wird über mehrere Tage (bis zu fünf Wochen) verteilt.
- ▧ Die Teilnehmerzahl umfaßt maximal 12 Teilnehmer. Dann bestehen die Moderatorenteams aus drei Personen, die sich ihre Aufgaben sehr klar aufteilen müssen. Außerdem gibt es bei jedem Spiel Beobachter.
- ▧ Das Seminar wird von zwei Trainern geleitet.
- ▧ Statt vier verschiedene Konfliktsituationen spielt man einen einzigen Fall von vorn bis hinten durch. Dazu muß man nach jeder Moderation eine klare, bei Bedarf auch neue Ausgangslage für alle Mitspieler schaffen.

Auf den nächsten Seiten wird das Vorgehen ausführlich am Beispiel erläutert, damit man das Seminar als Trainer Schritt für Schritt durchführen kann.

Der Einstieg: Teilnehmer lernen sich kennen...

Ein Einstiegstreffen dient dem Kennenlernen der Teilnehmer und thematisiert zugleich die erste Phase der Konfliktmoderation, die Auftragsvereinbarung. Ziel ist es, eine Vereinbarung mit der vorgesetzten Person der konfliktbehafteten Arbeitsgruppe zu treffen. Diese vorgesetzte Person kann die Führungskraft des Teams sein oder auch der im Rang nächst höhere Vorgesetzte. Im Einstiegstreffen übernimmt der Trainer die Rolle des Vorgesetzten und vergibt aus ihr heraus die Aufträge an die Moderatorentandems.

 **5 Std.**

Das Treffen dauert etwa fünf Stunden und findet idealerweise etwa zwei Wochen vor dem eigentlichen Trainingswochenende statt. Dadurch, daß die Moderationsaufträge längere Zeit vor dem Seminar vergeben werden, haben die Moderatorentandems wie in einer realen Situation Zeit, ihre Moderation vorzubereiten. Läßt sich dieser Planungszeitraum nicht realisieren, beispielsweise weil die Teilnehmer lange Anfahrtswege zum Seminarort haben, kann man das Einstiegstreffen auch unmittelbar vor dem Training durchführen. Dann sollte man jedoch zwischen Einstieg und erster Moderation etwa zwei Stunden als Vorbereitungszeit zusätzlich einplanen.

Bei solchen 2 1/2 tägigen Seminaren beginnen wir um 14 Uhr. So können alle vormittags anreisen. Das Einstiegstreffen geht bis 19 Uhr. Der Abend steht den Teilnehmern für die Vorbereitung ihrer Moderation zur Verfügung, und am nächsten Vormittag findet die erste Moderation statt.

Im Einstiegstreffen stellen wir nach der Begrüßung der Teilnehmer den Kerngedanken des Seminars vor:

Trainer:
Der Sinn und Zweck des Seminars besteht darin, erfahrenen Beratern und Trainern einen Rahmen zu bieten, in dem sie ihre Handlungskompetenzen für konfliktträchtige Gruppensituationen erweitern können. Zentrale Lernmethode ist das Rollenspiel, viermal über etwa 1 1/2 Stunden. In dieser Zeit können die Teilnehmer zu zweit Moderationsmethoden erproben, die sie in einer realen Konfliktsituation nicht so einfach ausprobieren würden. Dadurch machen wir gemeinsame Erfahrungen, die wir systematisch auswerten können, um unser Handlungsrepertoire zielgerichtet und individuell zu erweitern.

**Sinn des Seminars:
viel üben, um seine
Handlungskompetenz zu
erweitern**

Zur Orientierung verwenden wir einen Ablaufplan, der als Dramaturgiekurve mit Kärtchen auf einer Pinnwand veranschaulicht wird. Der Vorteil dieser Darstellung besteht in der flexiblen Handhabung und der großen Übersichtlichkeit: Ändert sich etwas, braucht man nur eine Karte neu zu schreiben. Den Plan vorzustellen dauert zehn Minuten. Anschließend bleibt er während des gesamten Treffens für alle gut sichtbar im Raum stehen. Die Zeitplanung und damit in etwa die Dauer der einzelnen Einheiten steht auf den grauen Kreiskarten.

 **10 Min**

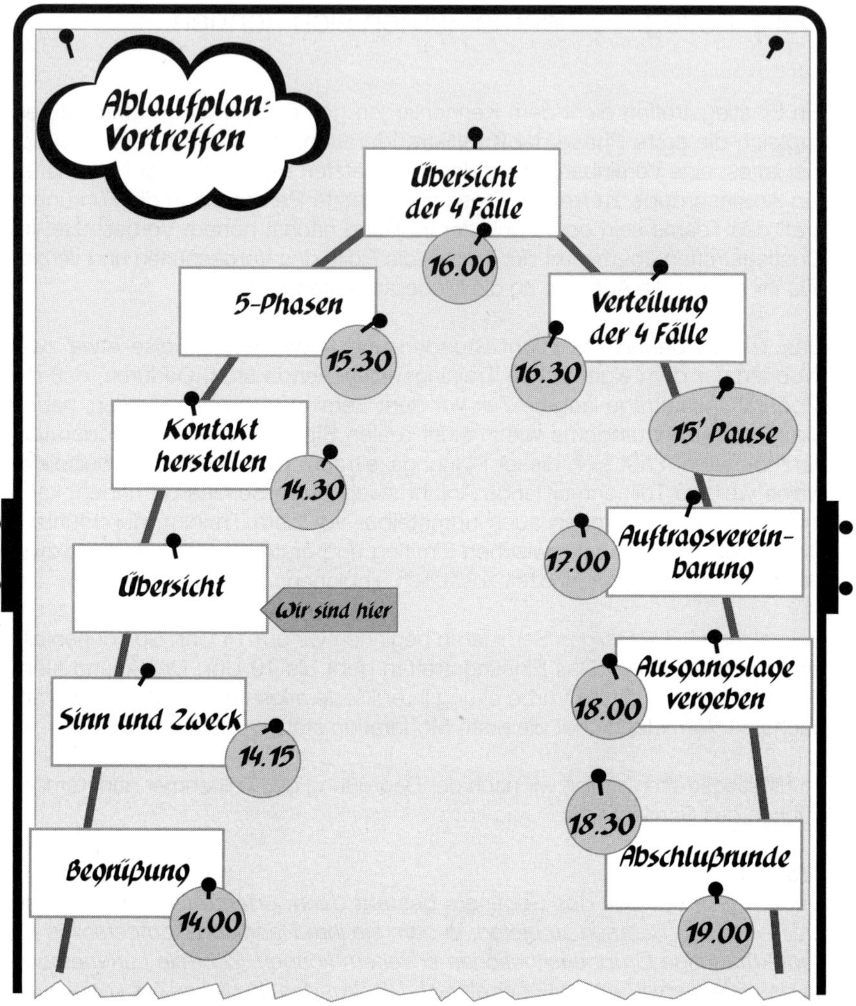

Abb. 7: Übersicht Einstiegstreffen

60 Min

Kontakt herstellen

**Ein starkes
Beziehungsnetz ist
hilfreich für den
Lernprozeß**

In der zweiten Phase einer Konfliktmoderation geht es darum, ein gutes
Beziehungsnetz aufzubauen. Dieses ist sowohl für die Bearbeitung von
Konflikten notwendig wie auch für das Gelingen des Seminars, denn die Teilnehmer begeben sich in eine stressige Situation, die manche wie eine Prüfung
erleben. Zu Beginn schwingt oft die Angst mit, sich vor Kollegen (oder Fremden) zu blamieren, wenn man „Anfängerfehler" bei seiner Moderation macht.
Nur auf der Basis von Vertrauen und Offenheit braucht niemand zu befürchten, sein Gesicht zu verlieren.

34

Zum gegenseitigen Kennenlernen haben wir mit folgenden beiden Übungen (weitere Anregungen siehe auch Vopel 1974 und Luther u. Maaß 1994) gute Erfahrungen gemacht:

Kraftfeldrunde

20 Min

In der Anfangsrunde erhält jeder Teilnehmer die Gelegenheit, sich zur eigenen Person, seinen Befürchtungen und den Erwartungen zum Seminar zu äußern. Eine solche Runde läßt sich durch ein „Kraftfeldbild" verdichten und mit etwa folgenden Worten einleiten:

Ewartungen und Befürchtungen, um dem Seminar die richtige Zielrichtung zu geben

Trainerin:
Bitte stellen Sie sich in der Mitte dieses Raumes ein unsichtbares Gummiband vor. Dieses ist zwischen Ihnen und dem Ort gespannt, von dem aus Sie heute morgen losgegangen sind. Durch das Band wirken zwei Kräfte in entgegen-gesetzter Richtung auf Sie. Zum einen gibt es Kräfte, die Sie heute morgen hier hergezogen haben: Ihre Erwartungen...(kleine Pause). Zum anderen gibt es möglicherweise Kräfte, die Sie heute morgen von hier aus weggezogen haben bzw. die Sie hier wegziehen würden. Das können Befürchtungen sein oder einfach Dinge, die Sie heute nicht tun, weil Sie hier sind...

- *Nennen Sie bitte in der nun folgenden Runde Ihren Namen, etwas zu Ihrer Person, soweit Sie wollen, und etwas über die gerade auf Sie einwirkenden Kräfte...(kleine Pause)*
- *Wer anfangen möchte, fängt an, und dann geben Sie das Wort an Ihren Nachbarn zur Linken.*

Abb 8: Flipchart – Kraftfeld

Für uns steht der erste Eindruck im Vordergrund. Wir nehmen mit jedem Teilnehmer Blickkontakt auf und lassen ihn zu Wort kommen. Wenn wir Informationsbedarf haben oder etwas nicht verstanden haben, fragen wir einfach nach. Falls sich die Erwartungen Einzelner nicht mit den Zielen des Seminars decken, nehmen wir dazu Stellung, um Veränderungen im Seminarkonzept oder in den Teilnehmerinteressen abzusprechen. Dasselbe gilt für ernstzunehmende Störungen und Befürchtungen, die einzelne Personen daran hindern, sich auf das Geschehen einzulassen.

40 Min

Aktives Zuhören und Partnergespräche schaffen Vertrauen und Offenheit

MOMO-Übung

Mit der zweiten Übung schlagen wir „zwei Fliegen mit einer Klappe". Zum einen erhalten die Teilnehmer die Gelegenheit, sich etwas näher kennenzulernen, zum anderen frischen sie ihre Kenntnisse über die Methode des aktiven Zuhörens auf. Aktives Zuhören ist eine der wichtigsten Basiskompetenzen für Konfliktmoderatoren.

Beim Kennenlernen entsteht ein guter Kontakt in einer vertrauten Zweiersituation. Man kann dies auch ohne „Übungsbrimborium" erreichen, indem man die Teilnehmer bittet, sich zu zweit etwa 15 Minuten über alles zu unterhalten, was sie voneinander wissen wollen. Doch diese Übung hat ihren eigenen Charme. Sie wird wie folgt angeleitet (halten Sie bitte eine Glocke bereit):

Trainer:

MOMO als Modell für die Grundhaltung eines Mediators

Kennen Sie MOMO? Das ist das Mädchen aus Michael Endes gleichnamigem Roman. Viele Menschen suchen Rat bei MOMO, weil sie so gut zuhören kann. (Aktives) Zuhören ist auch eine der wichtigsten Eigenschaften eines guten Konfliktmoderators. Wir kennen alle den Vorwurf: „Du hörst mir nie richtig zu!", denn er ist häufig der gegenseitige Vorwurf von Konfliktparteien. Die folgende Übung gibt Ihnen die Gelegenheit, sich gegenseitig mit Hilfe des „aktiven Zuhörens" besser kennenzulernen.

Sie werden sich etwa 15 Minuten mit einem Gesprächspartner austauschen und danach einen weiteren Partner kennenlernen. Ich werde gewissermaßen den Takt mit einem akustischen Signal geben. Sind Sie bereit?...

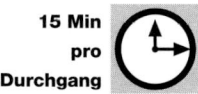

15 Min pro Durchgang

Dann möchte ich Sie bitten, aufzustehen und sich den ersten Gesprächspartner zu suchen – möglichst jemanden, mit dem Sie bisher wenig zu tun hatten. (warten, bis sich die Teilnehmer zu zweit gefunden haben)

Suchen Sie sich bitte nun eine ruhige Ecke im Seminarraum, in der Sie meine weiteren Anweisungen hören können. (warten)

Als erstes einigen Sie sich, wer von Ihnen MOMO und wer der ERZÄHLER sein wird.

Gleich lese ich eine Frage vor, die der ERZÄHLER beantwortet, bis nach etwa 5 Minuten das Signal ertönt.   Weiter auf Seite 40

MOMO-Fragen

Eine Auswahl

1. Was war das Schönste, was Ihnen in diesem Jahr passiert ist **?**

2. Was machen Sie eigentlich, wenn Sie nicht arbeiten oder gerade in einem Seminar sind **?** (Hobbys)

3. Was hat Sie in dieses Seminar geführt **?**

4. Sind Sie ein/eine Konfliktvermeider/in **?** (Begründen Sie bitte Ihre Antwort)

5. Welche Art von Konflikten machen Ihnen am meisten zu schaffen **?**

6. Wenn Sie mit diesem Seminar eine Sache an sich ändern könnten, was wäre dies **?**

7. Was für einen ersten Eindruck haben Sie von der Seminarleitung **?** (Alternativ: ...von der Gruppe oder von Ihrer momentanen MOMO?)

8. Wie hat Ihnen die Übung gefallen**?**

MOMO hat währenddessen die Aufgabe – wie ein erleuchteter Buddha –, sich das Wichtigste vom Gesagten zu merken. Nach dem Signal wird MOMO dann das Gesagte dem ERZÄHLER gegenüber zusammenfassen – und zwar ohne zu interpretieren!

Setzen Sie sich nicht übermäßig unter Druck. Es geht darum, sich kennen- zulernen. Haben Sie noch Fragen? (Fragen beantworten)

Gut, hier kommt die erste (zweite...) Frage: Was war das Schönste, was Ihnen in diesem Jahr passiert ist? (5 Minuten warten, bis der Redefluß abebbt, danach Signal geben)

Nun ist MOMO an der Reihe, das Wesentliche zu wiederholen, bis der Signal- ton erklingt...(2-3 Minuten warten)

Sind Sie alle fertig?... Dann tauschen Sie bitte die Rollen... (kurz warten)
Hier kommt die zweite Frage... (weiter bei Schritt 7)

Sie können jetzt die erste Frage noch einmal stellen oder aus der unten stehenden Auswahl die nächste wählen. Nachdem jeder der beiden Ge- sprächspartner einmal MOMO gewesen ist, bitten wir die Teilnehmer mit folgenden Worten, sich neu zu mischen:

Trainer:
Ich möchte die jetzigen MOMOs bitten aufzustehen, um sich für die nächsten beiden Fragen eine(n) neue(n) Gesprächspartner(in) zu suchen... (warten, bis sich alle neu gemischt haben, und dann weiter bei Schritt 7).

Es müssen nicht alle Fragen sklavisch abgearbeitet werden, und es muß auch nicht jeder mit jedem geredet haben. Spätestens nach zwei bis drei Durchgän- gen kann die Übung beendet werden. Auch die Trainer können sich als Gesprächspartner zur Verfügung stellen, geht es doch darum, ein gemeinsa- mes Beziehungsnetz aufzubauen. Danach bietet sich eine Pause von 10 Minu- ten an. Die Übung bricht das Eis und stellt einen offenen Kontakt unter den Teilnehmern her. Durch Partnergespräche erreicht man dies leichter als durch ein „Rundenmarathon" im Plenum. Vertauscht man die Reihenfolge der beiden Übungen, sind die meisten Teilnehmer in der anschließenden Kraftfeldrunde viel offener. Wer nach der Begrüßung zuerst die MOMO-Übung durchführt, sollte damit rechnen, daß die Kraftfeldrunde (zeitlich) ausführlicher sein wird, denn die Teilnehmer sind dann „warm" und erzählen mehr von sich.

30 Min  ## Die fünf Phasen der Konfliktmoderation vorstellen

Der Aufbau des Seminars orientiert sich an den fünf Phasen

Als Vorbereitung auf die folgende Fallverteilung erläutern wir die fünf Phasen der Konfliktmoderation. Dabei verwenden wir die auf Folie kopierte Skizze der Abbildung 6 auf Seite 28.

Ein Konfliktmoderator muß lernen, die einzelnen Phasen bewußt voneinander zu trennen, um im Konfliktgeschehen – ohne groß nachzudenken – zu unterscheiden, worauf es bei der einzelnen Phase gerade ankommt. Inhaltlich gehen wir hier nicht genauer auf die fünf Phasen ein, da diese im Buch KonfliktModeration dargestellt sind und im vorherigen Kapitel beschrieben wurden. Wichtig ist, daß klar wird, welches Übungsziel die einzelnen Konfliktfälle verfolgen.

Grundsätzlich gilt: In jeder der fünf Trainingseinheiten des Seminars wird eine neue Phase zum Thema gemacht. Dabei hat es sich bewährt, die erste Phase „Auftragsvereinbarung mit dem Vorgesetzten" im Einstiegstreffen zu behandeln, die zweite („Kontakt stiften") und dritte („Themen finden") zusammenzufassen und durch eine Trainingseinheit abzudecken. Die vierte Phase „Sichtweisenklärung" sollte in zwei Einheiten eingeübt werden, weil sie für eine erfolgreiche Konfliktbearbeitung am wichtigsten ist. Die fünfte Phase „Lösungen aushandeln" ist Gegenstand der letzten Trainingseinheit, weil mit ihr eine Konfliktbearbeitung beendet wird. (Am Anfang des Buches befindet sich eine Übersicht der zehn Praxisfälle, der Sie entnehmen können, in welcher Einheit sich welche Fälle einsetzen lassen.)

Mehrere Fälle zu verwenden hat den Vorteil, daß die Teilnehmer unterschiedliche Branchen kennenlernen. Wir gehen in der Beschreibung des Einstiegstreffens von dieser Variante aus. Alternativ dazu können Sie nur einen Fall nehmen und diesen in mehreren Trainingseinheiten einsetzen. So gibt es zum ersten Fall „Integration der Neuen" insgesamt vier Ausgangslagen, die aufeinander aufbauen. Am Ende einer Trainingseinheit/Phase übergeben die aktiven Moderatoren das Staffelholz an die nächsten. Diese haben die Möglichkeit, die Vorarbeit zu übernehmen oder Korrekturen anzumerken, die sie für nötig halten, um in die nächste Phase überzugehen. Dieses Vorgehen verwenden wir später bei der Beschreibung der beiden Trainingstage. Zur Orientierung stellen wir die beiden Seminarvarianten gegenüber:

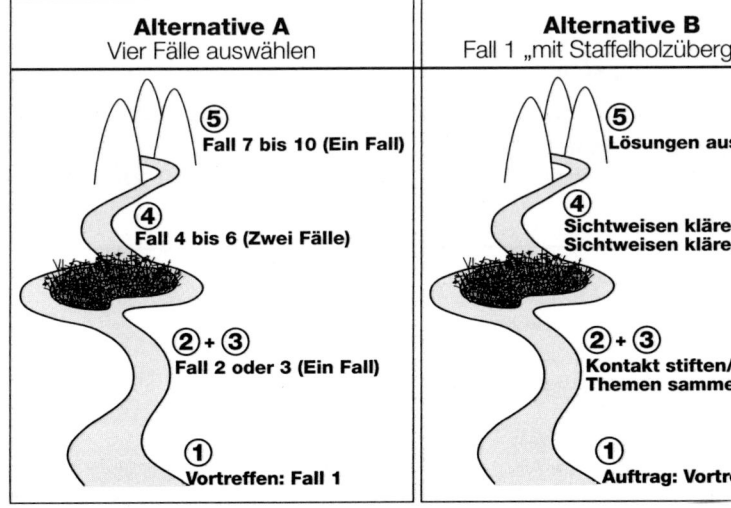

Abb. 9: Zwei Seminaralternativen

30 Min

Übersicht der Fälle

Die Teilnehmer nähern sich ihrem Auftrag

Wir nähern uns nach zwei Stunden dem Kernziel des Vorbereitungstreffens: Wer von den Teilnehmern wird welchen Fall bzw. welche Phase als Konfliktmoderator übernehmen?

Als Entscheidungshilfe stellen wir die folgende Übersicht auf einer Pinnwand vor, die auch gleichzeitig die Terminplanung des Trainingswochenendes wiedergibt.

Auf dieser befinden sich (von links nach rechts):
- die Titel der vier Fälle
- die Konfliktmoderationsphase, zu der sich der Fall zuordnen läßt
- je eine Karte für die erste und zweite Wahl jedes Teilnehmers
- der Durchführungstermin.

Die Fälle	Phase	1. Wahl	2. Wahl	Termin-plan
1) Integration der Neuen	Themen sammeln			Sa. vorm.
2) Endspiel: Textbüro	Sichtweisen klären I			Sa. nachm.
3) Es rappelt in der...	Sichtweisen klären II			So. vorm.
4) Wie die Teams zuammen...	Lösungen aushandeln			So. nachm.

Abb. 10: Fallübersicht (vor der Verteilung)

Die Fälle stellen wir wie im folgenden Beispiel sehr knapp vor:

Trainer:
Beim Fall 1 „Integration der Neuen" geht es um die Einstiegsphase einer Moderation, in der Sie Themen sammeln und das weitere Vorgehen planen. Der Fall findet in einer großen Unternehmensberatung statt. Wie der Titel schon andeu-

tet, hat ein Projektteam Schwierigkeiten mit seiner Zusammenarbeit, d.h. der Integration seiner neuen Mitarbeiter.

Nach diesem Schema gehen wir auch auf die anderen Fälle ein. In der Kürze liegt die Würze! Man sollte nicht zu viel verraten, das verzögert die Verteilung nur unnötig, da es zu viele Kriterien gibt, nach denen man sich festlegen könnte.

Tandembildung

Die beiden Teilnehmer, die zusammen einen Fall übernehmen, sollten sich im Idealfall aus gemeinsamer Arbeit kennen und vertraut miteinander sein. Einander fremde Teilnehmer gewöhnen sich erst während der Moderation an ihre unterschiedlichen Arbeitsweisen und sind häufig mehr miteinander als mit der zu moderierenden Gruppe beschäftigt. Wir schlagen den Teilnehmern vor, sich als Moderatorentandem zum Seminar anzumelden. Zusätzlich hat dies für die Tandems den Vorteil, daß die im Seminar gemachten Erfahrungen sich besser in die eigene Praxis übertragen lassen. Denn sie können gemeinsam am Thema dranbleiben und ihren Lerntransfer sichern.

Prinzip des eingespielten Teams

Wenn die Teilnehmer nicht als Tandem kommen, sollte man auf die Tandembildung an dieser Stelle verzichten. So arbeiten später diejenigen zusammen, die sich inhaltlich für denselben Fall interessieren. Einander fremde Moderatoren sollten jedoch vor ihrer Moderation eine klare Absprache treffen, wer an welcher Stelle Hauptakteur sein wird und was sie bei einer Kooperationskrise unternehmen werden.

Folgende Rollenaufteilung hat sich bewährt: Der eine Moderator strukturiert den Ablauf gemäß dem gemeinsamen Plan. Der andere hilft beim Aufschreiben an Flipchart und Pinnwand und greift bei gruppendynamischen Störungen als „Troubleshooter" ein. Die Rollenverteilung von „Strukturierer" und „Helfer" kann während der Moderation wechseln.

Eine klare Rollenaufteilung als „Troubleshooter" und „Strukturierer"

Fallverteilung

Die Zuordnung der Moderatorentandems zu den Fällen findet vor der 15-minütigen Kaffeepause statt. Jedes Tandem erhält eine grüne und eine gelbe Karte. Auf die grüne Karte schreiben beide ihren Namen und, damit es in der folgenden Verwirrung nicht falsch zugeordnet wird, die Nummer des Lieblingsfalles (= erste Wahl). Auf die gelbe Karte schreiben sie, zusammen mit ihren Namen, die Nummer des Falles, den sie mit der zweiten Priorität nehmen würden (= zweite Wahl). Diese Karte erhöht den Verhandlungsspielraum.

30 Min inkl. 15 Min Pause

Die Fallverteilung als Modell für eine Verhandlungsmethode

Wenn alle (entweder zu zweit als Tandem oder alleine) ihre Karten an die Pinnwand gehängt haben, ergibt das beispielsweise nachfolgendes Bild:

Die Fälle	Phase	1. Wahl	2. Wahl	Termin-plan
1) Integration der Neuen	Themen sammeln	1. Gabi + Klaus	1. Romeo + Julia	Sa. vorm.
2) Endspiel: Textbüro...	Sichtweisen klären I	2. Hans + Franz	2. Gabi + Klaus	Sa. nachm.
3) Es rappelt in der...	Sichtweisen klären II	3. Mona + Lisa	3. Hans + Franz	So. vorm.
4) Wie die Teams zusammen...	Lösungen aushandeln	4. Romeo + Julia	4. Mona + Lisa	So. nachm.

Abb. 11: Fallübersicht nach der Verteilung

Manchmal klappt es nicht beim ersten Mal

Nicht immer geht die Verteilung sofort auf. Häufig reicht ein gemeinsames Sortieren der ersten Prioritätskarten mit den Alternativen. Die Teilnehmer stehen oft von selbst vor der Pinnwand oder werden von uns gebeten, dies zu tun, diskutieren über das Für und Wider der Fälle und unterbreiten sich Angebote. Der Fall 1 wurde zweimal mit der ersten Priorität gewählt. Nach ihren Hintergrundinteressen für die Wahl befragt, äußerten Romeo und Julia, daß sie möglichst schnell drankommen wollten. Klaus und Gaby meinten hingegen, auf sie komme demnächst eine ähnliche Moderation zu, wie sie im Fall 1 angedeutet wird. Daraufhin entschieden Romeo und Julia, Klaus und Gaby den Vortritt zu lassen.

Zu diesem Zeitpunkt haben sich alle eine 15minütige Pause verdient.

60 Min

Auftrag mit dem Vorgesetzten vereinbaren

Briefing: Durchspielen einer Auftragsvereinbarung

Was die Moderatoren nun benötigen, sind im wesentlichen die detaillierten Informationen, die sich in den Ausgangslagen der jeweiligen Fälle befinden. Um die Teilnehmer an die Methode des Rollenspiels heranzuführen, spielen wir mit dem ersten Tandem (im Beispiel Gaby und Klaus) eine Auftragsverein-

barung durch, denn die Vergabe der Ausgangslage zum ersten Fall „Integration der Neuen" kommt einer Auftragsvereinbarung mit dem Vorgesetzten der Arbeitsgruppe nahe. So beschäftigt sich die nun folgende Stunde mit den Aspekten und Gefahren, die in dieser ersten Phase der Konfliktmoderation wichtig sein können. Dieses Vorgehen macht es möglich, die Teilnehmer zugleich auch rasch und unkompliziert in die Methode des Rollenspiels und das damit verbundene Auswerten einzuführen.

Der Trainer nimmt die Rolle der Führungskraft ein und vergibt im Plenum den Auftrag. Dazu muß er die schriftliche Rolleninstruktion des Vorgesetzen und die Ausgangslage gut kennen. Die beiden Teilnehmer, die sich als Moderatoren für den ersten Fall entschieden haben, führen das Gespräch mit dem Vorgesetzten. Sie stellen im Verlauf des Gesprächs die Fragen, die sie gewöhnlich auch bei einem „echten" Auftrag stellen würden.

Alle anderen Teilnehmer sind gewissermaßen live dabei, als sich der Vorgesetzte, Jeff Winter, bei den Moderatoren meldet:

Trainer (als Jeff):
Ring, Ring...Hallo ist da wer?...Ring..., Na, das dauert aber lange...
Moderatorin:
Ja, Guten Tag, Gesa Schnell, vom Konflikt-Consulting-Team, was kann ich für Sie tun?
Jeff:
Guten Tag, mein Name ist Winter, Jeff Winter. Ich rufe Sie an, weil Sie ja bereits mehrmals sehr erfolgreich bei uns Teamkonflikte begleitet haben. Haben Sie einen Augenblick Zeit? Ja? Gut! Es geht um eines meiner Projektteams. Wir haben da ein Problem mit den Neuen. Wie soll ich's sagen? Es klappt nicht so wie sonst bei uns mit der Integration. Seit 3 Monaten eiern die da herum und kriegen es nicht hin, sich vernünftig zu koordinieren. Die Truppe sollte sich mal zusammenraufen. Das geht hier zu wie im Kindergarten.

Die Moderatoren müssen durch geschicktes Fragen an die Informationen herankommen, die sie zum Loslegen benötigen. Der Trainer (als Vorgesetzter) beantwortet die Fragen im Sinne der Ausgangslage. Werden Fragen gestellt, auf die in der Ausgangslage nicht Bezug genommen werden kann, muß er improvisieren: ergänzen, was ihm stimmig erscheint, bzw. klar sagen, wenn er etwas nicht weiß.

„...Wieso, weshalb, warum, wer nicht fragt bleibt dumm..."

Moderatorin:
Um wen geht es denn genau? Kenne ich die Personen bereits?
Jeff:
Nein, ich glaube noch nicht. Es geht um John, Mary und Rita, die bereits seit ca. einem halben Jahr an dem Projekt zusammenarbeiten. Das Projekt kommt beim Kunden ganz hervorragend an, so daß wir es auf die anderen Abteilungen ausgeweitet haben. Deshalb mußten wir vor einem Monat Hans, Klaus und Frauke hinzunehmen.
Moderatorin:
Und worum geht es bei diesem erfolgreichen Projekt?

43

Jeff:

Um ein groß angelegtes Qualitätsverbesserungsprogramm für die Produktions-abteilung eines unserer größten Kunden. Also: regelmäßige, moderierte Treffen über alle Hierarchieebenen hinweg, mit dem Ziel, die Qualität der Produkte, die Abläufe oder was sonst so im argen ist, zu verbessern. Das kennen Sie ja, oder? Aber das ist nicht unser Problem.

Moderatorin:

Sondern?

Jeff:

Naja, ich würde es als Kommunikationsproblem zwischen den „Alten" und den „Neuen" umschreiben. Wir sollten uns einmal mit allen zusammensetzen, denn die Neuen sollten verstehen lernen, sich besser zu integrieren. Meinen Sie, Sie kriegen das auch wieder so gut und schnell hin wie beim letzten Mal?

Vorsicht Falle: Alles muß ganz schnell gelöst sein

Hier drängt der Chef auf einen vorschnellen Abschluß. Dies ist eine der zentralen Schwierigkeiten, die es bei der Auftragsgestaltung mit der Führungskraft zu bewältigen gilt. Einen Lösungsaufschub herbeiführen zu können ist eine der grundlegenden Kompetenzen erfolgreicher Konfliktmoderatoren. Der Konfliktmoderator muß sich vorschnellen Lösungen widersetzen können. Hier geht es um ein klassisches Problem der Konfliktmoderation. Der Auftraggeber und manche Mitglieder der konfliktbeladenen Arbeitsgruppe möchten diesen möglichst rasch loswerden. Da wird beispielsweise oft gesagt: „Je eher daran, desto eher davon!" oder „Nicht lange um den heißen Brei herumreden!". Dann werden schnell individuelle Lösungsideen aufgetischt, um sich möglichst rasch aus dem Konflikt herauszuwinden.

Der Nebel falscher Vorstellungen zieht auf

Schnelle Lösungen werden aber in der Regel von anderen Gruppenmitgliedern abgelehnt. Auf diese Weise rutschen die Betroffenen oft in eine weitere fruchtlose Auseinandersetzung hinein. Der (externe) Konfliktberater muß gerade diese schnellen Lösungen vermeiden und den Beteiligten den vorläufigen Aufschub von Lösungen abverlangen. Er tritt gewissermaßen auf die kommunikative Bremse. Dabei kann ihn sein eigenes Informationsbedürfnis leiten: Erst wenn er hinreichend verstanden hat, wie die Konfliktpartner den Konflikt sehen, ist der Zeitpunkt für die Lösungssuche gekommen. (Mehr dazu können Sie in den Auswertungshinweisen des jeweiligen Falls nachlesen, siehe S.103ff.)

Ein Moderator ist allparteilich und der Wahrheitsfindung verpflichtet

Eine weitere Gefahr am Anfang ist oft die falsche Erwartung des Vorgesetzten – in diesem Fall von Jeff -, die Moderatoren mögen Partei ergreifen und Schützenhilfe geben. So wünscht sich Jeff (insgeheim), daß die Neuen nach der Maßnahme verstehen lernen, sich besser zu integrieren. Um sich ihre Neutralität zu bewahren, müssen sich die Moderatoren durch eine klare Rollendefinition abgrenzen, sonst übernehmen sie Führungsaufgaben. Die Stärke jeder Moderation besteht gerade in der Wahrung der Neutralität, um Verständnis für beide Seiten zu haben und im Idealfall ein beiderseitiges Verstehen auch im Team wieder herzustellen. Wie tritt der Moderator auf die Bremse?

Moderator:

Jeff, vielen Dank für Ihr Vertrauen. Doch ich muß vorher noch etwas loswerden. Sie wissen selbst, daß ich als Moderator neutral bleiben muß. Dazu muß ich

alle vom Team anhören. Ich glaube nicht, daß wir das mit einem Treffen hinkriegen werden. An einem halben Tag können wir die Sichtweisen der Konfliktpartner zu diesem Thema klären. Lösungswege finden und Maßnahmen planen kostet mindestens einen ganzen Tag. Ist dieser Vorschlag für Sie akzeptabel?

Trainer (als „Jeff"):
Hmh, das klingt nach 'ner Menge Arbeit. Wir sollten nicht zu viel Zeit dafür aufbringen! Geht es denn nicht auch an einem halben Tag?

Moderator:
Das kann und will ich Ihnen nicht versprechen. Es ist nicht meine Art, dies im voraus festzulegen, ohne erst alle Beteiligten zu dem Thema gehört zu haben. Wir sollten offen bleiben für das, was kommt. Erst am Ende des ersten Vormittags können wir festlegen, ob und wenn ja, zu welchem Thema wir wie lange zusammenarbeiten werden. Können Sie sich darauf einlassen?

Die Moderatoren weisen Jeff freundlich in die Schranken

Jeff:
Nun ja, klingt logisch. OK. Wir sehen uns dann nächste Woche. Bis dann alles Gute.

Moderator:
Moment noch, Jeff, wir sollten noch eben die Rahmenbedingungen klären.

Jeff:
Ach ja, wieviel nehmen Sie als Tagessatz?

Moderator:
Ich denke mir, das sollten wir wie immer handhaben. Wir kommen zu zweit. Ich schicke Ihnen unsere schriftliche Vereinbarung mit der Bitte, sie mir unterschrieben zurückzufaxen. Ich würde auch gerne noch eine Nacht drüber schlafen und Sie wieder anrufen, falls ich noch Fragen habe...

An dieser Stelle werden die Rahmenbedingungen für das erste Treffen geklärt. Im Seminar ist der Rahmen vorgegeben und braucht nicht weiter besprochen zu werden. Damit ist der erste Durchlauf beendet.

Die Auswertung des Rollenspiels besteht darin, daß wir die Moderatoren nach ihrem ersten (inneren) Eindruck befragen, den sie nach diesem Telefonat haben. Wo lagen mögliche Schwierigkeiten? Welche Fragen ergaben sich daraus? Fehlte noch etwas? Würden Sie den Auftrag so annehmen? Die wichtigsten Fragen und Kernpunkte notieren wir auf einem Flipchartblatt. Diese Notizen sind beim nächsten Auswertungsschritt die Grundlage für die weitere Bearbeitung.

Der erste Auswertungsschritt ist eine Reise nach innen...

Zum Beispiel fühlt sich eine Moderatorin durch die schnelle Art von Jeff unter Zeitdruck gesetzt. Sie spürt die Erwartung, schnell denken und entscheiden zu müssen, um bei Jeff einen guten Eindruck zu hinterlassen, und gibt sich kaum Zeit zum Nachdenken. Diesen ersten Eindruck stellt sie nicht in einen Zusammenhang mit dem Fall selbst. Es wird sich erst später herausstellen, daß „Zeitdruck" ein zentrales Thema des Falls ist. Daraus ergibt sich die allgemeine Frage, wie man sich dem Zeitdruck widersetzen und das Tempo verlangsamen kann. Diese Frage notiert der Trainer auf dem Flipchart.

Ein zentraler Lernschritt ist, zukünftig mit seinen Intuitionen besser zu „arbeiten" und ihnen mehr zu vertrauen.

45

Die übrigen Seminarteilnehmer können anschließend weitere Fragen und Ideen der Liste auf dem Flipchart hinzufügen. An dieser Stelle nehmen wir das konkrete Rollenspiel zum Anlaß, in allgemeiner Form über die Auftragsgestaltung mit einem Vorgesetzten zu reflektieren. So können auch Anmerkungen gesammelt werden, die typische Schwierigkeiten und Gefahren behandeln. Ein Teilnehmer würde gerne alle Fragen sammeln, die mit dem Vorgesetzten in jedem Fall besprochen werden sollten (s. z.B. Thomann 1998). Ein anderer merkt an, daß es eine grundsätzliche Gefahr ist, sich zu früh mit der Führungskraft zu verbünden, indem man zu viele Informationen im Vorwege erhält. Dies ergibt eine Diskussion darüber, wieviel man eigentlich am Anfang wissen sollte. Wo liegt die Grenze?

...danach wird der Kopf eingeschaltet...

Im dritten Auswertungsschritt werden alle Seminarteilnehmer durch Partnerarbeit mit einbezogen. Wir formulieren den Arbeitsauftrag:

Trainer:

...und zuletzt werden mit dem „Actstorming" Handlungsalternativen zusammengetragen

Ich möchte Sie bitten, zu zweit eine der Kernfragen zu bearbeiten, die am Flipchart stehen. Vielleicht fällt noch jemandem etwas Wichtiges auf, das mit dem Vorgesetzten in einem weiteren Telefonat geklärt werden müßte. Es geht um Zaubersätze und Aussagen, die man bei einem Auftragsgespräch parat haben sollte. Diese Sätze sollten Sie möglichst wörtlich formulieren und auf Karten schreiben, da Sie sie einander vorspielen werden. Sie haben dazu 10 Minuten Zeit. Es gilt die Devise: Quick and dirty, also nicht perfekt sein!

Nach der Partnerarbeit leiten wir ein „Actstorming" ein. Ein Actstorming ist ein Brainstorming, bei dem die Teilnehmer ihre Ideen ohne weitere Kommentare aktiv handelnd vormachen, also in wörtlicher Rede sprechen, nonverbale Reaktionen zeigen, sich in beispielhafter Weise bewegen usw. Dazu stellen wir einen freien Stuhl in den Teilnehmerkreis. Hinter dem Stuhl befindet sich eine leere Pinnwand, an welche die Karten gehängt werden sollen.

Trainer:

Wir bitten Sie nun, sich nacheinander auf den freien Stuhl zu setzen und uns eine Ihrer Karten vorzustellen. Im ersten Moment mag Ihnen die Art des Vorstellens ungewöhnlich vorkommen. Es geht darum, konkrete Modelle möglichst praxisnah zu erleben. Denn man lernt am besten, indem jeder diese Sätze im Zusammenhang mit der kritischen Situation noch einmal erlebt. So kann man für sich selbst entscheiden, welches Modellbeispiel man mit nach Hause nehmen möchte. Nachdem Sie Ihre Karte vorgestellt haben, hängen Sie diese bitte an die Pinnwand, und der Nächste kommt dran.

Das Actstorming ist ein bewertungsfreies, spontanes Ausprobieren von Handlungsmodellen

Manchmal geben wir ein Beispiel, indem wir den Anfang machen. Wie bei einem Brainstorming werden kritische Bewertungen und Diskussionsbeiträge vermieden. Nur so kann sich eine Atmosphäre entwickeln, in der alle Ideen zusammengetragen werden und sich dadurch gegenseitig anregen. Dahinter steht unsere Auffassung, daß fast alles, was Menschen lernen, durch das Lernen an positiven Modellen geschieht. Beim Erleben konkreter Verhaltensalternativen lernt man, was man tun muß. Kritische Diskussionen und Feedback zeigen einem keine konkreten Verhaltensweisen, sondern informieren nur

darüber, was nicht in Ordnung ist. Damit fördern sie oft einseitig Vermeidungsverhalten.

Abbildung 12 zeigt eine Auswahl von Sätzen, die bei einer Auftragsvereinbarung im Zusammenhang mit dem Fall „Integration der Neuen" genannt werden könnten. Mit dem Ergebnis entlassen wir die Gruppe in eine kurze Pause, um anschließend die weiteren drei Fälle vorzustellen. Pro Fallvergabe planen wir ca. 15 Minuten ein.

Kernfragen zur Auftragsvereinbarung

Wenn Sie jetzt nicht viel Zeit haben, möchte ich Sie gerne später noch einmal anrufen. Wann haben Sie etwas mehr Zeit?

Woran merken Sie, daß es Probleme im Team gibt?

Woran merken Sie, daß die Konfliktmoderation erfolgreich war?

Was würden die Konfliktpartner zu dieser Frage sagen (Ziele)?

Ich bin für die Struktur dieses Treffens zuständig – Sie und die anderen Gruppenmitglieder für die Inhalte.

An einem halben Tag können wir die Sichtweisen der Konfliktpartner klären; den Lösungsweg finden und die Maßnahmen planen kostet mindestens einen halben Tag mehr, besser einen ganzen Tag.

An zwei Tagen müßte man die Kuh vom Eis kriegen.

Grundsätzlich möchte ich eine Nacht drüber schlafen. Falls ich dann noch Fragen habe: wann kann ich Sie erreichen, so daß wir diese in einer halben Stunde durchsprechen können?

Zwischenmenschliche Kommunikation braucht Zeit. Im Gegensatz zu technischen Vorgängen.

Damit wir von der gleichen Vorstellung ausgehen, fasse ich noch einmal das Wesentliche zusammen:...

Was darf nicht gesagt werden , obgleich es wahr wäre?

Welche Lösungsversuche haben Sie bisher unternommen? Gab es vorher schon Berater, die sich damit befaßt haben?

Gibt es Punkte, die wir bisher noch nicht berührt haben, die aber für mich wichtig wären zu wissen?

Abb. 12: Kernfragen zur Auftragsvereinbarung

47

30 Min
(pro Fall
10 Min)

Ausgangslagen vorstellen – weitere Fälle

Die nächsten Fälle bauen bereits auf einer Auftragsvereinbarung mit dem Vorgesetzten, einem „gestifteten Kontakt" und festgelegten Themen auf. Sie schließen somit zeitlich an die vorhergehenden Phasen an, die im Seminar nicht jedesmal wiederholt werden sollen.

Die Sichtweisenklärung Fall I + II

Die Sichtweisenklärung ist das Herzstück in der Moderation

Für die Phase der Sichtweisenklärung haben wir zwei Fälle vorgesehen, um unterschiedliche Aspekte des Moderationsschrittes zu üben. Außerdem stellt die Phase das zentrale Herzstück einer Moderation dar. Die beiden Moderatoren, Hans und Franz, die den zweiten Fall „Endspiel: Textbüro gegen Redaktion" übernommen haben, sind die Ansprechpartner. Sie können sich Notizen machen, während der Trainer die Ausgangslage skizziert.

Als Einstimmung stellen wir knapp die Eckpunkte aus der Ausgangslage vor. Das Wesentliche aus dem ersten (fiktiven) Treffen veranschaulichen wir am Flipchart mit einem Stimmungsbarometer oder typischen Statement der Teammitglieder. Auch das läßt sich aus den Ausgangslagen der Fälle entnehmen.

Am Ende können die Moderatoren kurze Verständnisfragen stellen und erhalten danach ihre Ausgangslage in zweifacher Ausführung.

Beim dritten Fall „Es rappelt in der Beziehungskiste" geht es um die Klärung einer Beziehungsstörung. Die Präsentation der Eckpfeiler aus der Ausgangslage könnte mit folgenden Worten eingeleitet werden:

Trainer:
Hierbei wird wieder ein erstes Treffen mit den beiden Moderatoren vorausgesetzt. In diesem haben Sie Kontakt zum Team hergestellt und die Themen benannt. Das Hauptproblem ist der mangelnde Informationsfluß zwischen den Abteilungen. Während der Themensammlung kam es immer wieder zu unterschwelligen Vorwürfen zwischen Ulli Meyer und Monika Schmidt. Als sie eine Aussprache zwischen den beiden unter Ihrer Moderation vorschlugen, haben beide zugestimmt...

Das Wesentliche entnehmen Sie als Trainer den Ausgangslagen zu den Fällen, die die Moderatoren am Ende der Vorstellung erhalten. Man sollte sich davor hüten, auch die Rolleninstruktionen schon aus der Hand zu geben. Sie verwirren die Teilnehmer nur unnötig. Überdies sollte man die Moderatoren davor warnen, die Rolleninstruktionen zu den Fällen in diesem Buch vorher zu lesen. Denn sie werden meistens von den Spielern später anders umgesetzt, als man es als Moderator erwartet. So haben wir manche Fälle schon mehr als zehnmal simuliert und nie erlebt, daß sie zweimal identisch verlaufen sind.

Der Verhandlungsfall

Bei diesem geht es um das Aushandeln von Lösungen. Eine Beziehungsstörung ist in den Fällen nicht eingebaut. Es kann im Verlaufe einer Verhandlung jedoch dazu kommen, daß Gruppenmitglieder es Einzelnen übelnehmen, wie diese sich aufführen. Eine Verhandlung hat zum Ziel, die (festgefahrenen) Positionen durch den Einsatz von kreativen Methoden nach dem Prinzip des Brainstormings in Bewegung zu bringen. Dies erreichen die Moderatoren durch ein sachliches Vorgehen und indem sie die Motive und Interessen jedes Einzelnen, die sich hinter den Positionen verbergen, in den Vordergrund stellen.

Die Schilderung der Ausgangslage beschränkt sich auf eine sehr knappe Faktenbeschreibung. Thema und Ziel der Veranstaltung sind bekannt. Der Auftrag ist klar. Das Team ist den Moderatoren bereits bekannt. Sie können also sofort beginnen.

Abschlußrunde – Ein Stimmungsbild

 **30 Min**

Als „Schlußakkord" zum Einstiegstreffen führen wir meistens eine „Blitzlichtrunde" durch, d.h., jeder Teilnehmer wird gebeten, in einem Satz seine momentane Stimmung auszudrücken. Einleiten läßt sich diese Runde mit folgenden Worten:

Trainer:
Zum Abschluß möchten wir Sie bitten, den heutigen Nachmittag in Gedanken noch einmal Revue passieren zu lassen. Bitte fassen Sie in ein, zwei Sätzen zusammen, mit welchen Gedanken und Gefühlen Sie hier weggehen.

Das Ziel des Treffens ist nun erreicht. Die Moderatoren haben ihren Fall und sind soweit informiert, um sich auf ihre Moderation vorzubereiten. Wenn Sie in einer Blockveranstaltung noch an demselben Tag oder am nächsten weiter machen, brauchen die Teilnehmer nun etwa 1 1/2 Stunden Zeit, um sich auf ihre Moderation vorzubereiten. Dies können sie tun, indem für jeden ein ruhiger Raum mit Materialien zur Verfügung gestellt wird.

Das Training – Zwei Tage

Das Seminar läßt sich auch zeitlich strecken, siehe Varianten S. 32

Insgesamt findet das Seminar im folgenden Beispiel an zwei Tagen von morgens 9.00 Uhr bis abends 19.30 Uhr statt, unterbrochen von einer eineinhalbstündigen Mittagspause.

Wir verwenden in dieser Darstellung nur einen Fall, der über alle Phasen der Moderation weitergeführt wird. Alternativ dazu können vier Fälle geübt werden, wie wir das am Beispiel des Vortreffens angedeutet haben (siehe Abb. 7).

Der erste Tag – Themensammlung und Sichtweisenklärung I

Häufig sind die Moderatoren, deren Fall als erster drankommt, auch diejenigen, die bereits eine halbe Stunde vor Seminarbeginn erscheinen. Sie wollen sich und den Raum vorbereiten. Die Teilnehmer sind aufgeregt und darauf gespannt, ob sich realisieren läßt, was man sich vorgenommen hat.

10 Min

Nach der Begrüßung ...

Das Seminarziel: Übung macht den Meister

Wir beginnen mit einer Erinnerung an das Seminarziel und an den zeitlichen Rahmen:

Trainerin:
Für die Bearbeitung eines Falls stehen den Moderatoren 100 Minuten zur Verfügung. Sie sollten innerhalb des Rollenspiels eine Pause von ca. 10 Minuten einplanen, in der die Rollenspieler in ihren Rollen bleiben und die Sie für eine interne Zwischenauswertung nutzen können. Ziel des Seminars ist es, daß wir durch das Rollenspiel eine gemeinsame Situation schaffen, die wir anschließend aus unterschiedlicher Perspektive auswerten können. Dabei steht aber nicht die Qualität der Moderation im Mittelpunkt. Vielmehr nehmen wir das Rollenspiel zum Anlaß, möglichst viele Handlungsalternativen und Modelle durchzuspielen.

10 Min

Struktur tut gut: Die Übersicht

Zur Strukturierung stellen wir die Übersicht für den Vormittag vor und lassen sie für alle sichtbar hängen:

Der Trainer hat die Aufgabe, das Seminar zwischen den Rollenspielen zu strukturieren und auf gruppendynamische Prozesse zu achten. Auch die Pinnwand mit der Fallübersicht vom Einstiegstreffen (siehe Abb. 11) steht zur Orientierung die ganze Zeit hindurch im Raum. Beide brauchen nicht bei jeder

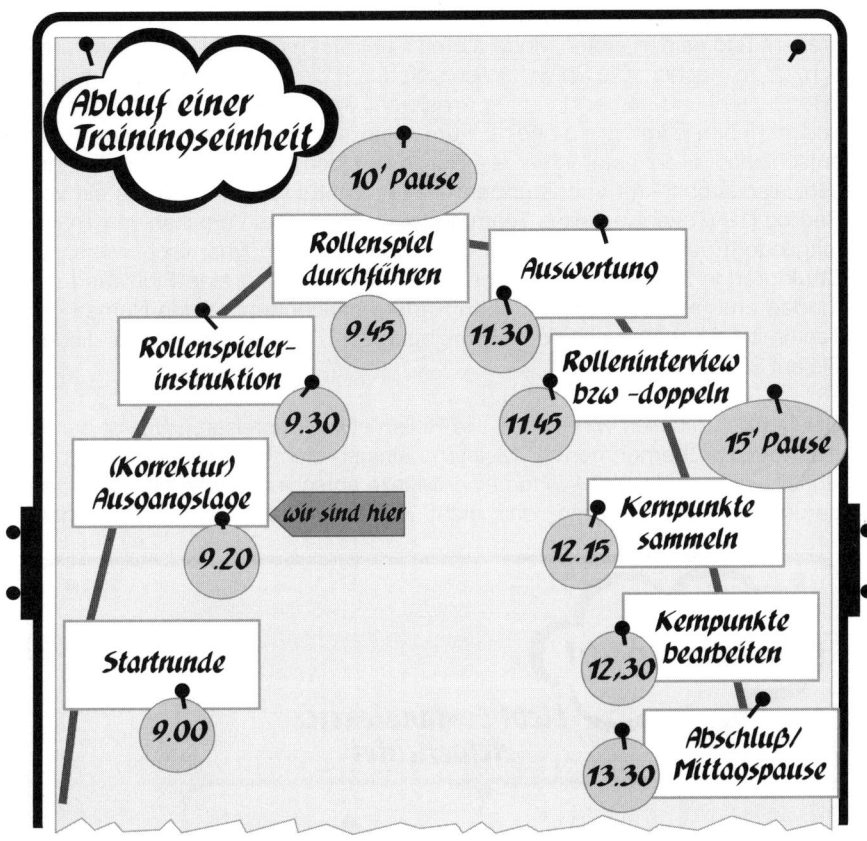

Abb. 13: Ablauf einer Trainingseinheit

Visualisieren als Strukturhilfe

Einheit aufs neue vorgestellt zu werden, denn die vier Einheiten unterscheiden sich im Ablauf nicht voneinander.

Vorbereitung des Rollenspiels/Rollenspieler instruieren

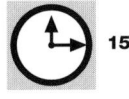 **15 Min**

Die unterschiedliche Aufteilung der Rollen und deren Wechsel kann einen ganz schön verwirren. Deshalb verweisen wir noch einmal auf das Piktogramm von S. 32. Während noch alle zusammen sind, frischen wir die Ausgangslage auf: In welcher Firma spielt das Ganze? Welche Aufgaben hat das Team? Worum geht es im Konflikt? Warum wurde wer hinzugezogen? Auf diese Weise werden alle wieder eingestimmt. Außerdem erhalten die Moderatoren die Möglichkeit, ihre Planungsgrundlage mit der Ausgangslage zu vergleichen. Im Zweifelsfall korrigieren wir die Ausgangslage so, daß sie mit der Planung der Moderatoren übereinstimmt. Danach verlassen die Rollenspieler zusammen mit einem Trainer den Hauptraum, um ihre (schriftlichen) Instruktionen zu erhalten.

Die Rollenspieler werden instruiert

Die Gruppe teilt sich

51

Beim ersten Spiel ist es wichtig, die Teilnehmer zu bitten, nicht unnötig „aufzu-drehen" und es den ersten Moderatoren nicht durch übertriebene Karikaturen schwer zu machen. Die Spieler sollen sich durch die schriftlichen Instruktionen leiten lassen und immer dann improvisieren, wenn die Situation es erfordert und es ihnen stimmig erscheint. Fürs erste muß sich jeder für eine Rolle entscheiden. Hierzu stellen wir alle Rollen im Überblick mit dem Schema der „Sozialen Architektur von Gruppen" (SAG) vor. Es handelt sich um ein von Redlich (1997b) entwickeltes Teammodell, welches das Verhalten von Team-mitgliedern verdeutlicht und Hinweise über gruppendynamisch wirksame Strukturen in Arbeitsgruppen gibt. Vorbereitet ist dazu eine Pinnwand mit runden und unterschiedlich großen Karten, beschriftet mit den Namen der Teammitglieder. Eine nähere Beschreibung zur „Sozialen Architektur" finden Sie auf S. 86.

Rollen verteilen Gelegentlich müssen wir unattraktive Rollen etwas anpreisen („Wer ist bereit, die Rolle zu übernehmen?"). Meistens einigen sich die Teilnehmer selbst. Notfalls kann durch das Werfen einer Münze entschieden werden. Wir bitten darum, darauf zu achten, daß nicht immer dieselbe Person besonders

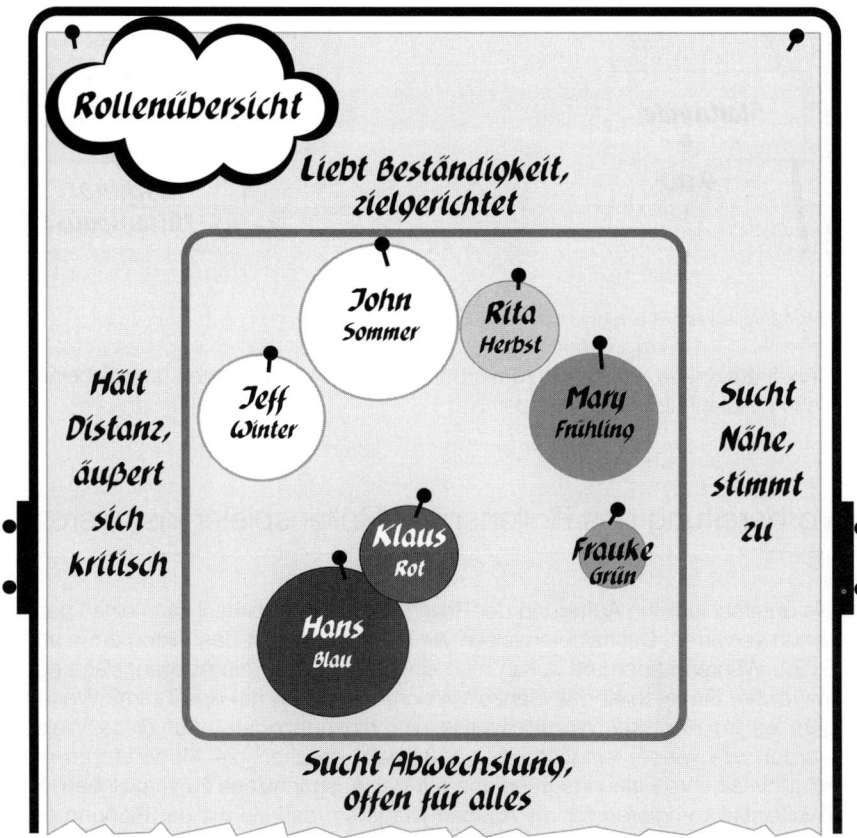

Abb. 14: Rollenübersicht, Integration der Neuen auf der Pinnwand

schwierige Rollen (Außenseiter, Sündenbock, Leiter etc.) übernimmt. Jeder liest seine schriftliche Rolleninstruktion für sich alleine durch.

Wer bereit ist, signalisiert dies, indem er oder sie seine/ihre runde Karte mit den Rollenspielernamen von der Pinnwand nimmt und sich anheftet. So wird der Akt der Rollenübernahme symbolisch begleitet. Von diesem Moment an schlüpfen die Teilnehmer für die nächsten 90 Minuten in die Rolle des Juniorchefs, Jeffs, seines Rivalen Hans, der Mitarbeiterin Rita, Mary usw.

Sind alle in ihren Rollen, zetteln wir manchmal zur Einstimmung einen Smalltalk über die bevorstehende Moderation an:

Trainer:
Na, Herr Winter, wie läuft es so heute bei Ihnen? Haben Sie die Moderatoren schon gesehen? Was für einen Eindruck machen diese auf Sie?...
Herr Winter:
Danke, danke. Die Moderatoren haben ja mächtig aufgefahren, wenn ich mir so ansehe, was sie alles vorbereitet haben. Da werde ich ganz nervös, hoffentlich schaffen wir das alles in der knappen Zeit...

> **Die Rollenspieler laufen sich warm**

So läuft sich die Gruppe warm. Doch Vorsicht, nicht das ganze Pulver zu Beginn verschießen lassen! Hintergrundinformationen, tieferliegende Motive, persönliche Animositäten u.ä. sollten vorher noch nicht miteinander ausgetauscht werden.

Ein letzter Satz an die Rollenspieler sollte an den Zusatz bei den Rolleninstruktionen erinnern:

Trainer:
Machen Sie es den Moderatoren nicht zu schwer. Spielen Sie nicht jemanden anderen, sondern so, wie Sie selbst mit der Interessenlage der vorgegebenen Rolle handeln würden.

> **Ein Warnschuß: Den Moderatoren sollte es nicht schwer gemacht werden**

Nun ist es Zeit, den Moderatoren Bescheid zu sagen, daß das Spiel beginnen kann. Die beiden waren während der halbstündigen Rollenverteilung im Hauptraum zurückgeblieben. Meistens wollen sie ihre Ruhe haben und letzte Vorbereitungen treffen. Wer will, kann sich als Moderator in dieser Zeit Aufträge an die Beobachter und die Trainer überlegen: Worauf sollen diese während des Rollenspiels besonders achten?

Beispiel:
Ein Moderator will wissen, ob er zu dominant gegenüber der Gruppe auftreten wird. Seine Co-Moderatorin möchte wissen, wie eine neue Methode wohl ankommt, die sie sich noch nie getraut hat einzusetzen.

Je konkreter und genauer ein Beobachter weiß, worauf er zu achten hat, desto klarer wird die spätere Rückmeldung sein. Allerdings ist hier Vorsicht geboten, daß die Beobachteraufträge nicht zum fruchtlosen Rundum-Feedback verkommen. Das Wichtige ist nicht, die guten und schwachen Leistun-

> **Beobachterauftrag: Je konkreter, desto besser**

53

gen der Moderatoren zu erkennen und ihnen darüber ein Feedback zu geben. Viel wichtiger ist uns die Ermutigung, Neues auszuprobieren und Fehler machen zu dürfen, damit eine ergiebige gemeinsame Erfahrung entstehen kann, die sich auszuwerten lohnt. Hierfür ist eine Instruktion an die Beobachter sinnvoll, die sie aufmerksam für „Irritationen" macht, für überraschende Aussagen, plötzliche Wendungen des Geschehens, logische Brüche in der Argumentation eines Rollenspielers usw. Diese Irritationen sind der Wegweiser zu den Kernthemen des jeweiligen Falles.

Die Instruktion könnte so aussehen:

Trainer:

Irritationen sind der erste Schritt zu neuen Lernerfahrungen

Bitte achten Sie darauf, was Sie irgendwie irritiert, Ihnen komisch, überraschend oder sonstwie auffällig vorkommt, und notieren Sie diese Irritation. Versuchen Sie nicht, sie gleich zu erklären, sondern halten Sie sie nur als bedeutsam fest. Sie werden uns evtl. zu den wichtigen Themen des Moderationsprozesses führen.

Wird kein Beobachterauftrag formuliert, achten wir selbst als Trainer auf diese Irritationen. Außerdem sollte man die gelungenen Aktivitäten der Moderatoren festhalten. Sie bilden positive Lernmodelle und knüpfen an vorhandenen Ressourcen der Moderatoren an.

Ein letztes Wort erinnert die Moderatoren daran, daß sie das Rollenspiel jederzeit anhalten können. Gut ist auch, wenn sie in ihrem Ablaufplan eine feste Pause vorsehen.

Die erste Moderationseinheit ist erfolgreich beendet, wenn die „Kuh auf dem Eis" (das Thema) benannt werden konnte oder wenn maximal 100 Minuten seit dem Start des Rollenspiels vergangen sind.

90 Min plus 10 Min Pause

Das Spiel kann beginnen –
Kontakt stiften und Themen finden

Den Start für das Rollenspiel geben die Moderatoren, indem sie die Rollenspieler aus dem Nebenraum holen und in den Hauptraum bitten.

Kontakt stiften

Die beiden Moderatoren starten, indem sie die Gruppe willkommen heißen, einige Worte zum Anlaß des Treffens verlieren und den bisherigen Stand ihres Wissens anhand einer Eingangsskizze wiedergeben. Nachdem sie den Sitzungsplan erläutert haben, bitten sie die Teilnehmer, sich mit einem Satz zu ihren Erwartungen und Befürchtungen vorzustellen. Alles läuft wie geplant bis zu dem Moment, an dem sie eine Bestandsaufnahme über das heutige Thema in Form einer Kartenabfrage vorschlagen. Jeff kommt ihnen in die Quere und fragt nach, ob sich das Ganze nicht etwas abkürzen ließe. Es sei doch allen klar, worum es heute gehe.

Der Vorgesetzte macht Zeitdruck

54

Wir lassen das Rollenspiel laufen und greifen nicht bei jeder Störung ein: „Dumm ist nicht, wer Fehler macht, sondern wer aus Fehlern nichts lernt." (Chinesisches Sprichwort)

Nur wenn Störungen erheblich werden oder eine kleine Kurskorrektur die gesamte Moderation retten könnte, beispielsweise bei einem ernsten und wiederholten Widerstand der Gruppe gegen einen Methodenvorschlag, greifen wir ein. Letztendlich müssen aber die Moderatoren selber entscheiden, ob sie diesem Hinweis folgen wollen oder noch Ideen in petto haben, die sie ausprobieren wollen.

Die Verwirrung war abzusehen und bringt die Moderatoren nicht aus der Ruhe. Sie entgegnen, sie hielten es für wichtig, daß sich alle Beteiligten auf ein gemeinsames Thema einigen. Sie bitten Jeff freundlich, er möge das Thema auf seine Karte schreiben, an dem er zum gegenwärtigen Zeitpunkt arbeiten möchte.

So schreiben alle mehrere Karten auf, welche die Moderatoren einsammeln und anschließend nacheinander vorlesen. Die Moderatoren bitten, noch keine Fragen zu stellen, außer Verständnisfragen. Diesmal ist es John, der fragt, was denn Hans mit seiner Karte meine: „Wir brauchen mehr Einarbeitungszeit". Das sei doch kein Thema, sondern bereits ein Lösungsvorschlag. Und das auch wieder ein typischerweise völlig unqualifizierter. Jedermann wisse doch, daß genau dies nicht mehr ginge ...

Noch bevor die Moderatoren eingreifen, entgegnet Hans etwas pikiert, ob Johns Karte „Die Neuen müssen uns mehr vertrauen" etwa kein Lösungsvorschlag sei. Und überhaupt ...

Hier greifen die Moderatoren beherzt ein und stoppen die sich anbahnende Argumentationsschlacht: „Wir möchten Sie bitten, sich auf Verständnisfragen zu beschränken; Ihre Sichtweisen zu einem Thema, das von allen getragen wird, wollen wir im Anschluß an die Kartenabfrage kennenlernen."

Von diesem Moment an melden sich auch andere zu Wort: „Sehen Sie, jetzt läuft es wieder einmal so ab, wie es hier immer zugeht", oder: „Das bringt doch nichts, ich schlage vor, wir lassen den Kartenquatsch. Zum Kartenspielen haben wir jetzt keine Zeit!"

Die Ersten zieht es ins „Dickicht der Argumente"

Die beiden Moderatoren tauschen kurz einen Blick miteinander aus und sagen dann: „Stopp, wir nehmen eine Auszeit!".

„Pausentaste": Das Spiel wird angehalten

Das Rollenspiel wird kurz angehalten

Für die anschließende Zwischenauswertung (10 Minuten) können sich die beiden Moderatoren in Anwesenheit der Gruppe über ihre Gedanken und Gefühle austauschen und sich Tips von „schwierigen Rollenspielern", den Beobachtern, den Helfern oder Trainern geben lassen. Es kann auch sein, daß die Moderatoren sich zur Beratung kurz zurückziehen wollen. Die Unterbrechung sollte nur kurz sein, damit die Rollenspieler nicht aus ihren Rollen kommen. Unsere Erfahrung hat gezeigt, daß man sich als Trainer in dieser Pause mit Tips und Ratschlägen zurückhalten und die Moderatoren in Ruhe

55

lassen sollte. Man kann ihnen zwar vorsichtig helfen, ihre eigenen Gedanken und Wahrnehmungen zu ordnen. Abwarten und sich bereithalten ist aber oftmals die bessere Strategie.

Das 10-Minuten-Coaching

Wenn nach Hilfe verlangt wird, ist ein „Zehn-Minuten-Coaching" erforderlich:

Wir fragen die Moderatoren nach ihrem ersten Impuls:
- „Welchen spontanen Eindruck haben Sie von der Gruppe?"
- „Gibt es eine Spur, der Sie gerne folgen möchten?"
- „Was hindert Sie daran, Ihrem Impuls zu folgen?"

Die eine Moderatorin spürt, daß das geplante Vorgehen für die augenblickliche Stimmung in der Gruppe nicht richtig zu sein scheint. Immer wieder greifen Jeff und Hans sich offen an. Außerdem macht ihr der Zeitdruck, unter den sie gesetzt wird, zu schaffen. Sie will John und Hans eine Klärung vorschlagen, weiß aber nicht, wie sie das machen kann, ohne ihren Coleiter zu übergehen. Ihr Coleiter merkt an, daß das geplante Vorgehen erheblichen Widerstand in der Gruppe erzeugt, er sich aber nicht traut, vom Plan abzuweichen. Nach kurzer Absprache beschließen sie, dem Team ihren momentanen Eindruck mitzuteilen und eine Klärung zwischen John und Hans vorzuschlagen:

Moderatorin:

Die Moderatorin schlägt Klärung zwischen den beiden Konfliktpartnern vor

Wir sehen hier im bisherigen Geschehen, daß Hans und John miteinander streiten, und interpretieren das als Spannung, die in Ruhe und Sorgfalt geklärt werden soll, wenn Sie das wollen und sinnvoll finden.

Nach einigem nachdenklichen Zögern läßt sich die Gruppe, und vor allen Dingen John und Hans, auf eine Klärung ein.

Hans fragt noch etwas mißtrauisch:
Wie stellen Sie sich das denn konkret vor?

Diese Sequenz ist ein Beispiel dafür, daß das Training für erfahrene Berater und Moderatoren gedacht ist, die nicht zu oft ins Straucheln kommen. Wir weisen an dieser Stelle noch einmal darauf hin, daß ein grundlegendes Handwerkszeug wie etwa die Kartenabfrage, das „aktive Zuhören", der Umgang mit dem Flipchart und grundlegende Basiskompetenzen der Kommunikation bei den Teilnehmern vorausgesetzt werden.

Was antworten erfahrene Moderatoren?

Moderatorin:
Wir denken, daß wir damit ein erstes Thema gefunden haben: eine Klärungssitzung zwischen Ihnen und John. Dazu würden wir uns mit Ihnen für eine Stunde zurückziehen und das Gespräch strukturieren. Ich möchte noch einmal an das Ziel erinnern: Es sollen heute die Themen formuliert werden, die Sie in einem Zusammenhang mit Ihrer schwierigen Integration sehen und an denen Sie heute nachmittag weiter arbeiten möchten. Hat sich in der Pause etwas ergeben, das uns in diesem Sinne weiterbringt?

Mary:
*Ja, wir haben in der Pause die Karten sortiert. Wir könnten daraus
weitere Themen finden. ...*

Im weiteren Verlauf findet die Gruppe vier Themen, die von den Moderatoren
auf dem Flipchart festgehalten werden.

Themen finden

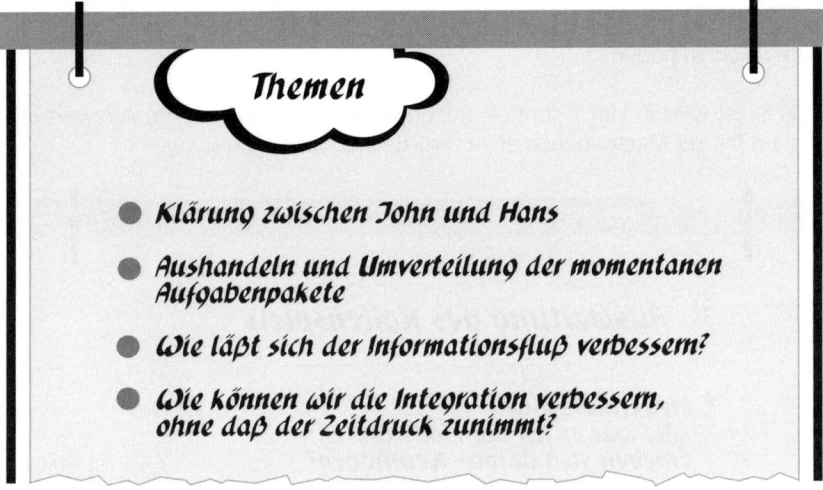

Abb. 15: Themen von Fall 1

Am Ende führen die beiden Moderatoren eine „Abschlußblitzlichtrunde" zur
momentanen Stimmung der Gruppe durch. Alle sind sichtlich zufrieden mit
dem Ergebnis und gehen mit einem runden Gefühl aus der Sitzung. Danach
sind die 100 Minuten um, und die Simulation wird um 11.15 Uhr beendet. Die
Teilnehmer legen ihre Namensschilder zur Seite und machen eine 15minütige
Pause.

Die Auswertung

120 Min

Im Rollenspiel geht es nicht darum, daß der Fall bis zum Ende der Phase
durchgespielt wird. Meistens reicht die Zeit dafür nicht aus. Es muß auch nicht
immer dazu kommen, daß die Moderatoren ihr Ziel – in diesem Fall eine voll-
ständige Themenformulierung – erreichen.

**Lernen an positiven
Modellen anstelle von
Feedback-Orgien**

Für die Auswertung reicht es, daß wir gemeinsam einen Prozeß erleben durf-
ten, den alle aus unterschiedlichen Blickwinkeln sehen. Diese unterschiedlichen Sichtweisen bieten genügend Anregungen, die es lohnt, näher zu
betrachten. Aus den verschiedenen Blickwinkeln heraus wollen wir kritische
Situationen identifizieren und zu ihrer Bewältigung möglichst viele Handlungsalternativen überlegen und durchspielen.

Eine Rückmeldung in Form einer Bewertung der Moderatoren findet an dieser Stelle nicht statt. Um möglichst alle Teilnehmer zu beteiligen, müssen wir uns von der persönlichen Ebene weg bewegen und die Auswertung versachlichen. Das erreichen wir, indem wir die persönliche Rückmeldung an das Ende des Seminars verlagern. Dadurch haben die Moderatoren Zeit, ihren Eindruck „sacken zu lassen" und etwas Distanz zum Ganzen zu entwickeln. Meistens sind sie nach Beendigung des Rollenspiels ohnehin nicht in der Lage, ein persönliches Feedback aufzunehmen, sondern sind froh, die Moderation hinter sich zu haben.

Das Spiel wird in vier Schritten ausgewertet. Für die gesamte Auswertung stehen bis zur Mittagspause etwa zwei Stunden zur Verfügung.

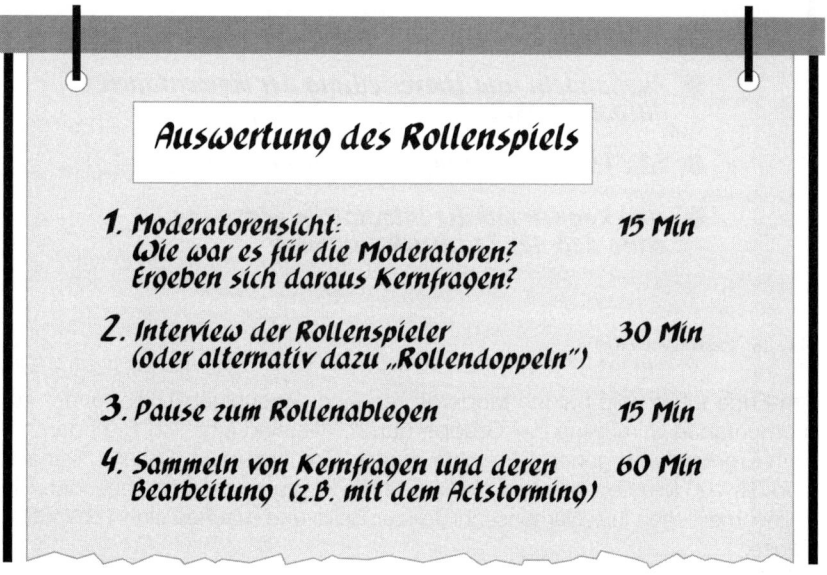

Abb. 16: Auswertung eines Rollenspiels

15 Min

Die Sicht der Moderatoren

Im ersten Schritt der Auswertung kommen die Moderatoren zu Wort. Sie erzählen „frei von der Leber weg", was sie in den letzten 100 Minuten empfunden und gedacht haben.

Der erste Eindruck zählt

Moderatorin:
Jetzt bin ich erst einmal froh, es hinter mir zu haben. War eine verdammt anstrengende Gruppe.
Trainer
Können Sie sagen, was Ihnen am meisten zu schaffen gemacht hat?
Moderatorin:
Der Lösungsdruck. Die wollten immer schneller vorgehen. Sobald ich auf die

Bremse getreten habe, hatte ich es mit John zu tun, der mich kritisch anguckte. (John lacht).

Trainer:
Ergeben sich für Sie daraus Fragen, die wir im weiteren besprechen können?

Moderatorin:
Ja schon, wie kann ich solche Zeitdrängler bremsen, ohne sie vor den Kopf zu stoßen? Immerhin ist John der Chef!

Trainer:
Gut, ich schreibe diese Kernfrage für die spätere Bearbeitung auf das Flipchart.

Kernpunkte notieren

Das Interview mit beiden Moderatoren kann zur Formulierung wichtiger Themen oder Fragen führen, die notiert und im vierten Auswertungsschritt nach Prioritäten bearbeitet werden.

Rolleninterview oder Rollendoppeln

30 Min

Nach dem Stimmungsbild können die Moderatoren mit denjenigen Rollenspielern Kontakt aufnehmen, denen sie normalerweise am liebsten aus dem Wege gehen würden.

Kontakt mit schwierigen Rollenspielern aufnehmen

Dazu bringen wir die Moderatoren in einen Dialog mit einem als schwierig erlebten Rollenspieler. Wir fordern sie auf, „die Personen zu benennen, zu denen Sie den Kontakt verloren haben, die Ihnen irgendwie quer lagen oder von denen Sie etwas mehr wissen wollen." Sind ein bis zwei Personen benannt, bitten wir den ersten Moderator, sich zu überlegen, was er von dem ersten Rollenspieler wissen will:

Trainerin:
Gibt es jemanden, der Ihnen als Rollenspieler schwierig vorkam und von dem Sie im Folgenden Anregungen erhalten möchten, wie er oder sie zu handhaben ist?

Moderator:
Ja, Jeff, der lag mir ziemlich quer.

Trainerin:
Inwieweit quer? Was heißt das für Sie? Was möchten Sie von ihm wissen?

Moderator:
Naja, er guckte immer so grimmig. Am Anfang, nachdem ich die Übersicht vorgestellt habe. Als wenn er mich gleich auffressen wird.

Trainerin zum Rollenspieler, der Jeff gespielt hat:
Sie haben es gehört. Jetzt dürfen Sie all das sagen – aus einer gewissen Distanz zu Ihrer Rolle –, was Ihnen am Anfang bitter aufstieß.

Rollenspieler/Jeff:
Das ist gut, daß ich gefragt werde. Endlich. Ja, der Jeff, der ich eben war, fühlte sich ziemlich unter Druck gesetzt, als er gesehen hatte, was die beiden Moderatoren alles mit uns vorhaben. Das sah nach einer Menge Psychoklimbim ohne Ergebnisse aus.

Moderatorin:
Und was hätten Sie als Jeff gebraucht, um nicht so grimmig zu schauen?

59

Rollenspieler/Jeff:

Vielleicht hätte es schon gereicht, wenn Sie mich gleich am Anfang direkt angesprochen hätten. So in etwa: „Jeff, Sie gucken so grimmig, geht Ihnen das zu langsam?" Und das, was Sie nach der Pause gesagt haben, hat mich wieder besänftigt.

Auf diese Weise erhalten die beiden Moderatoren von schwierigen Teilnehmern nacheinander Ratschläge, die sie in der Realität gewöhnlich nicht so ehrlich gesagt bekommen.

Abb. 17: Rollendoppeln

Das Rollendoppeln ist eine alternative Variante, um den Moderatoren die Möglichkeit zu geben, in Kontakt mit dem Innenleben von schwierigen Gruppenmitgliedern zu treten. Wie zuvor beschrieben, wählen die Moderatoren im ersten Schritt ihre Gruppenmitglieder aus. Danach tritt der erste hinter ein solches Gruppenmitglied und versetzt sich in seine Lage, indem er einzelne Sätze in der Ich-Form spricht. Das „gedoppelte" Gruppenmitglied (der Rollenspieler) bestätigt oder korrigiert dann die Annahmen des Moderators. Um diese Erfahrung bereichert, ist der Moderator zukünftig eher in der Lage, schwierigen Teilnehmern zu begegnen, weil er sie besser versteht. Das Rollendoppeln wird wie folgt angeleitet:

Trainer zu beiden Moderatoren:

Können Sie mir die Personen nennen, die Ihnen im Rollenspiel suspekt erschienen, die Sie schwierig fanden oder nicht verstanden haben?

Moderator:

Ich glaube, das war die Praktikantin, Frauke. Die hat die ganze Zeit nie etwas gesagt.

Trainer:

Gut, Frauke ist die interessante Person.

Trainer zur Moderatorin:

Gibt es für Sie jemand anderes?

Moderatorin:

Ja, für mich war John ein unbeschriebenes Blatt.

Trainer zum Moderator:

Dann möchte ich zuerst Sie bitten, aufzustehen, sich hinter Frauke zu stellen und sich in Frauke hineinzuversetzen. Wie mag Frauke sich in der letzten Zeit im großen und ganzen gefühlt haben?

Moderator zögert:

Wie, soll ich jetzt reden, als sei ich Frauke?

Trainer (tritt hinter den Moderator):

Ja, genau. Ich bin Frauke, vierundzwanzig Jahre alt, und wenn ich mir das Ganze ansehe, dann...

Moderator (als Frauke):

Ja, dann hat niemand auf mich gehört. Dabei habe ich doch eine ganze Menge zu sagen. Aber das ist wieder typisch für diesen Laden. Was so eine kleine Praktikantin zu sagen hat, zählt doch nicht, auch wenn alle per Du sind und angeblich nur die beste Idee zählt und nicht der höhere Status.

Trainer:

Ja, und wenn ich an die Moderation denke...

Moderator (als Frauke):

Och, die sind genauso. Richten sich nur nach denjenigen, die am lautesten brüllen. Nach John, Jeff und Hans. Ich weiß gar nicht, was ich hier noch soll, ...

Trainer:

...und der Moderator...

Moderator (als Frauke):

Ist doch ganz einfach, er sollte mich einfach direkt fragen. Einmal hat er das getan, da habe ich mich kurz geöffnet. Aber dann hat John wieder auf Zeitdruck gemacht und damit die ganze Aufmerksamkeit an sich gerissen. Da hätte mich der Moderator weiter fragen sollen.

Trainer:

Wollen wir einmal die richtige Frauke fragen, ob da was Richtiges dran war.

Rollenspielerin (Frauke):

Ja, ja, das war es. Ich saß tatsächlich wie auf glühenden Kohlen. Und daß ich ausgestiegen bin, lag nicht nur am Moderator, sondern war eher grundsätzlich. Ich überlege schon länger, ob ein Praktikum hier überhaupt etwas bringt. Man wird hier nur ausgenutzt.

Rollenspielerin Rita meldet sich zu Wort:

Was, Frauke, das wußte ich ja gar nicht, das du so denkst. Darüber können wir doch reden.

Trainer:

Gut, danke, wenn wir nicht aufpassen, rutschen wir gleich wieder ins Rollen-
spiel. Jetzt merken Sie, wohin das Doppeln führen kann. Auf einmal treten die
Teammitglieder wieder in Kontakt miteinander.

Beim Rollendoppeln halten wir uns als Trainer mit langen Monologen zurück.
Wir unterstützen mit kurzen Einwürfen die Moderatoren darin, sich in die Ge-
fühls- und Gedankenwelt des zu doppelnden Rollenspielers hineinzuversetzen.

Nachdem auch die Moderatorin mit John eine ähnliche Erfahrung machen
konnte, beziehen wir den Rest der Gruppe mit ein. Wir bitten die übrigen Rollenspieler, die noch etwas loswerden möchten, um eine knappe Stellungnahme zu
ihrer momentanen Stimmung. Wir bitten an dieser Stelle darum, nur das Nötigste zu sagen, denn sonst fehlt uns die Zeit bei der Sammlung und Bearbeitung
der Kernfragen. Außerdem könnte dies als Einladung zu abstrakten „Ratschlägen" mißverstanden werden, wie dies oder das in der Moderation besser zu
machen sei. Wir bevorzugen – wie bereits mehrfach erwähnt – die Entwicklung
und Darstellung konkreter Handlungsalternativen.

Die Rollenspieler legen
ihre Rollen aktiv ab

Nach zwei Stunden können die Seminarteilnehmer ihre Rollen ablegen. Um
sich von den Rollen besser zu distanzieren, folgt eine aktive Phase:

Trainer:

15 Min Pause

Ich möchte Sie alle bitten, aufzustehen und durch den Raum zu gehen. Sie
können Ihre Rolle nun ablegen, indem Sie Ihr Namensschild wegschmeißen.
Sehen Sie beim Herumgehen einander in die Augen und überlegen Sie, ob Sie
noch den richtigen Namen Ihres Gegenübers parat haben. Fragen Sie sonst
nach. Versuchen Sie bitte in der nun folgenden Pause abzuschalten und nicht
ans Rollenspiel zu denken. Dazu haben wir später noch genügend Zeit.

Die 15 Minuten Pause unterstützen das Entrollen. Anschließend achten wir
darauf, daß sich jeder auf einen anderen Stuhl als im Rollenspiel setzt.

Immer zu Anfang einer Trainingseinheit sollte der Trainer fragen, wer noch
seiner Rolle nachhängt. Darüber reden hilft meist, sich davon zu befreien, um
sich auf das nächste Spiel einlassen zu können.

60 Min

Kernpunkte sammeln und bearbeiten:
Was war irgendwie auffällig?

Was ist des Pudels
Kern?
Die Kunst der
Auswertung besteht
darin, sich auf das
Wesentliche
zu beschränken

Jeder Teilnehmer ist zu diesem Zeitpunkt voller Eindrücke, über die er sich
gerne austauschen möchte.

Es gilt, Irritationen nicht zu übergehen, sondern sie mit einer Lupe zu
vergrößern. Ziel dieser Analyse ist im zweiten Schritt, sich Lösungsalternativen
zu überlegen: Was kann man in einer solchen Situation tun? Zum anderen
haben alle durch die Moderatoren auch positive Lernmodelle erlebt: schwierige
Situationen, die von den Moderatoren gemeistert wurden – ganz unabhängig

davon, ob die Moderatoren das Gefühl haben, erfolgreich gewesen zu sein oder völligen Schiffbruch erlitten zu haben. Die Kernpunkte lassen sich auf unterschiedliche Weise sammeln. Eine Möglichkeit ist, daß der Trainer sie auf Zuruf aus dem Plenum am Flipchart notiert. Anschließend wählen die Teilnehmer oder der Trainer die Fragen aus, zu denen sie im weiteren Verlauf Ideen und Anregungen austauschen möchten.

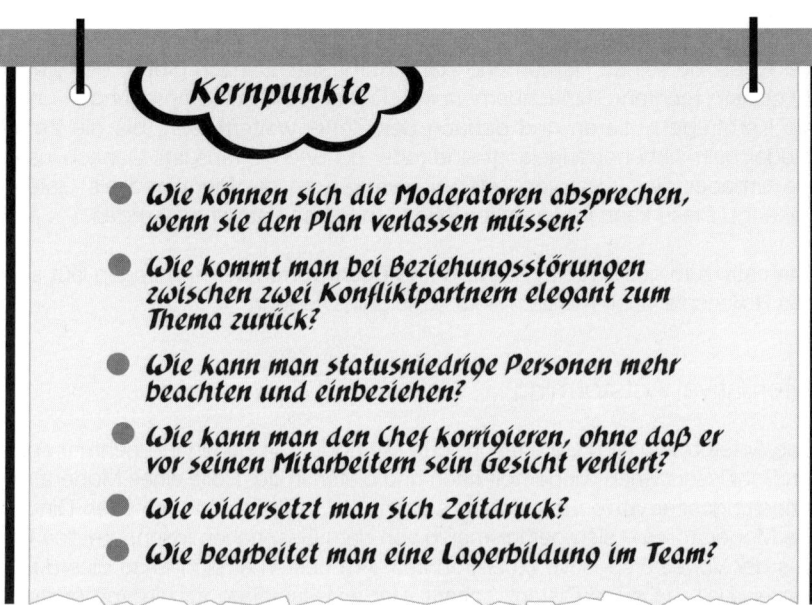

Kernpunkte

● *Wie können sich die Moderatoren absprechen, wenn sie den Plan verlassen müssen?*

● *Wie kommt man bei Beziehungsstörungen zwischen zwei Konfliktpartnern elegant zum Thema zurück?*

● *Wie kann man statusniedrige Personen mehr beachten und einbeziehen?*

● *Wie kann man den Chef korrigieren, ohne daß er vor seinen Mitarbeitern sein Gesicht verliert?*

● *Wie widersetzt man sich Zeitdruck?*

● *Wie bearbeitet man eine Lagerbildung im Team?*

Abb. 18: Kernpunkte am Flipchart

Am Ende jedes Falles in diesem Buch können Sie Kernpunkte finden, die häufig zur Sprache kommen. Die Sammlung ist eher als Anregung gedacht denn als beste Lösung. Die tiefergehende Bearbeitung der Kernfragen kann eine Auswertung der Rollenspiele um bis zu zwei Stunden verlängern.

Nachfolgend stellen wir einige typische Methoden vor, mit denen wir die wichtigsten Kernpunkte bearbeiten:

Expertenwissen:
An dieser Stelle kann der Trainer aus seinem Wissensrepertoire schöpfen und allgemeine Hinweise aus seiner „Geheimkiste" zum Besten geben. Jeweils am Ende der Fälle befinden sich Hinweise, die er hierzu heranziehen kann.

Kleingruppen:
Die Teilnehmer können sich in Zweier- oder Dreiergruppen für ca. 15 Minuten Gedanken darüber machen, welche Handlungsalternativen sie zu einem oder mehreren Kernthemen bevorzugen würden. Diese notieren sie auf einem großen Papierbogen. Die Ergebnisse werden anschließend im Plenum in einer Runde per Kurzvortrag eines Einzelnen, als Ideengalerie an Pinnwänden oder im Actstorming präsentiert.

Brainstorming:

Bewährt hat sich die gemeinsame Bearbeitung der „Kernthemen" im Plenum durch Zuruf (Brainstorming). Der Trainer schreibt die Ideen unkommentiert mit. So entsteht eine interessante Sammlung, aus welcher sich jeder seine Favoriten mit nach Hause nehmen kann.

Brainwriting:

Die Teilnehmer sitzen im Kreis. Jeder erhält einen DIN-A4-Zettel und notiert in der Kopfzeile seinen Namen und seine Kernfrage. Danach gibt er den Zettel zu seinem rechten Sitznachbarn weiter. Dieser kann seine Anregungen unter die Kernfrage notieren und danach den Zettel weitergeben, bis die Zettel wieder beim Urheber angelangt sind (oder die Energie raus ist). Danach lesen die Urheber die Zettel vor, oder sie werden an die Pinnwand als Galerie gehängt. Diese kann in der anschließenden Pause betrachtet werden.

Alternativ zum getrennten Sammeln und Beantworten der Kernfragen läßt sich das Rollenspiel auch mit dem Actstorming auswerten.

60 Min

Alternative: Actstorming

Weitere Handlungsmodelle entwickeln und aktiv erproben

Das Actstorming ist unsere favorisierte Methode. Die Seminarteilnehmer spielen Schlüsselszenen wiederholt nach und bieten in der Rolle eines Moderators Handlungsalternativen an. Vorher sollten die Gruppe – und vor allen Dingen die Moderatoren – sich gefühlsmäßig von dem Geschehen lösen, um den Fall aus der Vogelperspektive zu betrachten. Am besten erreicht man dies durch Einzelarbeit, da diese Distanz schafft. Der Arbeitsauftrag für die Vorbereitung des folgenden Actstormings lautet:

Trainer:

Wir möchten Sie bitten, sich alleine oder zu zweit Szenen zu überlegen, zu denen Sie gerne Alternativen ausprobieren möchten. Bitte schreiben Sie ein Stichwort als Merkhilfe auf rote Karten. Auf den grünen Karten halten Sie bitte die Methoden, Handlungen oder Sätze fest, die Sie gut fanden und die Sie als Anregung mitnehmen. Wir werden nach 10 Minuten wieder zusammenkommen, um erneut in die Szenen einzusteigen, zu denen Sie Alternativen erproben möchten.

War es das „große Schweigen" in der Mitte des Rollenspiels, dem man neu begegnen möchte? Oder reizt einen der „Widerstand der gesamten Gruppe" gegen eine vorgeschlagene Methode? Vielleicht hat man sich als Teilnehmer genau über diese Sequenz geärgert und die ganze Zeit etwas Bestimmtes erwartet, was gut gepaßt hätte. Jetzt darf man's ausprobieren.

Nach zehn Minuten wissen wir mehr, denn dann kommen alle mit grünen und roten Karten zusammen. Wie wir es bereits beim Einstiegstreffen (siehe S. 46) in der Auswertung der Auftragsvereinbarung mit dem Vorgesetzten eingeführt haben, steht ein freier Stuhl vor einer (noch) leeren Pinnwand. Als erstes werden die Teilnehmer gebeten, die grünen Karten vorzustellen.

Abb. 19: Actstorming

Teilnehmer 1:
geht nach vorne und zeigt auf die Pinnwand mit der Kartenabfrage, die die
Moderatoren zum Einstieg verwendet haben:
*Euren Einstieg fand ich sehr gelungen. Ich fand, ihr habt sehr freundlich
begonnen, als ihr meintet: „Wir sind heute bei Ihnen, um genauer zu verstehen, welche Kuh sich auf dem Eis befindet. Dann möchten wir Ihnen helfen,
sie herunter zu holen. Momentan befindet sie sich im Nebel. Um nicht selber
auf dem Eis auszurutschen, müssen wir heute sehr langsam und vorsichtig
vorgehen"...*

Ressourcenorientiertes Lernen am Modell: Grüne Karten vorstellen

Teilnehmer 2:
*Ja, darf ich weitermachen, meines schließt an diese Szene an. Danach habt ihr
jeden Einzelnen angesehen (macht es nach) und gefragt, ob jeder bereit ist,
sich auf das langsame Tempo einzustellen...*

Teilnehmer 3:
*Naja, das fand ich eigentlich nicht so toll. Da wurde ich schon wieder
ganz nervös...*

Vorsicht: Bewertungen

Trainer:
Eine Alternative dazu können Sie später gerne ausprobieren.

In diesem Stil werden die positiven Modelle aus dem Rollenspiel wiederholt.
Wie beim Brainstorming ist auch beim Actstorming eine Bewertung der
Vorschläge erst am Ende sinnvoll, sonst gerät der kreative Prozeß ins Stocken.

Die Moderatoren erhalten einen positiven, ressourcenorientierten Spiegel. Die
Moderatoren können übrigens auch eigene grüne Karten vorstellen: Eigenlob
will geübt sein. Danach sind sie gut gerüstet für die zweite Phase. In dieser
werden Handlungsalternativen, bezogen auf schwierige Rollenspielsequen-

65

zen, angespielt. Wir bitten die Teilnehmer, sich zunächst nur auf das Anspielen einer Alternative (einer roten Karte) zu beschränken. Erfahrungsgemäß ist es sonst so, daß der erste seine fünf Alternativen vorspielt und die anderen zu kurz kommen.

1. Szene:
Die Teilnehmer
erweitern ihr
Handlungsrepertoire

Teilnehmer 1:
Ich möchte gerne an der Stelle einsetzen, wo ihr eine Pause gemacht hattet. Kurz nachdem Jeff sagte, daß der Kartenquatsch doch nichts bringe. Erinnert ihr euch?
Alle: *Ja!*
Teilnehmer 1:
Dazu brauche ich Jeff noch einmal. Kannst du den Satz bitte wiederholen?
Jeff:
Also, das bringt doch nichts. Zum Kartenspielen sind wir doch heute nicht geholt worden.
Teilnehmer 1:
So, wie ich Sie verstehe, finden Sie die von uns eingesetzte Methode völlig blödsinnig. Sie sind der Meinung, daß wir uns dadurch dem Thema nicht nähern, oder?
Jeff:
Naja, völlig blödsinnig, das haben Sie jetzt gesagt. Aber das geht mir zu langsam.
Teilnehmer1:
Und wenn es schneller ginge, was würde dann Ihrer Meinung nach am Ende als Thema stehen?
Jeff:
Na, das ist doch klar: John und Hans reden einmal miteinander, und gut.
Hans protestiert:
Was soll das jetzt wieder heißen: „und gut". Das ist wieder typisch ...
Teilnehmer 1 hebt die Hand:
Danke, Sie sehen, Jeff, es scheint doch schwieriger zu sein. Wir kommen sehr schnell in eine Debatte. Das möchte ich mit der Kartenabfrage verhindern. (Steigt aus dem Spiel aus.) Ja, das war's auch schon. Ich wollte ausprobieren, was es bringen würde, wenn ich in einen Dialog mit Jeff trete und kurz auf seinen Wunsch eingehe.

Abschließend hängt der Teilnehmer seine rote Karte an die Pinnwand. Darauf steht: „Drastifizierender Dialog mit Jeff".

Weiter im Actstorming:

2. Szene:
Die Teilnehmer überge-
ben einander das
Staffelholz

Teilnehmer 2 fühlt sich durch den Einstieg angeregt und springt auf:
An diese Szene möchte ich gerne direkt anschließen. Da kann man noch einen drauf satteln, mit einem kleinen Vortrag, etwa in folgenden Worten: Jeder von Ihnen hat seine eigene Vorstellung darüber, was Ihr Konflikt ist. Die Gefahr ist, daß man sich nicht nur über die Ursache streitet, sondern über die Bearbeitung desselben. Schnell geraten wir in einen Konflikt über den Konflikt oder noch schlimmer: in einen Konflikt über die Bearbeitung des Konfliktes. Damit es nicht zu kompliziert wird, haben Sie mich gerufen. Ich bin für den

Prozeß zuständig, Sie für die Inhalte. Lassen Sie sich heute darauf ein, daß ich den Prozeß steuere, wie ich es als Profi gewohnt bin...

Teilnehmer 3 kann eine Beurteilung nicht lassen:
Naja, etwas zu viel Moral für meinen Geschmack ...

Trainer unterbricht:
Wie würden Sie die Situation angehen?

Teilnehmer 3 geht langsam nach vorne:
...Hmh, ich habe mir zwar zu einer anderen Szene etwas überlegt, aber ich will es einmal versuchen. Ist ja ein Actstorming. Sie helfen mir, wenn es nicht klappt.

Ergänzungen sind erlaubt, wenn sie vorgespielt werden

Alle: *Klar!*

Teilnehmer 3:
Gleiche Szene. Jeff, kannst du noch einmal, bitte ...

Jeff:
Das ist mir hier zu viel Kartenquatsch ...

Teilnehmer 3:
Geht es anderen von Ihnen ähnlich?

Hans:
Nein, ich möchte schon hören, was jeder zu sagen hat.

Teilnehmer 3:
Weitere Stimmen ...

Rita:
Ja, ich finde, wir sollten weitermachen, vielleicht etwas knapper.

Teilnehmer 3:
Danke, Jeff, für den Hinweis. Ich denke aber, wir sollten so wie bisher weitermachen, nur etwas knapper. Wenn es Ihnen wieder zu langsam erscheint, signalisieren Sie dies bitte.

In diesem Sinne werden nacheinander die Beispiele der roten Karten vorgespielt. Am Ende haben wir nach einer Stunde zu drei bis vier Szenen Alternativen erlebt. Diese können zu guter Letzt bewertet werden, indem die Teilnehmer vor der Pause je zwei Punkte auf die Karten kleben, die ihnen am besten gefielen und zu denen sie eine detailliertere Auswertung im Protokoll wünschen.

Das dargestellte Auswertungsprinzip verfolgt noch ein zweites, eher heimliches Ziel. Es dient den Moderatoren als Handlungsmodell für ihre spätere Praxis. Wir wollen bei den Teilnehmern ein wichtiges „Moderatorenwerkzeug" fördern: den „inneren Seismographen". Oft sind Irritationen keine Störenfriede, die es zu unterdrücken gilt, sondern ein willkommenes und notwendiges Diagnoseinstrument im Umgang mit Gruppen und schwierigen Situationen. Seine Innenfühler kennenzulernen, mit der Außensicht zu vergleichen und dem Team seinen Eindruck mitzuteilen ist die Basis für eine erfolgreiche Moderation.

Das heimliche Lernziel: den inneren Seismographen schulen

Nach einer Stunde ist es um 13.30 Uhr Zeit für eine Mittagspause.

Pause 90 Min

Oftmals wollen die nächsten Moderatoren einen Teil der Pause nutzen, um sich vorzubereiten, so daß auch eine zweistündige Pause nichts Außergewöhnliches an dem intensiven Wochenendseminar ist.

Sichtweisen klären I

4,5 Std

Da die nächsten vier Trainingseinheiten ähnlich sind, brauchen die Trainer nur die grauen Karten der Zeitplanung in der Trainingseinheitenübersicht (s. Abb. 13, S. 51) auszutauschen. Der einzige Unterschied besteht darin, daß eine neue Phase desselben Falls (oder ein neuer Fall) und zwei neue Moderatoren an die Reihe kommen. Wir gehen im Folgenden deshalb nur noch kurz auf Variationen in Ablauf und Prozeß ein.

Alle vier Trainingseinheiten sind ähnlich

Startrunde

Vor jedem Rollenspiel führen wir gewöhnlich eine kurze „Startrunde" durch. Die Leitfrage einer solchen Runde wäre:

20 Min

Trainerin:
Bevor wir gleich mit dem Rollenspiel beginnen, möchte ich Sie fragen, ob es noch etwas gibt, das Sie vorher loswerden möchten, um sich besser auf das Spiel einlassen zu können?

Prävention gegen stressige Rollen

Die Trainerin wartet einen Moment, sollte aber auch offen dafür sein, daß nichts kommt. In der Runde kann jeder, der will, etwas über sein momentanes Befinden sagen. Manchmal erwähnt jemand, daß ihm oder ihr die Rolle von gestern nahegegangen ist, oder jemand möchte richtigstellen, daß er im allgemeinen nicht so derart böse ist wie im gestrigen Spiel. Es kann auch sein, daß jemand über etwas ganz anderes redet, wie den Streß in der Firma, Gedanken, die einem noch nachhängen oder ähnliches. Das gehört alles in die Startrunde, um anschließend freien Herzens (und Kopfes) mit dem Spiel beginnen zu können.

Die Runde dauert höchstens eine halbe Stunde, denn die Moderatoren sitzen wie auf glühenden Kohlen und wollen sofort loslegen. Die meisten Äußerungen brauchen nicht kommentiert zu werden. Es sei denn, größere Störungen deuten sich an, die man mit den Teilnehmern besprechen muß, um das weitere Vorgehen ggf. zu korrigieren.

Da wir an dem Fall vom Vormittag „Integration der Neuen" weiter dranbleiben möchten, müssen wir nach der Mittagspause in der Startrunde fragen, ob noch jemand im Bezug auf seine Rolle etwas sagen möchte. Jeder, der will, kann seine Rolle wieder erhalten oder mit jemand anderem tauschen. Es sollte immer offen bleiben können, eine Rolle abzugeben und eine andere auszuprobieren.

10 Min

Kurskorrektur der Ausgangslage gegen erhöhten Leistungsdruck

Bevor wir in den Nebenraum gehen und die Rollen verteilen, können die nächsten Moderatoren die Ausgangslage ihrer Konfliktmoderation korrigieren. Dieser Schritt ist notwendig, damit nicht der überhöhte Anspruch und damit verbunden Leistungsdruck entsteht, die Arbeit der Vorgänger im Verhältnis 1:1 übernehmen zu müssen.

Moderator:

Das meiste vom Vormittag können wir als Ausgangslage für unsere Moderati-on heranziehen. Mit einer Ausnahme: Die Reihenfolge der Themen vom Vormittag würden wir gerne ändern. Es soll noch keine Beziehungsklärung zwischen John und Hans drankommen. Das könnt ihr vergessen. Das ist der Job der nächsten Moderatoren. Wir möchten das Ganze ein wenig zurück-spulen. Die Themen sind schon sehr lösungsorientiert als Frage formuliert worden. Besser ist es, wenn wir das Thema 3 unter der folgenden Eingangs-fragestellung bearbeiten: „Wie sieht der Informationsfluß zwischen Alten und Neuen gegenwärtig aus?"

Trainer:

Gut, wir vergessen ein wenig, was gewesen ist. Solche Korrekturen sind wich-tig. Um das Kennenlernen zu überspringen, setzen wir aber voraus, daß Sie sich bereits mit dem Team einmal getroffen haben und einander bekannt sind. Geht das so?

Moderator, der vorher John spielte:

Nun ja, das kann man wohl behaupten!

Rollenverteilung

20 Min

Mit dieser Ausgangslage begeben wir uns mit den Rollenspielern in den Nebenraum und lassen die Moderatoren ihre letzten Vorbereitungen treffen. Im Nebenraum fragen wir als erstes, wer seine Rolle vom Vormittag weiter-spielen und wer tauschen möchte. Damit sind bereits die ersten Rollen verteilt. Eine Teilnehmerin entscheidet sich um. Sie möchte gerne, statt wieder Frauke zu spielen, die frei gewordene Rolle von John übernehmen. Die Rollen von John und Mary sind frei geworden, weil die Spieler vom Vormittag jetzt Moderatoren sind.

Umgekehrt stoßen die Moderatoren vom Vormittag nun als Rollenspieler hinzu. Einer übernimmt Mary, die andere müßte dann Frauke übernehmen. Doch sie klagt über Kopfschmerzen, möchte gerne pausieren und am liebsten beobachten.

Jetzt steht man als Trainer vor der Wahl: Entweder man streicht diese Rolle. Denn Frauke ist eine Zusatzrolle und könnte gestrichen werden. Oder der Trai-ner springt als Rollenspieler ein. Da wir die Trainings oft zu zweit durchführen, kann einer der Trainer die Gunst der Stunde nutzen und mitspielen.

Die Rollen sind verteilt. Jeder liest zur Einstimmung noch einmal seine Instruk-tion. Es kann sich ergeben, daß an den Instruktionen Korrekturen notwendig werden, da sie im Laufe des Prozesses mit neuen Informationen angereichert werden müssen.

Trainer:

Gibt es noch irgend etwas, das Sie zu Ihrer Rolle hinzufügen müssen, von dem wir anderen wissen sollten? Überlegen Sie bitte kurz ...

Rolleninstruktionen ggf. ergänzen

Jeff:

Ja, vorhin, da bin ich etwas ins Schwitzen gekommen, als mich die Moderato-ren in der Kennenlernrunde nach meinem Privatleben und meinen Hobbys befragten.

Trainer:

Das ist völlig normal. Da kommen viele erfolgreiche Führungskräfte ins Schwitzen. Improvisieren Sie und füllen Sie dies mit Ihren wirklichen Hobbys. Ich meinte eher, ob wir für die kommende Sichtweisenklärung zum Thema „Wie sieht der Informationsfluß zwischen Alten und Neuen aus?" noch etwas wissen sollten, als gemeinsame Ausgangsbasis.

Hans:

Ja, haben wir Intranet, E-Mail und so etwas?

Trainer (steigt langsam als Frauke ein)**:**

Ja, wir sind ein hochmodernes Unternehmen. Videoconference, Satellitenschaltungen, alles kein Problem. Theoretisch zumindest, wenn dies von den alten Mitarbeitern genutzt würde ...

Mary (reagiert darauf)**:**

Was heißt hier, genutzt würde, ihr erhaltet doch alle Infos, die man braucht, um seinen Job zu tun. Manchmal kann zuviel Info auch verwirren ...

Start des 2. Rollenspiels

100 Min

Rollenspiel

Jetzt sind die Rollenspieler warm, und das Spiel kann beginnen. Die Moderatoren erwarten uns bereits. Der andere Trainer ist in der Zwischenzeit zurückgeblieben und achtet während des Spiels auf die Zeit.

Die Gruppe wird begrüßt, und eine Moderatorin stellt die Übersicht am Flipchart vor. Nachdem ihr Kollege das Thema wiederholt, erhalten alle einen Arbeitsauftrag: Jeder Rollenspieler malt ein Bild zu seiner Sicht der Dinge, die er oder sie den anderen in einer Runde vorstellt. Die Erörterung bringt einiges Neues zu Tage, was für mehr Verständnis auf beiden Seiten sorgt. So ist beispielsweise Mary und Rita nicht klar gewesen, daß sich Klaus überlastet fühlt, weil er sich um die Praktikantin kümmern soll. Wie soll er sie einarbeiten, wenn er selber noch eingearbeitet werden muß? Alles läuft darauf hinaus, daß die Aufgabenpakete neu geschnürt werden sollten. Das gegenseitige Verstehen hat dazu geführt, daß beide Lager sich nicht mehr als Problem sehen, sondern beide ein gemeinsames Problem der Aufgabenverteilung haben, das sie lösen wollen.

Geplant ist noch eine Schlußrunde, die aber nicht mehr durchgeführt werden kann, da die Zeit um ist.

90 Min

Auswertung

Der außenstehende Trainer unterbricht das Spiel um 17.30 Uhr und wertet es wie am Vormittag aus. Nachdem die Moderatoren zu Wort kommen konnten, wird anstelle eines Rolleninterviews die im Rollenspiel geplante Abschlußrunde nachgeholt. So meldet sich jeder Rollenspieler kurz zu Wort. Da auch die weitere Auswertung wie gewohnt abläuft, gehen wir hier nicht näher darauf ein.

20 Min

Prozeßanalyse

Die Teilnehmer werden im Seminar gefordert, sich immer wieder aufs neue in neue Rollen, sprich: in unterschiedliche Gruppenteilnehmer, hineinzuversetzen. Dieser Wechsel ist anstrengend. Es gilt, die Seminargruppe im Auge zu behal-

70

ten, indem wir den Tag als Ganzes aus der Vogelperspektive betrachten. Eine solche Metakommunikation über das Miteinander, den momentanen Gefühlszustand und die Aufnahmekapazität des Kopfes läßt eventuelle Kurskorrekturen für den nächsten Tag sichtbar werden.

**Tagesrückblick und
Ausblick auf morgen**

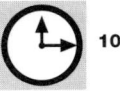 10 Min

Blitzlicht-Runde

Am Abend ziehen wir eine Zwischenbilanz des Seminars. Das kann in Form eines Satzes geschehen:

Trainer:
Stellen Sie sich bitte vor, Sie betreten einen Hügel, von dem Sie hinab auf das Geschehen des heutigen Tages zurückblicken und auf das schauen, was morgen kommt. Was sind die wesentlichen Gedanken und Gefühle, mit denen Sie dann hier heute weggehen? Wer anfangen möchte, fängt bitte an.
Teilnehmer 1:
Das war eine große Menge an neuen Ideen. Die muß ich erst einmal gedanklich verarbeiten.
Sitznachbar 1:
Ich mache mir um meine morgige Moderation Sorgen. Ich habe mich noch nicht genügend vorbereitet.
Sitznachbar 2:
Ich fühle mich in der Gruppe wohl, aber wünschte mir etwas längere Pausen ...

Die klassische „Blitzlicht-Runde" läuft kommentarlos ab, damit man sich nicht unnötig rechtfertigen muß und keine langatmige Diskussion entsteht.

Ende 19.30 Uhr.

20 Min

Startrunde

Der zweite Tag

Pünktlich um 9.00 Uhr beginnt die Startrunde, die wir bereits dargestellt haben. Auch die Tagesübersicht vom Vortag kann, angepaßt an die beiden neuen Phasen (bzw. Fälle) und eine neue Zeitplanung, übernommen werden. Es kann sein, daß am Anfang des Tages die Zeitplanung mit den Teilnehmern abgesprochen werden muß.

4 Std

Sichtweisen klären II – Mediationsgespräche

Für den Vormittag ist das Klärungsgespräch zwischen John und Hans geplant. Dafür sind statt 100 Minuten nur 60 Minuten Rollenspielzeit vorgesehen. Eine neutrale dritte Person, die zwischen zwei Personen vermittelt, nennen wir „Mediator" (s. Glossar S. 224f).

Weil wir nur zwei Spieler benötigen, aber sechs zur Verfügung haben, besteht die Möglichkeit, die Gruppe in zwei Halbgruppen zu teilen. So finden gleichzeitig an demselben Fall zwei Mediationen in getrennten Räumen statt. Wer so vorgeht, benötigt einen zusätzlichen, kleinen Raum.

10 Min

Korrekturen der Ausgangslage

Als erstes kommen die beiden Mediatoren zu Wort, die getrennt ein Gespräch über die Beziehung zwischen John und Hans begleiten werden. Haben sie noch Korrekturen anzumerken, die ihnen notwendig erscheinen?

Mediator:
Ich würde gerne dort weitermachen, wo wir gestern vormittag nach der Themenwahl stehengeblieben sind. Gehen wir davon aus, daß John und Hans sich bereit erklärt haben, das Thema Nummer eins (ihre Beziehungsklärung) unmittelbar nach einer Pause zu bearbeiten? Und können wir vielleicht verabreden, daß sie beide die grundsätzliche Bereitschaft mitbringen, einander zuzuhören?
Trainer:
OK. Diese Bereitschaft wollen wir voraussetzen. Aber wir können natürlich nicht dafür garantieren, daß sie diese im Verlaufe des Prozesses behalten werden. Sie können jederzeit eine Auszeit nehmen, wenn es brenzlig wird. Am Ende können Lösungen angedacht werden, sie stehen aber nicht im Mittelpunkt des Gesprächs.
Trainer zur Mediatorin:
Und bei Ihnen, gibt es noch Ergänzungen?
Mediatorin:
Nein, wir haben uns gemeinsam vorbereitet und werden denselben Ablaufplan verwenden.

Die Rollenspieler werden vorbereitet

Um die Rollenaufteilung zu vereinfachen, können die Mediatoren nacheinander ihre Wunschrollenspieler wählen. So wissen sie, wer später auf sie als Rollen-

spieler zukommen wird. Nach der Wahl gibt es zwei Spieler für Johns und zwei für Hans´ Rolle. Die anderen Teilnehmer übernehmen Beobachteraufträge.

Der Trainer verläßt gegen 9.30 Uhr mit allen Teilnehmern den Raum. Die beiden Mediatoren bereiten in der Zwischenzeit ihre Räume vor. Im dritten Nebenraum geht es weiter. Eine Mediation ist für die Rollenspieler oft anspruchsvoller als eine Gruppenmoderation zu spielen, da der Dialog zum Teil sehr persönlich und dicht werden kann. Deshalb ist darauf zu achten, daß die Rollenspieler sich fit fühlen und ihre Rolle mit einem guten Gefühl übernehmen. Das gleiche, das für die Mediatoren gilt, sollte auch für die Spieler gelten: Sie können das Spiel anhalten, wenn sie eine Pause wünschen. Bevor das Spiel beginnen kann, müssen wir die Instruktionen mit etwas mehr Gehalt füllen. Mit Informationen, die sich im Hintergrund verbergen und die keiner der beiden gerne dem anderen auf die Nase bindet – es sei denn, der Mediator lockt sie durch einfühlsames Verstehen und offenes Nachfragen hervor.

20 Min

So ein Hintergrund kann ein unausgesprochener Neid von Hans sein, weil er genauso lange in der Firma ist und noch keine Projektleitung bekommen hat. Oder eine bisher nicht zum Ausdruck gebrachte Angst von John, daß Hans ihm mit seinen guten Ideen das Wasser abgräbt. Aber auch, daß John sich wünscht, Hans würde mehr verstehen, unter welchem Druck er als Projektleiter steht und wie wichtig, aber auch schwer es ist, allen gerecht zu werden.

Um sich diese Hintergrundmotive authentischer überlegen zu können, ist es besser, daß sich die Rollenspieler mit ihren schriftlichen Rolleninstruktionen für zehn Minuten einzeln zurückziehen, um sich einige neue Punkte zu überlegen. Sind alle bereit, die beiden Spiele um zehn Uhr zu beginnen, werden sie jeweils von einem Trainer und einem Beobachter begleitet.

Der Mediator begrüßt beide und stellt die Übersicht vor.
Mediator:
Ich möchte Sie beide darum bitten, sich zu einigen, wer damit anfangen möchte, die nächsten 5 Minuten ungestört über die Beziehung zum anderen zu reden.
John will anfangen.
Mediator:
Gut, John, Sie fangen an. Während dieser Zeit möchte ich Sie, Hans, bitten, John nicht zu unterbrechen. Sie können sich gerne Notizen machen. Versuchen Sie, den anderen zu verstehen. Ich werde das Gespräch strukturieren und im ersten Schritt auch versuchen, zu verstehen, worum es Ihnen in der Beziehung zu Hans geht. Anschließend kommen Sie dran, Hans. Alles klar? Gut ...

Das 3. Rollenspiel beginnt

60 Min

Der Mediator geht so forsch vor wie John

Der Einstieg ist geglückt, und alles verläuft so ähnlich, wie wir es bereits im Einführungsbeispiel ausführlich beschrieben haben (siehe „Klärungsgespräch", S. 16ff). Immer wieder möchten sich John und Hans direkt aufeinander beziehen. Sie werden regelmäßig vom Mediator zurückgepfiffen. Es gehe ihm ausschließlich darum, daß sie einander besser verstünden.

Doch plötzlich:

Mediator zu Hans:

Ich weiß, Sie sitzen vermutlich auf einem Pulverfaß und möchten direkt Stellung beziehen. Dazu kommen Sie im späteren Verlauf noch. Haben Sie denn bisher verstanden, was John zu Ihnen gesagt hat? Ja? Dann wiederholen Sie es einmal in eigenen Worten.

Hans (wütend):

Na, was glauben Sie denn, ich bin doch nicht taub. Und überhaupt, wie reden Sie eigentlich mit mir? Ich bin doch kein Kleinkind mehr. Und das Vertrösten auf später bin ich auch leid. Immer heißt es, später, jetzt nicht. Jetzt fangen Sie auch schon an.

Mediator:

Stopp, ich nehme eine Auszeit!

Nur ein kleiner Unterton oder ein falsches Wort, und schon geht Hans in die Luft. Der Mediator ist im selben Netz gefangen, in dem auch John und Hans sich versponnen haben.

Doch für eine Analyse bleibt keine Zeit ...

Trainer:

Möchten Sie gleich weitermachen, oder wollen wir das Spiel an dieser Stelle nach 40 Minuten beenden?

Mediator:

Nee, nur kurz Luft schnappen. Der sitzt tatsächlich auf einem Pulverfaß.

Trainer:

Kann man wohl sagen. Fragen Sie Hans doch direkt.

Der Mediator erfährt
etwas über das
„innere Skript" des
Rollenspielers

Mediator:

Ja, Hans, was ist bloß los mit dir?

Hans (trotzig):

Habe ich doch gerade gesagt. Ich soll immer warten und werde dann auf ein Später vertröstet, das nie kommt. Und nun fängst du auch noch damit an. Das macht mich richtig sauer.

Mediator:

Aber dafür kann ich doch nichts ...

Trainer:

Moment! Bleiben Sie „Columbo". Aktivieren Sie ihren inneren Detektiv! Sich rechtfertigen lohnt nicht.

Mediator:

OK. Also Hans, hast du eine Idee, wie ich da raus komme?

Hans:

Ich brauche erst einmal eine kleine Pause. Da kommt man nicht raus. Doch danach müßte ich drankommen und auch so viel Raum wie John zum Reden haben.

Mediator:

Wäre das auch für dich in Ordnung, John?

John (beleidigt):

Aber nur, wenn ich danach auch wieder reden darf.

Hans und John benehmen sich wie zwei kleine Jungen, die sich um die Rede-zeit (Anerkennung des Mediators) streiten. Ihre Konkurrenz ist derart festgefah-ren, daß sie einander nicht mehr zuhören können. Sie passen nur noch den rechten Moment ab, an dem sie selber zu Wort kommen, um dann zurückzu-schießen. Das nimmt ihre volle Aufmerksamkeit in Anspruch. Und dies wird auch eine Kernfrage der Auswertung sein – wie man einer solchen Situation begegnen kann. Zum Beispiel so, wie es der Mediator tut, indem er genau dies den Kontrahenten sagt. Nach der Pause haben sich alle etwas beruhigt.

Der Mediator steigt für die letzten 15 Minuten noch einmal ins Spiel ein, indem er beiden als Zusammenfassung des bisherigen Gesprächs den Teufelskreis präsentiert, der zwischen beiden abläuft (siehe S.105). Diesen hat er in der Pause auf ein Flipchartpapier gezeichnet. Gegen Ende verstehen die beiden besser, was zwischen ihnen passiert, doch wissen sie nicht, wie sie es „abstellen" können.

Das wäre der nächste Schritt, der in eine Lösungssuche und Aushandeln von Regeln überleiten würde. Die Zeit ist jedoch schon etwas überzogen, und das Spiel wird um 11.00 Uhr beendet. Wegen der Unterbrechung geht es ohne Pause weiter in die Auswertung.

Mediator:
Das habe ich mir viel einfacher vorgestellt. Die haben sich echt festgebissen, und ich bin auch noch drauf reingefallen!
Trainer:
*Ja, das kenne ich gut. Es ist nicht einfach, sich dann rauszuhalten. Es ist mir einmal passiert, daß ich während einer Moderation von einem Teilnehmer böse angeraunzt wurde. Ich war kaum im Raum, da stand er schon auf und schnauzte mich an, ich hätte überhaupt keine Ahnung, wie das hier läuft. Jetzt bezahle die Firma ein Heidengeld für diese Sch...Moderation. Das hätten sie lieber gleich ihm geben sollen, dann hätte zumindest er keine Probleme. Dahin-ter steckte eine solche Wut, daß mir erst einmal die Spucke wegblieb.
Hat jemand von Ihnen Ähnliches erlebt?*

Der Mediator ist ziemlich unglücklich über den Verlauf

 10 Min

Sharing

Anstelle des ursprünglich geplanten Schrittes eines Mediatoreninterviews hat der Trainer sich entschlossen, mit der letzten Frage ein Sharing einzuleiten. Das scheint wichtiger zu sein, weil der Mediator das subjektive Gefühl hat, Schiffbruch erlitten zu haben. Eine Entlastung kann sein, wenn er erfährt, daß andere auch nur mit Wasser kochen. Das Mitteilen ähnlicher Mißerfolge verteilt die Last auf mehrere Schultern. Es muß nur ehrlich sein.

Anschließend brauchen alle eine kurze Pause.

Auswertungsalternative: Das Innere Team

Um einen Mediator mit den Konfliktpartnern in Kontakt zu bringen, ziehen wir neben dem Rollendoppeln oder Rolleninterview auch die Methode des Inne-ren Teams (Schulz von Thun 1998) zur Auswertung heran:

 60 Min

Trainer:

Ich möchte Sie jetzt bitten, daß wir gemeinsam am Flipchart die beiden Inneren Teams der Rollenspieler aufzeichnen. Das Innere Team geht von folgender Vorstellung aus: In jedem von uns gibt es zu jeder Situation unterschiedliche Stimmen, die miteinander in einem Wettstreit stehen können. Meistens spüren wir einen solchen inneren Konflikt als flaues Gefühl in der Magengegend, das wir uns kaum erklären können. Als Klärung nützt es, sich verschiedene Stimmen aufzumalen, um im zweiten Schritt zu verstehen, wer mit wem im Inneren Team zu kämpfen hat.

Beginnen wir mit Hans: Nennen Sie mir bitte typische Sätze von Hans, die seine inneren Stimmen darstellen mögen. Dazu ein Beispiel: Ich habe einen gekränkten, kleinen Jungen in Hans gesehen, der sagte: „Ich will auch meine Redezeit".

John:

Ja, und dann war da noch der neidische Versager, der am liebsten gesagt hätte: „Ich bin beeindruckt, daß John schon einen Posten als Projektleiter hat und ich nicht!"

Hans:

Von wegen „neidischer Versager". Nein, das würde ich jetzt nicht so sagen ...

Trainer:

Sondern ...

Hans:

Wenn, dann eher „der Beeindruckte."

Das Innere Team kann demjenigen nahegehen, dessen Rollenfigur gerade auf diese Art und Weise analysiert wird. Deshalb hat auch derjenige das letzte Wort und darf ggf. korrigieren.

Lernziel:
Die Innenwelt der
Konfliktpartner
ausleuchten

Manipulation vermeiden

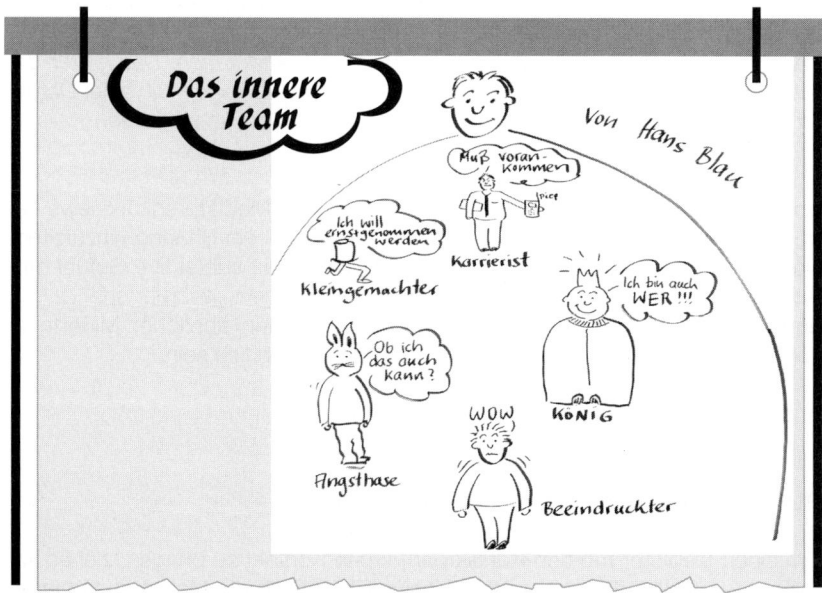

Abb. 20: Skizze: Inneres Team von Hans Blau

Um zu vermeiden, daß andere einem einen Inneren Teammitspieler einschleusen, den man selber zurückweisen würde, kann die Methode auch abgewandelt eingesetzt werden. Jeder Rollenspieler malt in einer zehnminütigen Einzelreflexion sein eigenes Inneres Team auf, der Mediator sucht sich zum Malen einen der beiden Spieler aus, der Beobachter übernimmt das Zeichnen des Inneren Teams vom anderen. Danach setzen sich die Teilnehmer, die von demselben Spieler ein Team gemalt haben, für 15 Minuten zusammen und tauschen sich über Ähnlichkeiten und Unterschiede ihrer Bilder miteinander aus. Interessant ist in diesem Zusammenhang die Auswertungsfrage, welche Inneren Teammitspieler sich gegenseitig behindern, also in einem Inneren Konflikt stehen. Oder welche Teamspieler erlaubt und welche verboten (unterdrückt) sind. Häufig ähneln die Stimmen, die man bei sich selber nicht zuläßt, denjenigen, die man auch seinem Gegenüber nicht erlaubt (Projektion).

Der Wutausbruch von Hans bietet allen Teilnehmern in der anschließenden Auswertung ab 12.00 Uhr genügend Stoff für ein Actstorming.

**Die Auswertung läuft
wie von selbst**

 60 Min

Als positives Lernmodell (grüne Karten) wird der gelungene Einstieg wiederholt; die Idee gut gefunden, daß die beiden „Streithähne" sich selber einigen sollen, wer anfangen mag; der Teufelskreis, der in der Pause aus dem Ärmel geschüttelt wurde; und anderes.

Auch die Suche nach Alternativen gelingt jetzt ohne viel Anleitung durch den Trainer, denn das Prozedere ist den Teilnehmern mittlerweile vertraut. Sie fordern John und Hans zu einem direkten Rollentausch auf, indem beide ihre Plätze miteinander wechseln und aus der Sicht des jeweils anderen sprechen und argumentieren. Sie üben sich im Doppeln. Sie fordern zu Anfang des Spiels beide auf, ein Bild zu malen. Sie laden ein zu einem gemeinsamen Spaziergang im Wald und leiten eine mentale Besinnungsreise an. All diese und weitere Beispiele werden kurz angespielt, die Reaktion der Rollenspieler abgewartet und dann als Notiz auf einer roten Karte an die Pinnwand gehängt. John und Hans sind nach der einstündigen Auswertung gut bedient. Entweder mußten sie von den ursprünglichen Rollenspielern gespielt werden, oder ein anderer ist spontan als John oder Hans eingesprungen, wenn gerade die Rollenspieler selbst eine Alternative ausprobieren wollten.

Um 13.00 Uhr treffen sich die beiden Halbgruppen im Hauptraum. Jeder möchte wissen, wie es bei den anderen gewesen ist. Ein Austausch findet aber nicht im offiziellen Rahmen statt, sondern ist in der eineinhalbstündigen Mittagspause möglich.

Die letzte Einheit – Lösungen aushandeln

 5 Std

Nach der Mittagspause warten Mona und Lisa, die letzten Moderatorinnen, auf ihr Team. Sie blieben – versorgt mit Brötchen – im Raum zurück, um sich vorzubereiten. Nach der obligaten Startrunde haben sie wieder die Möglichkeit, ihre Ausgangslage anzupassen. Übrigens ist eine Korrektur nicht immer notwendig. Wenn Sie das Seminar nicht mit einem Fall, sondern mit vier Fällen

 10 Min

durchführen, reichen die Ausgangslagen vom Einstiegstreffen aus. Trotzdem sollte an dieser Stelle zur Einstimmung die Ausgangslage wiederholt werden, damit alle über die gleiche „Kuh" reden, die es vom „Eis" zu holen gilt. Erfahrene Konfliktberater beginnen ihre Moderation ohnehin immer damit, ihren bisherigen Stand der Dinge offenzulegen.

Moderatorin:

Die Moderatorinnen schlagen Korrekturen vor

Wir möchten euch darum bitten, daß ihr jetzt alle persönlichen Animositäten vergeßt. Ihr habt nur ein rein sachliches Problem. Alle seid ihr ernsthaft daran interessiert, gemeinsam Lösungen zu finden.
Am Vortag wurde folgendes Themenplakat erstellt:

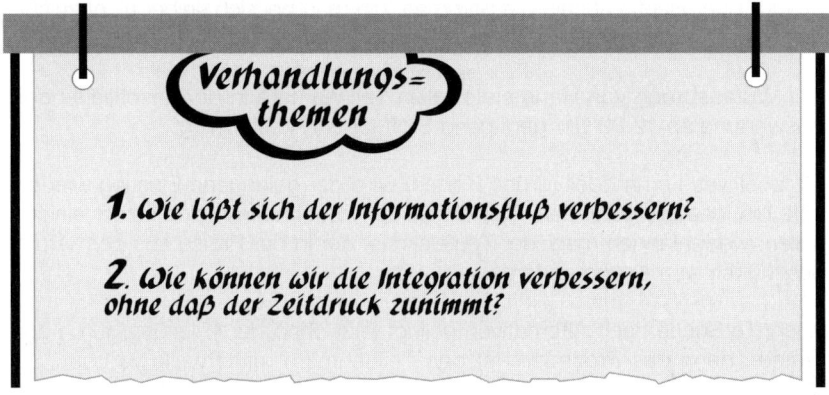

Abb. 21: Verhandlungsthemen

Hinter dem Oberthema „Aushandeln und Umverteilen der momentanen Aufgabenpakete" verbergen sich die beiden genannten Unterthemen. Diese Unterthemen möchten wir als Ausgangslage für das Aushandeln der Lösungen heranziehen.

Trainer:
Da haben Sie sich eine Menge vorgenommen. Viel Erfolg! Ich ziehe mich dann mit dem Rest in den Nebenraum zurück. Rufen Sie uns bitte in etwa 15 Minuten.

Im Nebenraum werden die Rollen verteilt

15 Min

Den Teilnehmern wird eingeschärft, keine persönlichen Streitigkeiten zu produzieren. Es soll ein sachliches Aushandeln werden. Da fast alle Teilnehmer ihre Rollen behalten, bitten wir sie, sich auf die Interessen zu konzentrieren, die in den Anweisungen stehen.

Die Rollenspieler benötigen eine Aufgabenübersicht

Jeff:
Moment, bevor wir loslegen können. In meiner Anweisung steht nichts zu meiner Verhandlungsposition. Das meiste ist ja bereits geschehen. Mein wichtigster Punkt war, daß John und Hans sich zusammensetzen sollten und daß Hans...

Trainer:
Nicht zu viel verraten. Also, was brauchen Sie jetzt noch, um im Spiel nicht zuviel zu improvisieren?

78

Jeff:

Einen Überblick, wer im Moment was bei uns macht. Ich kann es mir doch als Chef nicht leisten, das nicht zu wissen.

Trainer:

Da haben Sie recht. Dann sollten wir uns eine Übersicht verschaffen!

Nach Fertigstellung der Übersicht werden alle von den Moderatorinnen um 15.30 Uhr in den Hauptraum gebeten. Das Spiel beginnt.

100 Min

Auch die Moderatorinnen haben eine Übersicht zur momentanen Rollenverteilung vorbereitet und steigen mit einer Vorstellung derselben ein. Sie deuten an, daß es heute nachmittag um das Aushandeln der Aufgabenpakete gehe. Sie lassen sich von jedem die Bereitschaft zum Loslegen und den Tagesfahrplan absegnen. Als erstes teilen sie die Gruppe in zwei gemischte Lager aus den alten und neuen Mitarbeitern.

Das 4. Rollenspiel beginnt

Abb. 22: Start des Ideensprints

Danach erklären sie die Spielregeln für den folgenden „Ideensprint".
Diese bestehen darin, daß jede Gruppe möglichst viele Lösungsideen in möglichst kurzer Zeit auf Karten schreibt. Für jede richtige Karte erhält die Gruppe einen Punkt. Was richtig und was falsch ist, entscheiden die Moderatorinnen, die die Karten jeweils am Ende einsammeln, vorlesen und an die Pinnwand hängen. Das erzeugt ein Gemurre, doch die Moderatorin ist zu schnell, als daß sich ein Widerstand entwickeln kann:

Kreative Methoden erweitern die Verhandlungsmasse

Moderatorin:

Lassen Sie sich auf diese ungewöhnliche Methode ein, wir haben sehr gute Erfahrungen damit gesammelt. Alles klar? ... Gut. Diejenigen, die als erstes

79

zehn Karten haben, rufen Stopp, dann ist die Sequenz beendet. Hier kommt die erste Frage: „Wie können Sie den Informationsfluß verbessern?"

Erst im zweiten Schritt darf bewertet werden

Das Gemurre geht über in ein hektisches Beschreiben von Karten. Jeder will es den anderen beweisen, bessere Ideen, schneller als die andere Gruppe zu liefern ...

Der Prozeß läuft gut. Die Gruppe macht bereitwillig mit. Am Ende, nach einer viertel Stunde und der weiteren Frage: „Wie können Sie die Integration verbessern, ohne daß der Zeitdruck zunimmt?" hängen auf zwei Wänden viele, viele bunte Karten. Die Moderatorinnen haben es geschafft, eine kreative Atmosphäre entstehen zu lassen.

Was machen Sie nun mit dem Zwischenergebnis? Der Konzentrische Kreis (nach Stange u.a. 1997) hilft weiter:

Moderatorin:
Im nächsten Schritt möchten wir Sie bitten, daß sich jeder seine Lieblingsidee von der Wand nimmt. Wir haben in der Mitte des Raumes ein großes Packpapier bereitgelegt, auf dem – ihrer Teammitgliederanzahl entsprechend – sieben konzentrische Kreise stehen. Sie müssen im folgenden miteinander ins Gespräch kommen und von jedem Ihrer Kollegen eine Unterschrift auf Ihre Karte erhalten, wenn er oder sie diese Idee unterstützen möchte. Je mehr Unterschriften Sie erhalten, desto weiter nach innen dürfen Sie ihre Karte legen. Erfahrungsgemäß haben die Ideen, die sich in der Mitte befinden, die größte Chance, später umgesetzt zu werden, denn sie werden von allen getragen.

Ein wildes Durcheinander ist die Folge. Da wird um Unterschriften gefleht, gebettelt und auch gedroht. Alles scheint erlaubt zu sein. Die Moderatorinnen halten sich zurück und lassen die Gruppe verhandeln. Am Ende liegen fünf Karten in der Mitte. Doch es zeigt sich, daß einige geschummelt haben:

Rita:
Wieso ist diese Karte in der Mitte? Sie hat doch nur fünf Unterschriften!
John:

Jemand hat geschummelt

Und diese hier, da steht mein Name drauf. Das habe ich so nicht unterschrieben. Moment mal, das geht mir jetzt zu schnell. Da setze ich in diesem Spielchen meine Unterschrift auf etwas, und ehe ich mich versehe, wird daraus ein Maßnahmenkatalog, den ich so nicht teilen kann. Hier versucht jemand, mich hinters Licht zu führen. Aber nicht mit mir!
Moderatorin:
Ja, John, das ist wichtig. Wir sollten uns Zeit nehmen. Und die Karten in der Mitte genau prüfen, ob sie da richtig liegen. Sie haben sich alle eine kurze Pause verdient, in der ich Sie bitte, nicht weiter zu verhandeln. Im nächsten Schritt arbeiten wir an den Karten weiter, von denen Sie alle glauben, daß sie die größten Chancen haben, den Informationsfluß zu verbessern und die Integration zu fördern.

80

Abb. 23: Verhandeln mit dem Konzentrischen Kreis

Die Pause war notwendig. Der Vorwurf der Betrügerei liegt schwer im Raum. Zur Entspannung der Situation wird die Gesamtgruppe in Zweier- und Dreiergruppen aufgeteilt. Jede Kleingruppe erhält eine der 100-Prozent-Ideen aus der Mitte und formuliert daraus einen konkreten Maßnahmenkatalog (Wer macht was bis wann?), den sie dann anschließend im Plenum einander vorstellen und von allen absegnen lassen bzw. letzte Änderungen aushandeln. Es herrscht eine gute Stimmung, und alle sind mit dem Ergebnis zufrieden.

Kleingruppenarbeit bringt Bewegung ins Spiel

Nun geht es um den letzten Brocken: das Aushandeln der Aufgabenpakete. Dazu ziehen die Moderatoren ihre Aufgabenübersicht vom Anfang heran.

Moderatorin:
Sie sehen in dieser Übersicht, wer zur Zeit was bei Ihnen macht. Wo sehen Sie Bewegungsspielraum?
Hans:
Ich könnte bei John im Controlling mitlaufen. Dann kriege ich auch besser mit, wie er mit den Leuten umgeht.
John:
Naja, das ist eine sehr sensible Schnittstelle des Kunden. Da möchte ich doch lieber alleine bleiben.
Hans (gekränkt):
Moment, John, wir haben doch vorhin geklärt, daß du mit mir mehr zusammenarbeiten willst. Und jetzt machst du einen Rückzieher.
Rita:
Nun zankt euch doch nicht schon wieder!

Wem es zu schnell geht, hält sich Hintertüren offen

81

Frauke:
Ich glaube, damit wir eine bessere Integration hinkriegen, müßte jeweils ein Alter mit einem Neuen an einer Aufgabe zusammenarbeiten. Dann müßtet ihr beiden, Mary und Rita, euch aber trennen.

Mary:
Nein, nein, das geht nicht. Wir sind ein zu gut eingespieltes Team. Never change a winning team!

Moderatorin:
Wollen Sie eigentlich die Aufgaben neu verteilen? Ich habe im Moment nicht den Eindruck: Auf jeden Vorschlag folgt eine Erwiderung.

Jeff:
Ja, so kann das nicht weitergehen. Aber das läuft ja hier wie bei einem Kuhhandel.

Moderatorin:
Was schlagen Sie vor?

Jeff:
Wir sollten uns wieder zu zweit zusammensetzen und einen Vorschlag entwickeln, wie zukünftig die Aufgaben umverteilt werden. Ich möchte an jeden appellieren, sich etwas zu bewegen, vor allen Dingen die Mitarbeiter, die schon länger dabei sind.

Die Partnerarbeit wird ausgeführt, und die Gruppenmitglieder unterbreiten sich wieder gegenseitig Vorschläge.

Auswertung

90 Min

Woher kam die Hintertür?

Nach 100 Minuten unterbricht der Trainer das Spiel um 17.10 Uhr. Die Zeit ist zu knapp, als daß ein eindeutiges Ergebnis festgehalten werden kann. Trotzdem sind die Moderatorinnen zufrieden. Sie wollen im Rollendoppeln mehr über John erfahren, warum er so sehr geblockt hat. Dabei erfahren sie, daß er sich mehrmals durch die spielerische Methode übergangen fühlte. Es gehe immerhin um ernsthafte Dinge. Außerdem wolle er die mächtige Controllingabteilung in seiner Hand behalten, es jedoch nicht vor den anderen (vor allen Dingen vor Jeff) offenlegen. Das könnte seinem Ruf schaden. Danach folgt eine kurze Pause zum Entrollen.

Die gemeinsame Sammlung der Kernpunkte ergibt, daß die Moderatoren gut daran getan haben, langatmige Plenumsrunden zu vermeiden und stattdessen immer wieder Kleingruppenaufträge zu erteilen. Das wird ihnen auch im folgenden Actstorming anhand der vielen grünen Karten gespiegelt. Wegen der fortgeschrittenen Zeit (18.00 Uhr) wird das letzte Actstorming ohne rote Karten und damit ohne vorherige Reflexionphase eingeleitet. Jeder beschränkt sich auf das Vorspielen von nur einer Variante. Die anderen müssen raten, welches Kernthema mit der vorgestellten Variante gemeint ist, schreiben diese auf eine Karte, die dann an die Pinnwand gehängt wird.

Um 18.40 Uhr war fast jeder an der Reihe, und es ist an der Zeit, das Seminar mit einer Gesamtreflexion abzurunden.

82

Individuelle Feedbackpakete

Am Ende des Seminars kann jeder, der will, eine persönliche Rückmeldung mit auf den Weg bekommen.
Eine solche Rückmeldung ist sinnvoll, wenn sie

 **30 Min**

- freiwillig,
- konkret und
- kurz ist,
- nächste Entwicklungsschritte aufzeigt und
- von Personen kommt, zu denen man Vertrauen hat.

Nachdem wir dies erläutert haben, fragen wir, wer von den Teilnehmern auf dieser Basis eine Rückmeldung wünscht. Der Prozeß wird wie folgt angeleitet:

Trainer:
Überlegen Sie sich bitte im ersten Schritt, zu welcher Situation oder welchem Verhalten Sie in einer Kleingruppe eine Rückmeldung wünschen. Die ersten drei, die bereit sind, heben bitte die Hand ...
Nachdem drei Freiwillige gefunden sind:
Trainer (zum ersten):
Gut, wen wählen Sie für die nächsten 15 Minuten in Ihre Feedback-Gruppe?...

Nacheinander wählt jeder der Feedbacknehmer unter den Teilnehmern diejenigen als Feedbackgeber aus, die noch frei sind. Auch die Trainer stellen sich als Feedbackgeber zur Verfügung. Am Ende entstehen auf diese Weise drei Kleingruppen, die sich 15 Minuten zurückziehen. Alle treffen sich danach für die nächste Feedbackrunde im Plenum wieder. Achten Sie als Trainer streng auf die Zeit, denn es ist nicht immer einfach, die derart entstandenen Kleingruppen wieder voneinander zu lösen.

15 Min pro Durchgang

Ehrliches Feedback im vertraulichen Rahmen

In einer Kleingruppe wollte ein Teilnehmer wissen, ob wir ihn im Rollenspiel auch so aggressiv erlebt hätten, wie er sich empfand. Wir hatten den Eindruck, daß er ein sehr imposantes Auftreten hat, was ihm beim drohenden Ausufern von Konflikten eine große Hilfe sein kann. Schon seine große Gestalt und lautstarke Stimme verhelfen ihm zu dem nötigen Respekt. Gleichzeitig konnten wir seinen Eindruck teilen, daß die Grautöne zwischen „sehr freundlich" und „bedrohlich" fehlten. Dies kann man als aggressiv empfinden. Wir nahmen an, das könnte damit zusammenhängen, daß er lernen müßte, sich frühzeitiger abzugrenzen und nicht erst, wenn sich eine Menge „Dampf" angesammelt hat. Dazu empfahlen wir ihm, sich zukünftig mit Situationen oder Menschen auseinanderzusetzen, die er selbst als bedrohlich empfindet. Als erster Schritt kann ihm dabei ein „Ärgerprotokoll" helfen: abends all die kleinen Dinge aufzuschreiben, die ihn geärgert haben, und in diesem Zusammenhang auch seine innere und äußere Reaktion zu notieren. Durch einen Vergleich könnte er eine angemessene Reaktion entwickeln, indem er in Ruhe Alternativen plant, die er beim nächsten Mal ausprobiert.

Auch die zweite und – bei genügend Freiwilligen – dritte Runde wird nach dem gleichen Prinzip durchgeführt. Als Trainer achten wir auf die Zeit: pro Runde 15 Minuten.

Nachdem jeder, der will, mit seinem persönlichen Feedbackpaket versorgt worden ist, fehlt nur noch der Gesamtabschluß des Seminars.

15 Min

... und es hat „Klick" gemacht

Modellernen:
Abspeichern von neuen
Handlungssequenzen,
um diese an geeigneter
Stelle abzuspielen

Um in dem Bild zu sprechen, das wir auch für die Auswertungen der Rollenspiele verwenden:

Abb. 24: Und es hat „Klick" gemacht

Trainer:
Das Seminar neigt sich nun dem Ende zu. Stellen Sie sich bitte vor, Sie hätten während des gesamten Seminars eine innere Kamera dabei gehabt. Mit dieser haben Sie heimlich Szenen fotografiert, die Sie anschließend Ihren Kollegen, Freunden und Partnern zeigen werden. In der nächsten Woche erscheinen Sie im Fotoladen und sehen sich die Bilder an. Beschreiben Sie bitte in der folgenden Runde, welche Aufnahme Sie auswählen und welche Sie lieber hier lassen würden.

Nach der Runde verabschieden wir die Teilnehmer um 19.30 Uhr.

Wir hoffen, diese Darstellung hat Ihnen einen hinreichend anschaulichen Eindruck vom Seminar und seinen Möglichkeiten gegeben, die fruchtbaren Potentiale in zwischenmenschlichen Konflikten zu entdecken und mit professioneller Moderation zu nutzen.

Kapitel 2
Die Praxisfälle

Welcher Phase die Fälle zugeordnet sind, läßt sich dem Inhaltsverzeichnis entnehmen. Einige Fälle können in verschiedenen Phasen eingesetzt werden und haben entsprechend viele Ausgangslagen. Der erste Fall: „Integration der Neuen" läßt sich beispielsweise vom Anfang bis zum Ende durch alle vier Phasen hindurch einsetzen. Jedes Moderatorentandem, das mit einer neuen Phase beginnt, kann gegebenenfalls Korrekturen am Ergebnis der vorangehenden Phase vornehmen und mit den anderen Teilnehmern absprechen.

Zum Aufbau der Fälle

Jeder Fall stammt aus der Praxis erfahrener Moderatoren und wurde methodisch-didaktisch so aufbereitet, daß er wie eine Spielanleitung funktioniert.

Er ist in vier Abschnitte gegliedert:

1. **Die Ausgangslage:**
   Sie enthält das Nötigste, was die Teilnehmer wissen müssen, um sich auf ihre Moderation vorzubereiten. Läßt sich ein Fall für verschiedene Konfliktmoderationsphasen einsetzen, so besteht die Ausgangslage aus mehreren Teilen.
2. **SAG-Übersicht:**
   Darunter verstehen wir die Sicht auf die Gruppe mit Hilfe der „Sozialen Architektur von Gruppen". Sie kann beim Verteilen der Rollen verwendet werden, um den Rollenspielern eine Orientierung über das Verhalten der Gruppe zu geben. Teamentwickler, die mit dem Umgang der „SAG" erfahren sind, verwenden die Übersicht auch noch, um daraus gruppendynamische Hinweise über Führungsposition, Ausgrenzungstendenzen, Gruppennormen u.ä. abzuleiten und ihre Teamentwicklung zu planen (Redlich 1997b).
3. **Rolleninstruktionen:**
   Sie umfassen pro Spieler ca. eine Seite. Insgesamt gibt es pro Fall mindestens sechs und höchstens sieben Instruktionen. Fällt ein Teilnehmer im Seminar aus, so kann die jeweils letzte Rolle, die als Zusatzrolle gekennzeichnet ist, gestrichen werden.
4. **Kernpunkte:**
   Sie beinhalten mögliche Aspekte, die für die Auswertung des Rollenspiels interessant sein können. Jedes Rollenspiel ist einmalig. So ist es nicht zwingend, daß die darin beschriebenen Punkte auch im Seminar auftreten. Sie sollten als Trainer diese Punkte jedoch im Angebot haben.

Die Fälle durch die Brille der Sozialen Architektur von Gruppen (SAG) betrachten

Ähnlich wie sich aus vier Grundfarben unendlich viele Farbtöne mischen lassen, läßt sich das Verhalten einer Person mit den folgenden vier Dimensionen im Diagramm der „Sozialen Architektur von Gruppen" durch die Lage, Größe und Farbe eines Kreises beschreiben (Redlich 1997b):

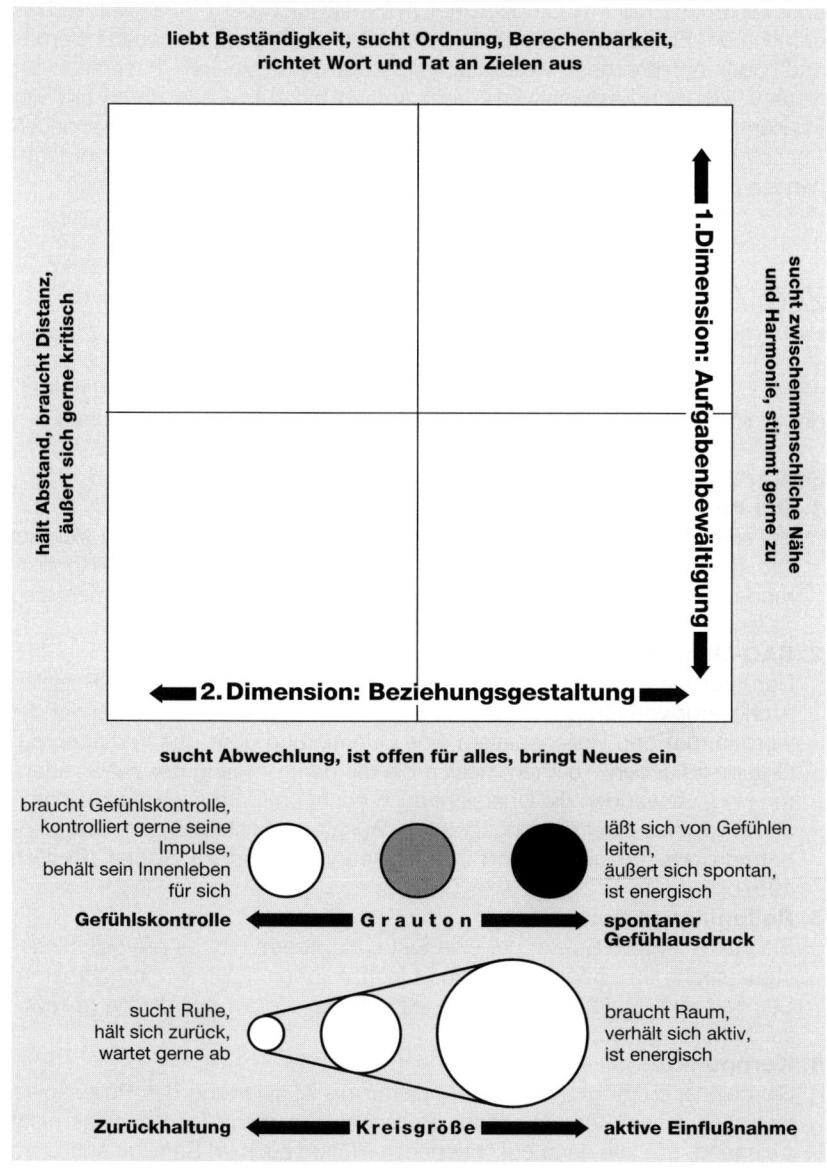

Abb. 25: Basisdiagramm zur Sozialen Architektur einer Gruppe mit Legende

Neben der Verhaltensbeschreibung einzelner Personen anhand von vier Dimensionen kann ein geübter Anwender aus der relativen Stellung der Kreise zueinander und der Position eines Kreises im Diagramm Hinweise über gruppendynamische Prozesse ableiten, wie etwa zu Führungsrolle, Außenseitern, Vermittlungspotential, Lagerbildungen etc.

Wir verwenden das SAG-Diagramm beispielsweise, um uns auf Teamentwicklungsprozesse vorzubereiten. Unser Standardvorgehen sieht dabei folgendermaßen aus:

◾ Unter der Fragestellung: „Wie verhalten sich Ihre Kollegen in einer kritischen gemeinsamen Arbeitssituation?" schätzen alle im Team sich gegenseitig mit einem Fragebogen der Sozialen Architektur ein.

◾ Die Daten werden mit einem Auswertungsprogramm gemittelt.

Fragebogen und Auswertungsprogramm (s. Elling 1999).

◾ Aus den gemittelten Daten zeichnet das Programm ein SAG-Diagramm.

Da zunehmend ein größerer Personenkreis das Konzept anwendet, haben wir den Fällen ein SAG-Diagramm als Rollenspielerübersicht beigefügt. Nur bei Fällen, bei denen „Lösungen aushandeln" im Mittelpunkt steht, lassen wir das SAG-Diagramm weg, um keine Interpretationen künstlich zu produzieren. Denn in diesen Fällen spielen gruppendynamische Prozesse keine Rolle, sondern der sachliche Konflikt steht im Vordergrund.

Auch ohne den „tiefergehenden Blick" in die „Soziale Architektur von Gruppen" eignet sich die Übersicht gut, um allen Beteiligten einen ersten Eindruck der Mitspieler zu vermitteln.

Fall **1**
Integration der Neuen

Zeitdruck im Projektteam einer Unternehmensberatung

Ausgangslage:
Kontakt stiften und Themen sammeln

Sie sind interner Konfliktmoderator eines großen deutschen Beratungsunternehmens. Es berät Firmen darin, ihre Strukturen und Prozesse zu optimieren. Für Unternehmensdiagnose und die Begleitung von Veränderungsprozessen werden Projektteams aus Beratern zusammengestellt, die meist einen betriebswirtschaftlichen Hintergrund haben. Herr Winter, der Seniorchef eines Beraterteams, meldet sich bei Ihnen und erzählt:

„Wenn der Gewinn eines Unternehmens nachläßt, werden wir gerufen, um einzelne Abteilungen wieder fit zu machen. Eines unserer Teams arbeitet seit sechs Monaten erfolgreich in einer Zweigniederlassung an einem Qualitätsverbesserungsprogramm (TQM) der Produktionsabteilung eines Kunden aus der Elektrobranche. Dabei geht es vor allen Dingen darum, zusammen mit den Mitarbeitern Schwachstellen aufzudecken, deren Beseitigung den Prozeß optimieren. Der Kunde ist vom letzten Zwischenbericht begeistert. Erste Maßnahmen greifen bereits und lassen einen „Turn-over" erkennen. Das TQM-Programm wird nun auf die Vertriebs- und Marketingabteilung sowie auf das Controlling und den Einkauf der Niederlassung ausgeweitet.

Wir haben noch einmal sechs Monate Zeit, um den nächsten Zwischenbericht zu präsentieren. Um das Arbeitspensum im vorgegebenen Zeitplan einzuhalten, brauchen wir Verstärkung. Hinzu kamen vor etwa zwei Monaten aus unserem internen Bereich:

▦ Hans Blau, 31 Jahre, Berater, ist beim Kunden für den Einkauf zuständig;

▦ Klaus Rot, 29 Jahre, Berater, analysiert die Marketingabteilung;

▦ Frauke Grün, 25 Jahre, BWL-Studentin, Praktikantin, unterstützt Klaus.

Das restliche Team bestand bisher aus 4 Personen:

▦ Jeff Winter, 37 Jahre, Seniorchef (nur mit 25% der Arbeitszeit in diesem Projekt);

▦ John Sommer, 32 Jahre, Juniorchef, operative Projektleitung und für die Controllingabteilung des Kunden zuständig;

- Mary Frühling, 29 Jahre, Beraterin, wickelt noch die Produktion ab und hat bereits mit der Übertragung des Konzeptes auf die Vertriebsmannschaft beim Kunden begonnen;

- Rita Herbst, 28 Jahre, Beraterin, auch Produktion und Vertrieb.

Normalerweise braucht die Einarbeitung höchstens einen Monat. Die Leute aus dem internen Bereich arbeiten schon länger bei uns. Immer wenn ein Projekt beendet ist, landet man als erstes im internen Bereich, kann seinen Resturlaub nehmen und wird dann auf neue Projekte verteilt. Deshalb ist man bei uns gewohnt, sich schnell einzuarbeiten. Aber irgendwie können sich die neuen Mitarbeiter nicht an unsere Arbeitsweise gewöhnen. Das müssen sie aber, und zwar schnell. Mir scheint, wir haben ein Integrationsproblem. Wir werden in unserer täglichen Arbeit mit der unnötig lang andauernden Teamfindung aufgehalten. Durch die Verzögerung könnte der Gesamtzeitplan nicht eingehalten werden. Das darf auf keinen Fall passieren!"

Herr Winter wünscht einen halben Teamtag, an dessen Ende geklärt ist, warum es Spannungen gibt und wie Vorgehensweisen zur Lösung dieser Spannungen aussehen können.

Am Ende des Treffens sollte klar sein, ob und, wenn ja, in welchem Umfang zu welchen Themen weiter gearbeitet werden sollte, damit die Probleme schnell behoben werden können.

Setzen Sie sich bitte nicht übermäßig unter Druck, sondern probieren Sie das aus, was Ihnen für die Sammlung der Themen sinnvoll erscheint. Bitte bereiten Sie den 100minütigen Teamworkshop vor.

Viel Erfolg!

Zur Ausgangslage: Sichtweisenklärung I

Bitte geben Sie die folgenden Instruktionsergänzungen zusätzlich zur Ausgangslage an die Moderatoren aus, und teilen Sie den Inhalt den Rollenspielern mit, wenn dieser Fall für die Klärung von Sichtweisen eingesetzt werden soll.

Gehen Sie im Folgenden davon aus, daß das erste Treffen mit dem Team bereits stattgefunden hat. Das heißt, Sie kennen einander, haben den vorläufigen Auftrag mit dem gesamten Team abgestimmt.

Zu Anfang herrschte großer Lösungs- und Zeitdruck, den Sie aber thematisierten. Sie baten darum, sich davon während der Treffen zu lösen. Sonst hätte das Ganze keinen Sinn. Das hat das Team eingesehen.

Dadurch wurde die Stimmung besser, und es konnten verschiedene Themen gesammelt und in eine Bearbeitungsreihenfolge gebracht werden.

Die vereinbarten Themen lauten:

■ **Welches sind die größten Schwierigkeiten für eine Integration der neuen Mitarbeiter?**

▨ Die Beziehung zwischen Hans und John klären.

▨ Wie lassen sich die Aufgabenzuständigkeiten aufteilen und der Informationsfluß verbessern?

Sie haben vereinbart, daß Sie pro Treffen ein Thema bearbeiten. Heute steht das erste Thema an. Jedes Teammitglied wird sich dazu äußern wollen. Sie haben 100 Minuten Zeit. Planen Sie bitte eine Pause mit ein. Setzen Sie sich bitte nicht übermäßig unter Druck, sondern probieren Sie das aus, was Ihnen für die Moderation der Themen sinnvoll erscheint. Experimentieren Sie auch mit Methoden, die in der Praxis anzuwenden Sie noch nicht den Mut hätten.

Viel Erfolg!

Zur Ausgangslage: Sichtweisenklärung II

Gehen Sie im Folgenden davon aus, daß Sie bereits zwei Treffen mit dem Team hinter sich haben. Im ersten Treffen konnten Sie das Team kennenlernen und haben den Auftrag spezifiziert. Am Ende wurden drei Themen für die weitere Bearbeitung festgehalten:

Bitte geben Sie die folgenden Instruktionsergänzungen zusätzlich zur Ausgangslage an die Moderatoren aus, und teilen Sie den Inhalt den Rollenspielern mit, wenn dieser Fall für die Klärung von Sichtweisen eingesetzt werden soll.

■ Welches sind die größten Schwierigkeiten für eine Integration der neuen Mitarbeiter?

■ **Die Beziehung zwischen Hans und John klären.**

■ Wie lassen sich die Aufgabenzuständigkeiten aufteilen und der Informationsfluß verbessern?

Beim letzten Treffen hat sich jeder im Team zu dem ersten Thema: „Die Schwierigkeiten der Integration der Neuen" geäußert.

Jedes Teammitglied hat den anderen eine Zeichnung vorgestellt, die den augenblicklichen Stand der Integration beschreibt. Dabei wurde deutlich, daß vor allen Dingen der Informationsfluß untereinander zu dürftig ist.

Heute steht der zweite Punkt auf dem Programm: „Ein Gespräch zwischen Hans und John mit Ihrer Hilfe."

Sie nehmen sich eine Stunde Zeit, um am Ende zu klären, wie die beiden zueinander stehen. Daran könnte im 2. Schritt anschließen, Lösungsideen für eine bessere Kooperation zwischen den beiden zu entwickeln.

Setzen Sie sich bitte nicht übermäßig unter Druck, sondern probieren Sie das aus, was Ihnen für die Bearbeitung der Themen sinnvoll erscheint. Experimentieren Sie auch mit Methoden, die in der Praxis anzuwenden Sie noch nicht den Mut hätten.

Viel Erfolg!

Zur Ausgangslage: Lösungen aushandeln

Bitte geben Sie die folgenden Instruktionsergänzungen zusätzlich zur Ausgangslage an die Moderatoren aus, und teilen Sie den Inhalt den Rollenspielern mit, wenn dieser Fall für die Klärung von Sichtweisen eingesetzt werden soll.

Gehen Sie – unabhängig davon, wie der Fall in der Simulation bisher gelaufen ist – davon aus, daß Sie mit dem Team bereits drei Treffen durchgeführt haben. Im ersten Treffen haben Sie das Team kennengelernt und vereinbart, pro Treffen eines der folgenden Themen zu bearbeiten:

▨ Welches sind die größten Schwierigkeiten für eine Integration der neuen Mitarbeiter?

▨ Die Beziehung zwischen Hans und John klären.

■ **Wie lassen sich die Aufgabenzuständigkeiten aufteilen und der Informationsfluß untereinander verbessern?**

Die Themen eins und zwei sind bereits bearbeitet worden. Die Beziehungsprobleme zwischen Hans und John konnten mit Ihrer Hilfe aus dem Weg geräumt werden. Sie haben in einem Zweiergespräch ihre unterschiedlichen Eigenschaften geklärt. Hans ist daran interessiert, immer wieder Neues auszuprobieren. Er hat dadurch im Beratungsunternehmen gute Methoden eingeführt, die auch mit Erfolg von anderen übernommen wurden (z.B. eine neue Form der Analyse von Geschäftsvorgängen, eine Produktlinienanalyse, die Ehepartner von Teammitgliedern für ein Wochenende im Sinne einer Teampflege hinzuziehen usw). Er läuft dabei ständig Gefahr, sich zu verzetteln.

John dagegen kennt sich bestens mit den bewährten Methoden aus, setzt diese seit Jahren erfolgreich ein und perfektioniert sie weiterhin. Mit seinem Erfahrungsschatz wird er von vielen Führungskräften geschätzt und gilt als kompetenter Ansprechpartner, der sich in der Handelsbranche auskennt. John ist gefährdet, zu starre Routinen zu entwickeln und sich nicht die Zeit zu nehmen, Neues auszuprobieren.

Nun möchte das gesamte Team am heutigen Tag am dritten Thema arbeiten. Am Ende des Treffens sollen konkrete Maßnahmen stehen, die für eine akzeptable Aufgabenteilung und einen besseren Informationsfluß sorgen. Ihnen stehen 100 Minuten zur Verfügung. Planen Sie bitte etwa in der Mitte eine Pause ein. Setzen Sie sich nicht übermäßig unter Druck, sondern probieren Sie das aus, was Ihnen für die Bearbeitung der Themen sinnvoll erscheint. Experimentieren Sie auch mit Methoden, die in der Praxis anzuwenden Sie noch nicht den Mut hätten.

Viel Erfolg!

Rollenübersicht

Ein Beispiel: John Sommer liebt Beständigkeit (oberer Bereich), ist sehr aktiv (großer Kreis), gefühlskontrolliert (helle Schraffur) und sowohl kritisch distanziert als auch zustimmend (mittlerer Bereich).

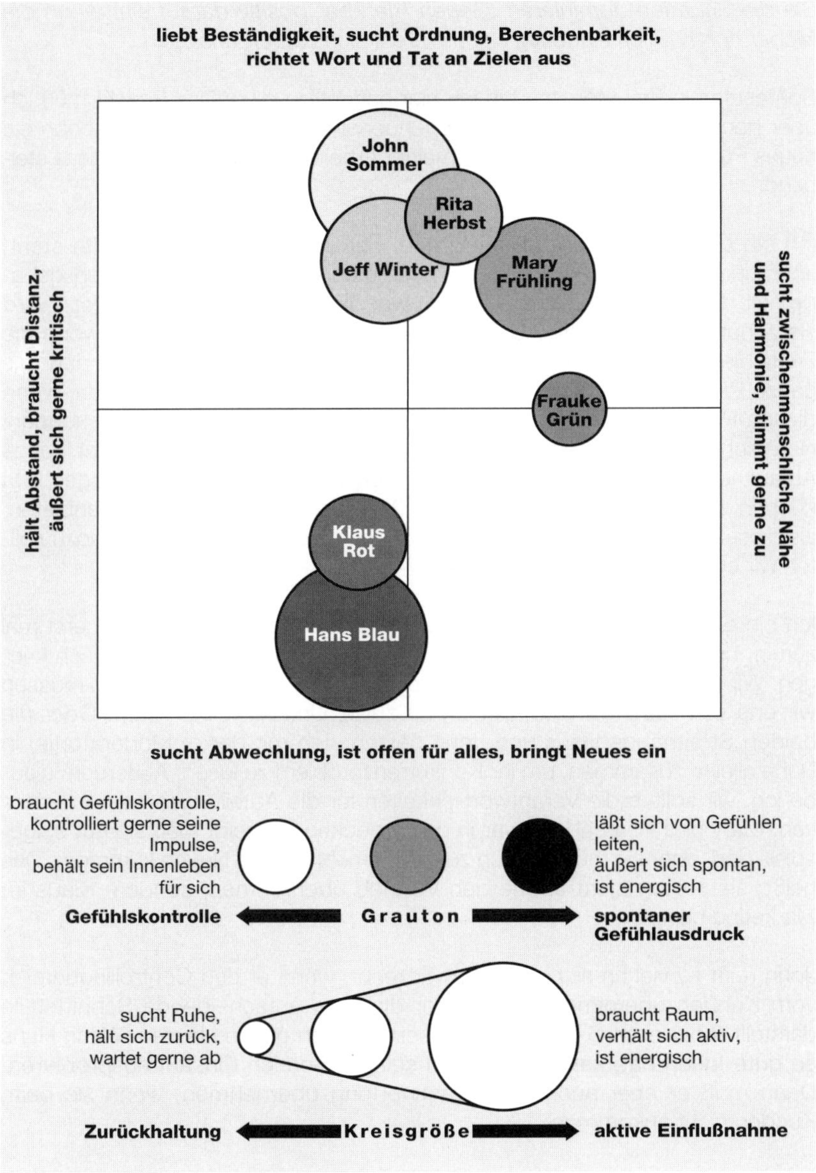

liebt Beständigkeit, sucht Ordnung, Berechenbarkeit, richtet Wort und Tat an Zielen aus

John Sommer

Rita Herbst

Jeff Winter

Mary Frühling

Frauke Grün

Klaus Rot

Hans Blau

hält Abstand, braucht Distanz, äußert sich gerne kritisch

sucht zwischenmenschliche Nähe und Harmonie, stimmt gerne zu

sucht Abwechlung, ist offen für alles, bringt Neues ein

braucht Gefühlskontrolle, kontrolliert gerne seine Impulse, behält sein Innenleben für sich

läßt sich von Gefühlen leiten, äußert sich spontan, ist energisch

Gefühlskontrolle ◀━━━ **G r a u t o n** ━━━▶ **spontaner Gefühlausdruck**

sucht Ruhe, hält sich zurück, wartet gerne ab

braucht Raum, verhält sich aktiv, ist energisch

Zurückhaltung ◀━━━ **K r e i s g r ö ß e** ━━━▶ **aktive Einflußnahme**

Abb. 26: Rollenübersicht „Integration der Neuen"

Jeff Winter, Seniorchef, 37 Jahre

Lassen Sie sich von den in dieser Instruktion genannten Einstellungen und Zielvorstellungen leiten. Übertreiben Sie nicht, indem sie eine Karikatur der Rolle spielen. Füllen Sie sie mit Ihren eigenen Verhaltensweisen so aus, als wären Sie die Person. Improvisieren Sie ruhig bei Bedarf! Gelegentlich können Sie die Situation dominieren. Gehen Sie aber positiv darauf ein, wenn die Moderatoren Ihnen eindeutig signalisieren, sich zurückzuhalten.

Spätestens in drei Monaten bin ich hier hoffentlich raus. Das Projekt muß ich aber noch bis zum nächsten Zwischenbericht betreuen. Ich habe schon ein neues Projekt, da bin ich mit 75 % meiner Arbeitskapazität drin – Tendenz steigend.

Ich bin eher der Mann im Hintergrund, der John beratend zur Seite steht. John und Hans müssen sich mehr zusammenreißen. Deren Konkurrenzgehabe hält das ganze Projekt auf. Vorher war die Stimmung ganz gut, jetzt wird sie zunehmend belastet. Aber ich mische mich da nicht ein. Erst wenn die Zeitschiene in Gefahr gerät, steige ich ein. Ich bin dafür zuständig, daß das ganze Projekt glatt über die Bühne geht. Wie blöd stehe ich denn da, wenn dieses Projekt scheitert, nur weil sich die Neuen nicht integrieren können! Natürlich bringen sie viele und auch gute neue Ideen mit, aber der ganze Ablauf ist doch bereits mit dem Kunden besprochen und besiegelt. Da können wir nicht mehr alles umschmeißen und dem Kunden mehr anbieten, als dieser selber benötigt. Außerdem lief doch bisher alles bestens, wozu sollten wir etwas ändern?

Ich bin gespannt, wie die Moderatoren das angehen. Ich halte mich erst mal zurück und warte ab. Wichtig ist, daß wir das Thema endlich vom Tisch kriegen. Wir sollten nicht mehr als ein bis zwei Treffen vergeuden. Notfalls müssen wir uns von Hans trennen, der bringt zuviel Unfrieden ins Team. Oder die beiden Streithähne Hans und John setzen sich mit der/m Moderator(in) in Ruhe alleine zusammen, um ihr Konkurrenzproblem zu lösen. Außerdem glaube ich, wir sollten die Verantwortlichkeiten für die Abteilungen neu überdenken. Mary und Rita haben zwar in der Produktion gezeigt, daß sie gut eingespielt sind, aber sie müssen sich zukünftig mehr um die Neuen kümmern. Das heißt, sie sollten nicht alleine den Vertrieb übernehmen, sondern Klaus im Marketing helfen.

John reißt zu viel an sich. Er hat zwar recht, wenn er den Controllingbereich vom Kunden übernimmt, weil dieser die alles entscheidende Schnittstelle darstellt. Aber er muß Hans mehr in seine Karten gucken lassen. Wenn Hans so gute Ideen hat, kann er die ja in seinem Bereich Einkauf ausprobieren. Dann muß er aber auch die Verantwortung übernehmen, wenn sie beim Kunden nicht ankommen.

John Sommer, Juniorchef, 32 Jahre

Lassen Sie sich von den in dieser Instruktion genannten Einstellungen und Zielvorstellungen leiten. Übertreiben Sie nicht, indem sie eine Karikatur der Rolle spielen. Füllen Sie sie mit Ihren eigenen Verhaltensweisen so aus, als wären Sie die Person. Improvisieren Sie ruhig bei Bedarf! Gelegentlich können Sie die Situation dominieren. Gehen Sie aber positiv darauf ein, wenn die Moderatoren Ihnen eindeutig signalisieren, sich zurückzuhalten.

Bisher hatte ich sehr viel Geduld mit den Neuen. Ich kenne das Problem ja auch ganz gut. Man hat viele Ideen und möchte mitreden, sich einbringen können und so weiter. Das ging mir mit Jeff (Seniorchef) damals auch nicht anders.

Aber langsam nervt mich das, wenn Hans Blau sich besserwisserisch aufführt, als wäre er King Kong persönlich.

Da sagt er neulich im Montagsmeeting, die Workshops seien mit 60 Personen völlig überfüllt, das bringe überhaupt nichts, höchstens 20 Personen wären gut. Theoretisch hat er recht, doch wer soll das alles bezahlen? Ich kenne den Klienten schon länger, der will lieber das altbewährte Muster haben. Es gibt halt Widerstände beim Kunden gegen jegliche Art von Veränderung. 60 Personen sind abgesprochen, das geht schneller und reicht für den Zweck aus, eventuelle Probleme in der Produktion zu klären. Wir wollen doch lediglich Tendenzen erfassen und dem Kunden eine allgemeine Empfehlung geben. Für mehr werden wir nicht bezahlt! Und wir haben weiß Gott größere Probleme, als das Bewährte auch noch in Frage zu stellen.

Ich kenne mich bestens mit den bewährten Methoden aus. Diese setze ich seit Jahren erfolgreich ein und habe sie perfektioniert. Mit meinem Erfahrungsschatz werde ich von vielen Führungskräften geschätzt und gelte nicht umsonst als kompetenter Ansprechpartner, der die Handelsbranche gut kennt.

Klar sehe ich die Gefahr, daß ich langsam ausbrenne und keine Zeit finde, auch einmal Neues auszuprobieren. Das könnte ich von Hans lernen. Doch ich bin schon länger mit diesem Projekt betraut. Jetzt bin ich der Erfahrene. Nun soll Hans – genau wie ich damals – abwarten und von meinen Erfahrungen profitieren. Nicht gleich mit seinen Ideen kommen. Da mußte ich auch durch und habe viel von Jeff gelernt.

Am wichtigsten ist doch, daß wir den Zeitrahmen einhalten. Wie stehe ich denn da, wenn eines der ersten Projekte, das ich als Juniorchef durchführe, in die Hose geht? Das würde mir nicht nur Jeff sehr übel nehmen.

Hoffentlich können wir das Thema spätestens mit einem weiteren Treffen endgültig vom Tisch kriegen. Wir sind lange genug mit der Teamfindung aufgehalten worden.

Vielleicht sollte ich mich mal alleine mit Hans und dem Berater treffen, um unsere angespannte Beziehung zu klären. Kann er denn nicht verstehen, daß mich diese „Ideenspinnerei" noch mehr unter Zeitdruck setzt?

Außerdem muß ich mich um die Controllingabteilung des Kunden kümmern. Das ist die sensibelste Schnittstelle beim Kunden. Nicht gerade einfach, die Leute. Viel Macht. Da lass' ich nicht jeden ran. Wenn die sagen: „Können wir nicht finanzieren", dann geht nichts mehr. Denen muß man fachlich kompetent und mit fundierten Zahlen kommen. Das kostet Zeit. Aber damit nicht genug: Projektleitung heißt auch, regelmäßig alle möglichen Leute zu informieren. Das sind alles Dinge, die ich früher nicht im Blick hatte und die Hans wohl auch nicht so recht sieht.

Vielleicht sollten wir die Verantwortlichkeiten neu durchmischen. Aber es ist nicht einfach. Mary und Rita müßten sich bewegen. Sie sind ein gut eingespieltes Team. Für die Abschlußarbeiten in der Produktionsabteilung sollten sie auch zusammenbleiben. Aber für eine erste Sichtung des Vertriebs müßten sie sich voneinander lösen, um mehr mit Klaus zu arbeiten. Vielleicht kriege ich sie dazu, daß eine sich im nächsten Monat mehr um die Marketingabteilung kümmert. Im Ausgleich dazu kann Frauke sich ja zu den Frauen gesellen.

Ich glaube, Hans ist ganz gut im Verkauf aufgehoben.

Hans Blau, Berater, 31 Jahre

Lassen Sie sich von den in dieser Instruktion genannten Einstellungen und Zielvorstellungen leiten. Übertreiben Sie nicht, indem sie eine Karikatur der Rolle spielen. Füllen Sie sie mit Ihren eigenen Verhaltensweisen so aus, als wären Sie die Person. Improvisieren Sie ruhig bei Bedarf! Gelegentlich können Sie die Situation dominieren. Gehen Sie aber positiv darauf ein, wenn die Moderatoren Ihnen eindeutig signalisieren, sich zurückzuhalten.

Es ist schon komisch, wir führen eine „Mitarbeiterbefragung" beim Kunden durch und können uns selber nicht vernünftig unsere Meinung sagen. In diesem Team zählt die Meinung des Einzelnen kaum. Es heißt immer: „Später können wir über diese Ideen reden, jetzt nicht. Wir müssen fertig werden". Doch wir sind schon seit etwa zwei Monaten dabei und haben nur noch vier vor uns.

Als ich neulich im Montagsmeeting den Vorschlag machte, im Top-Programm die Workshop-Größe des „Kick-off-Meetings" von 60 Personen auf 20 zu verringern, hat mich John arrogant angesehen und meinen Vorschlag mit der Bemerkung abgespeist, der sei völlig praxisfern. Er tut manchmal so, als habe er die Weisheit mit Löffeln gegessen. Dabei ist er genauso alt wie ich und genauso lange in der Firma.

Seit dem Vorfall geht er mir immer mehr aus dem Weg und läßt mich nicht mitreden. Ich habe sogar den Eindruck, daß Jeff, der Seniorchef, und John wichtige Infos von uns fernhalten. Sie sitzen andauernd zusammen und treffen Privatabsprachen – auch mit dem Kunden. Das „untere Fußvolk" darf sich dann als Befehlsausführer ohne Widerrede den Anweisungen fügen.

Mit Klaus läuft es auch nicht besser: Er bekommt die Praktikantin aufgedrückt, obwohl er sich doch selber erst einmal einarbeiten muß. Ich finde das ja schon peinlich genug, daß niemand Frauke betreuen möchte, doch muß die Auseinandersetzung darüber vor ihren Ohren stattfinden?

In diesem Team muß man um jede Absprache kämpfen. Das strengt mich sehr an. Der Informationsfluß klappt einfach nicht. Ich finde, das ist Johns Aufgabe. Bei ihm laufen die Fäden zusammen. Es ist mir schon klar, daß John mehr Erfahrungen mit diesem Projekt hat. Wir sind sehr unterschiedlich in der Herangehensweise an Themen. Ich bin daran interessiert, immer wieder Neues zu erproben, und kenne die Gefahr, mich zu verzetteln. Doch dadurch habe ich im Beratungsunternehmen gute Methoden eingeführt, die auch mit Erfolg von anderen übernommen wurden (z.B. eine neue Form der Analyse von Geschäftsvorgängen, eine Produktlinienanalyse, Hinzuziehen der Ehepartner für ein Wochenende im Sinne einer Teampflege). Wir könnten eine Menge voneinander lernen. Doch dazu müßte ich auch Signale bekommen, daß meine Ideen was wert sind.

Ob das heutige Treffen ausreicht, um zu einem Ergebnis zu kommen, wage ich zu bezweifeln. Aber wenn ich wieder mein Mißtrauen äußere, daß wir uns etwas mehr Zeit für eine grundsätzliche Klärung nehmen sollten, werde ich sowieso an die Wand geredet.

Zunächst warte ich ab, wie die Moderatoren das ganze Ding angehen. Sollte sich herausstellen, daß sie sich vor den Karren von Jeff spannen lassen und einen „Maßnahmenkatalog für den Papierkorb" erarbeiten, können sie nicht mit mir rechnen. Das geht mir zu schnell. Dasselbe Problem, das wir mit dem Kunden haben, haben wir auch im Team: die schnellen Lösungen aus der Hüfte, die nichts bringen.

Ich glaube, ich sollte mich mal mit John grundsätzlich aussprechen. Er ist immerhin der Boss; das muß ich akzeptieren. Wenn ich in dieser Firma weiterkommen will, geht kein Weg an ihm vorbei.

Momentan betreue ich den Einkaufsbereich des Kunden. Dabei kann ich mich zwar auf die Vorarbeit von Mary und Rita stützen. Doch welchen Sinn hat es, daß sie als Erfahrene zusammenarbeiten?

Wir sollten die Aufgaben besser verteilen. Mein Vorschlag wäre, immer einen Neuen mit einem Alten zu kombinieren. John könnte mir zeigen, wie er die Controllingabteilung angeht. Aber alles wird mit dem Argument totgeschlagen, wir hätten keine Zeit. Was soll man da noch sagen?

Mary Frühling, Beraterin, 29 Jahre

Lassen Sie sich von den in dieser Instruktion genannten Einstellungen und Zielvorstellungen leiten. Übertreiben Sie nicht, indem sie eine Karikatur der Rolle spielen. Füllen Sie sie mit Ihren eigenen Verhaltensweisen so aus, als wären Sie die Person. Improvisieren Sie ruhig bei Bedarf!

Ich bin jetzt schon seit drei Jahren in der Firma. Bisher lief immer alles ganz gut. So etwas wie jetzt habe ich noch nicht erlebt. Seitdem die Neuen vor einem Monat hinzukamen, wird die Stimmung zunehmend gereizter. Das finde ich schade, denn die Neuen haben eigentlich ganz gute Ideen und bringen frischen Wind ins Team.

Als Hans neulich meinte, die Workshopgröße für die „Kick-off"-Veranstaltung zur Mitarbeiterbefragung müsse von 60 Personen auf 20 verkleinert werden, fand ich seine Anregung sinnvoll. Ich merke ja an den bisherigen Ergebnissen, daß die Workshops in dieser Größe nichts bringen – im besten Falle beruhigen sie das Gewissen des Kunden. Die Vorschläge aus der Produktion zum Beispiel sind immer dieselben. Völlig oberflächlich bei so vielen Leuten.

John und Jeff machen zu viel Druck und hören sich nicht einmal an, was die Neuen zu sagen haben. Dadurch schaffen sie nur noch mehr Probleme, weil jeder dann erst recht bunkert, anstatt zusammenzuarbeiten.

Jetzt habe ich – neben den Restarbeiten aus der Produktion – noch die Analyse des Vertriebs hinzu bekommen. Ich weiß gar nicht, wie wir das alles in sechs Monaten schaffen sollen. Zeitpläne erstellen, Ablaufdiagramme, Kennzahlenanalyse usw. Ich teile mir die Arbeit mit Rita. Wir sind ein gut eingespieltes Team. Allein, was wir von den bisherigen Vorlagen zur Analyse der neuen Abteilung übernehmen können. Da ist es doch selbstverständlich, daß wir weiterhin fest zusammenarbeiten wollen.

Alles muß schnell gehen, wir haben nicht genügend Zeit, uns groß abzusprechen. Man kann doch wohl verlangen, daß Klaus, der die viel kleinere Marketingabteilung betreut, sich ein bißchen um die Praktikantin Frauke kümmert. Doch Klaus weigert sich, die Praktikantin zu übernehmen. Dabei könnte sie ihm doch eine zusätzliche Hilfe sein. Verstehe ich nicht. Wir können uns nicht auch noch um sie kümmern.

Hans und John müßten sich einfach mal aussprechen. Meiner Meinung nach sollte Hans von John mehr freie Hand bekommen. Wenn Hans meint, die Workshops verkleinern zu wollen, dann soll er das für seinen Bereich eben tun. Er hat ja auch die Mehrarbeit. Doch dann sollte er auch klar die Verantwortung tragen, falls es nichts bringt. Vielleicht lernt Hans so am besten. Ich merke zwar, daß wir die Verantwortung für die Aufgaben neu aufteilen müßten. Aber ich will in jedem Fall auch zukünftig mit Rita zusammenarbeiten. „Never change a winning team." Wir haben mit der Analyse der Produktion bewiesen, daß wir zusammen gut sind. Alles andere ist mir egal.

Klaus Rot, Berater, 29 Jahre

Lassen Sie sich von den in dieser Instruktion genannten Einstellungen und Zielvorstellungen leiten. Übertreiben Sie nicht, indem sie eine Karikatur der Rolle spielen. Füllen Sie sie mit Ihren eigenen Verhaltensweisen so aus, als wären Sie die Person. Improvisieren Sie ruhig bei Bedarf!

Jetzt bin ich schon knapp über einen Monat in diesem Team, in dem es drunter und drüber geht. So schlecht wie hier war die Stimmung bisher in keinem anderen Team.

Die anderen beiden Beraterinnen, Mary und Rita, halten wie Pech und Schwefel zusammen und lassen sich auf keine vernünftige Arbeitsaufteilung ein.

Das Schlimmste ist, daß sie mir die Betreuung der Praktikantin Frauke übertragen haben. Wie soll ich mich um sie kümmern, wenn ich selbst damit beschäftigt bin, mich einzuarbeiten?

Mir ist die Diskussion um die Praktikantin etwas peinlich. Ich war selber mal Praktikant und weiß, wie ärgerlich das ist, wenn man hin- und hergeschoben wird. Deswegen habe ich mich auch gefügt.

Das ändert aber nichts an der Arroganz, mit der wir „Neuen" behandelt werden. Ich komme mir manchmal wie ein Werkzeug vor, das zu funktionieren hat.

Die Devise lautet immer: „Durchhalten, bis das Projekt zu Ende ist. Dann können wir darüber reden, wie wir die Aufgaben neu verteilen." Das sind alles leere Versprechungen! Wer weiß schon, ob wir in einem neuen Projekt wieder zusammenarbeiten werden? Und dann wird mir auch noch gesagt, ich hätte nicht viel zu tun. Die Datenauswertung der „kleinen Marketingabteilung" müßte ich doch mit links schaffen. Vielleicht machen Rita und Mary wirklich mehr als ich, doch sie lassen sich nicht in die Karten gucken. Eine Geheimniskrämerei ist das, völlig nervig. Man kriegt per E-Mail ihre Vorlagen und Formblätter, und das war es dann mit der Einarbeitung. Wenn sie sich eine Woche Zeit nehmen würden, um mir alles zu zeigen, dann könnten wir sicher erfolgreicher miteinander arbeiten. Oder noch besser: Mary würde für einen Monat bei mir mithelfen, dafür können sie Frauke zur Entlastung haben.

Ich finde es gut, daß heute die Moderatoren kommen, damit wir darüber reden können. Hoffentlich machen wir keine Schnellschüsse, die nichts bringen.

Frauke Grün, Praktikantin, 25 Jahre

Lassen Sie sich von den in dieser Instruktion genannten Einstellungen und Zielvorstellungen leiten. Übertreiben Sie nicht, indem sie eine Karikatur der Rolle spielen. Füllen Sie sie mit Ihren eigenen Verhaltensweisen so aus, als wären Sie die Person. Improvisieren Sie ruhig bei Bedarf!

Ich war ganz froh, daß ich für mein BWL-Praktikum bei dieser Beratungsfirma gelandet bin. Die anderen an der Uni waren richtig neidisch auf mich. Da ergeben sich vielleicht ja Chancen, auch nach meinem Studium hier einsteigen zu können.

Es hat vor zwei Monaten alles ganz gut angefangen, doch die Spannungen im Team sind unübersehbar. Mittlerweile finde ich es gut, daß ich hier nicht ewig bin. Es stört mich, wie mit mir umgegangen wird. Ich werde zwischen den Beratern hin- und hergeschoben, als sei ich ein unschönes Möbelstück. Dabei bemühe ich mich nach Kräften, um niemandem zur Last zu fallen. Doch wie soll das gehen, wenn die Berater sich selbst nicht grün sind?

Ehrlich gesagt, wirkt mein Betreuer Klaus völlig überfordert. Wie soll er sich da um mich kümmern? Ich bekomme immer „Beschäftigungsaufgaben", bei denen ich nichts dazulerne und wenigstens niemanden „stören" kann. Habe ich eine Frage, sagt er immer: „Weiß ich nicht so genau. Mach, wie du es für das Beste hältst."

Ich fände es viel besser, wenn ich eine Zeitlang bei Mary arbeiten könnte. Mit ihr komme ich ganz gut zurecht.

In diesem Team herrscht ein viel zu großer Konkurrenz- und Zeitdruck. Vor allen Dingen zwischen Hans und John. Die beiden führen sich auf wie zwei Kampfhähne. Bei den Teammeetings müssen sie endlos miteinander argumentieren. Damit vermiesen sie nicht nur allen die Stimmung, sondern halten den Laden auf. Auch wenn Hans oft recht hat. In diesem Team hat man wie eine Maschine zu funktionieren. Deine Meinung ist nicht gefragt.

Das habe ich mir alles ganz anders vorgestellt. Ich habe schon überlegt, ob ich nicht das Praktikum abbreche. Doch vielleicht können die sich ja heute berappen. Und ich komme auch zu Wort. Viel zu verlieren habe ich nicht. Mein Ziel: weg von Klaus, hin zu Mary oder zumindest mehr Verantwortung. Am besten wäre es natürlich, wenn ich rotieren könnte: jeden Monat in einen neuen Bereich reinschnuppern.

Außerdem sollten wir die Abteilungsverantwortlichkeiten neu klären. Es macht doch keinen Sinn, daß wir neuen Mitarbeiter völlig isoliert die Verantwortung übernehmen, während Rita und Mary weiterhin zusammenbleiben. John sollte den Controllingbereich mehr abgeben. Klaus könnte den Bereich Marketing mehr mit Rita zusammen abwickeln. Er fragt sowieso andauernd bei ihr nach.

Rita Herbst, Beraterin, 28 Jahre (zusätzliche Rolle)

Lassen Sie sich von den in dieser Instruktion genannten Einstellungen und Zielvorstellungen leiten. Übertreiben Sie nicht, indem sie eine Karikatur der Rolle spielen. Füllen Sie sie mit Ihren eigenen Verhaltensweisen so aus, als wären Sie die Person. Improvisieren Sie ruhig bei Bedarf!

Seit einem halben Jahr bin ich jetzt in diesem Projektteam. Ich arbeite sehr gut mit Mary zusammen. Wir beide sind ein sehr gut eingespieltes Team, alles klappt ohne große Absprachen. So muß es auch sein!

Umso ärgerlicher ist es, daß sich die Neuen nicht in unser Team eingliedern. Hans Blau hat zwar gute Ideen, doch die lassen sich in der Praxis nicht realisieren. Neulich schlug er vor, die „Kick-off"-Workshop-Größe für eine erste Erhebung der Schwachstellen in der Produktion von 60 Personen auf 20 zu verringern. Man muß in diesem Fall John einfach recht geben. Er hat mehr Erfahrung im Umgang mit dem Kunden und weiß, daß dieser sich niemals auf solche Vorschläge einlassen würde. Außerdem geht es doch beim „Kick-off" nur darum, ein erstes Stimmungsbild in der Belegschaft des Kunden zu erheben.

Beim nächsten Projekt könnten die Neuen mehr Einfluß auf die Gestaltungsphase bekommen. Aber jetzt haben wir einfach zu wenig Zeit, alles auszudiskutieren. Wir müssen uns alle zusammenreißen und durchhalten, bis das Projekt fertig ist. Das gilt auch für Klaus, den neuen Berater. Er weigert sich, die Betreuung der Praktikantin Frauke zu übernehmen.

Mary und ich kümmern uns schon um die Betreuung der beiden großen Abteilungen der Produktion und des Vertriebs. Er braucht nur die viel kleinere Marketingabteilung des Kunden zu übernehmen und kann auf unsere Vorarbeit zurückgreifen. Alle Folien, Formulare und Ablaufpläne stehen bereits. Und dann hat er auch noch die Praktikantin als Unterstützung. Peinlich finde ich, daß keiner Frauke haben möchte. Dabei ist sie sehr fit und leistet gute Arbeit. Im Notfall nehmen wir sie. Ich weiß gar nicht, warum Klaus sich andauernd über seine Überlastung beklagt. Ist doch schließlich kein Anfänger mehr.

Wenn es darum geht, die Aufgaben evtl. neu zu verteilen, beharre ich darauf, daß ich mit halber Kapazität mit Mary weiterhin zusammenarbeite. John sollte Hans mehr in seine Karten gucken lassen – nachdem sie ihre Konkurrenzschiene verlassen haben. Manchmal hilft es aber auch, mehr zusammenzuarbeiten. Das habe ich mit Mary gelernt. Am Anfang hatten wir auch etwas Konkurrenzgefühle. Wir haben darüber gesprochen, und dann war es gut.

Ich freue mich, daß wir Hilfe von externen Moderatoren bekommen. Vielleicht fügen sich die Neuen nach dem Treffen besser ins Team ein, wenn wir mal ausgiebig darüber reden.

Kernpunkte

Ein interkultureller Konflikt –
Zwei Kulturen prallen aufeinander

Unternehmensberater werden immer dann geholt, wenn eine Firma, die sich in den roten Zahlen befindet, schnelle Hilfe braucht. Sie erwartet einen Branchenkenner, der unter hohem Zeitdruck den Laden wieder durch geeignete Lösungen in die Gewinnzone bringt.

Die Kultur der Beratergruppe ist gekennzeichnet durch Schnelligkeit und Lösungsorientierung. Das gilt für zwischenmenschliche Konflikte ebenso wie für Sachprobleme: Wenn Konflikte benannt sind, müssen sie so schnell wie möglich gelöst werden.

Kultur der schnellen Lösungen gegen Kultur der sorgfältigen Klärung

Ein Konfliktmoderator, der als externer Experte hinzugezogen wird, geht zu Beginn einer Klärung langsam vor: Nicht schnelle Lösungen stehen im Vordergrund, sondern deren Aufschub und eine Auseinandersetzung über die Sichtweisen zum Konfliktthema. Bei dieser Auseinandersetzung kommt jeder zu Wort und soll gehört werden. Kurz: Die Kommunikation wird verlangsamt, um sorgfältig sein zu können.

Dieses Vorgehen stößt beim Beraterteam (vor allen Dingen bei den erfahrenen Mitarbeitern) auf Unverständnis. Der Konfliktmoderator ist außerdem in derselben Situation, in der sich die neuen Mitarbeiter befinden. Es ist für ihn schwer, seine Neutralität zu wahren und sich nicht unter Zeitdruck setzen zu lassen. Sobald der Konfliktmoderator „auf die Bremse tritt", könnten seine Beiträge als Unterstützung für die Position der „Neuen" wahrgenommen werden. Ohne es zu wollen, bezieht er damit Stellung und könnte sich in das Konfliktgeschehen hineinziehen lassen.

Bereits in der Tagesübersicht sollte man auf die spätere Lösungsphase hinweisen, die in einem zweiten Treffen stattfinden sollte. Bemerkt man als Konfliktmoderator die Zeitdrängler, sollte man dies ansprechen und über den Prozeß reden. Wir nennen das Metakommunikation.

Moderator:
Ich merke, daß Ihnen das Vorgehen jetzt zu langsam geht. Stimmt das? (Reaktion abwarten). Ich befinde mich in einer schwierigen Lage: Als Außenstehender bin ich in einer ähnlichen Situation, in der auch Ihre neuen Mitarbeiter sind – ich bin neu hier und muß verstehen, wie der Hase läuft. Dadurch könnte die Art meiner Moderation als Parteinahme für die Neuen mißverstanden werden. Ich gehe aber im ersten Schritt immer so vor. Erfahrungsgemäß ist es für eine Klärung notwendig, daß jeder von Ihnen in Ruhe zu Wort kommt. Und erst im zweiten Schritt, wenn alle sich zum heutigen Thema äußern konnten und verstanden wurden, können sie Lösungen finden, die auch von jedem getragen werden. Können Sie sich darauf einlassen...? (Einverständnis von jedem abwarten).

Beispiel

Das Integrationsproblem

Jedes Team steht bei der Einarbeitung von neuen Mitarbeitern vor demselben Problem: Wie lassen sich die „Neuen" vernünftig integrieren? Ein Projektteam arbeitet meistens nur für einen begrenzten Zeitraum zusammen und muß häufig unter hohem Zeitdruck sein Ziel erreichen. Wenn in ein bestehendes Team eine neue Person hinzutritt, kann die Einarbeitung auf die bisherigen Teammitglieder verteilt werden. Die Belastung nimmt aber zu, wenn viele Neue in ein bestehendes System „eindringen".

Die empfindlichste Konfliktquelle innerhalb eines solchen Prozesses ist der Informationsfluß. Findet nicht gleich zu Beginn eine ausreichende Integration statt, welche die bestehende Gruppenstruktur verändert, bilden die Neuen eine Untergruppe innerhalb des Teams. Es kommt zu einer Lagerbildung. In den beiden Gruppen herrschen unterschiedliche Einstellungen darüber, wie die Arbeit zu leisten ist. Jede Gruppe hält ihre Einstellung für wertvoll und wirft der anderen vor, daß sie eine falsche Einstellung habe.

Die gegenseitige Vorwurfshaltung läßt sich im Wertequadrat (nach Schulz von Thun 1998, S. 38ff) so darstellen:

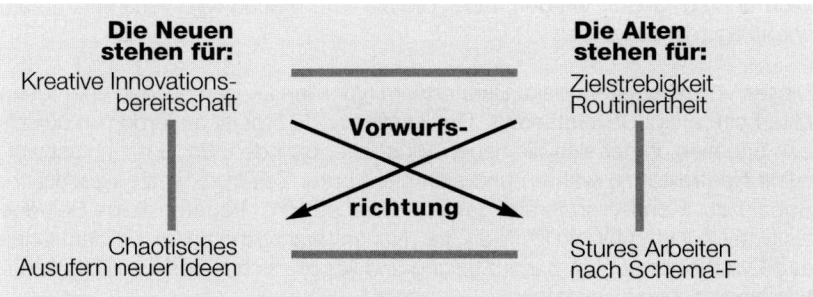

Abb.27: Wertequadrat nach Schulz v. Thun: Die Neue versus die Alten

Hierbei ist die „falsche" untere Einstellung als Übertreibung der oben stehenden wertvollen zu sehen. Bei hinreichender Toleranz gelingt es beiden Seiten, die Einstellung der anderen Seite als sich ergänzende Schwestertugend positiv zu bewerten. Der Gegenwert gilt dann (situationsabhängig) als gleichwertige Alternative.

Im Konfliktfall prallen die unterschiedlichen Interpretationen der Einstellungen aufeinander und scheinen sich nicht vereinen zu lassen. Sie führen bei einer Eskalation zu einer Zunahme der Entfremdung. Wir sprechen dann von Polarisierung.

Die Beziehungsstörung: Rivalität belastet die Teamatmosphäre

Die Beziehung zwischen der Führungskraft John und dem neuen Mitarbeiter Hans ist belastet. Beide engagieren sich sehr für ihre Ideen.

104

Den beiden scheint nicht aufzufallen, was andere im Team eher sehen können:

Sie stehen miteinander im unfruchtbaren Wettbewerb und belasten durch ihre Wortgefechte die Teamstimmung. Im positiven Sinn kann dieser Wettbewerb fruchtbar genutzt werden. Die vielen neuen Ideen von Hans sind jedoch nicht willkommen, sondern setzen John unter einen Umsetzungsdruck, dem er nicht gerecht werden kann, denn er hat viel zuviel zu tun. Er blockt ab, was bei Hans bewirkt, daß er sich zurückgesetzt fühlt und deshalb glaubt, er müsse noch bessere und neuere Ideen erzeugen.

Dies setzt einen Teufelskreis der Informationsverstopfung in Gang, der sich erst wieder in einen „Engelskreis" – und damit in eine Annäherung der Seiten – umwandeln läßt, wenn beide Seiten Raum und Zeit erhalten, ihre „Innerungen" einander mitzuteilen und anzuhören (s. auch Schulz von Thun 1998, S. 28ff). Das kann ein Moderator unterstützen durch ein Gespräch unter sechs Augen, indem er zweiseitig aktiv zuhört, für eine klare und übersichtliche Struktur sorgt und auf einen fairen Kommunikationsstil achtet.

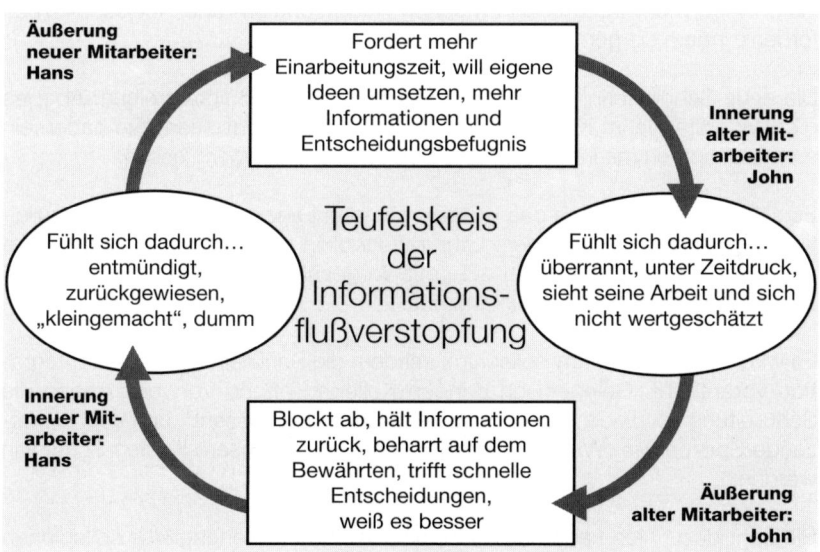

Abb.28: Interaktionsanalyse mit dem Teufelskreis der Informationsflußverstopfung

Sehen beide Seiten nicht mehr die „Äußerungen", sondern nehmen auch den Hintergrund („Innerungen") der anderen Seite wahr, lassen sie sich eher auf Lösungen ein, deren Umsetzung einen besseren Informationsfluß garantiert. Denn dann wird das Problem nicht darin gesehen, daß der andere sich ändern muß, sondern zum gemeinsamen Problem umdefiniert. Hans und John sind dabei die Stellvertreter für die Position der beiden Lager: Hans übernimmt die informelle Führung des Lagers der Neuen, während John als Führungskraft die Alten vertritt. Insofern gilt der Teufelskreis auch für die „Alten" und „Neuen" als Untergruppen.

Fall **2**
Reform oder nicht Reform ...?

Lagerbildung in einem Schulkollegium

Ausgangslage:
Kontakt stiften und Themen sammeln

Sie arbeiten am Lehrerfortbildungsinstitut innerhalb der Schulbehörde als Teamentwickler. Immer wieder werden Sie von Schulleitern zwecks Unterstützung bei Schulkonflikten gerufen. So auch im folgenden:

Eine Haupt- und Realschule soll integrative H-R-Schule werden. Das Ziel der Reform ist, mehr Integration zwischen Hauptschülern und Realschülern zu fördern, indem sie gemeinsam unterrichtet werden.

Die neue Schulleiterin, Frau Weiß, möchte den Prozeß vorantreiben. Aber es gibt Widerstände im Kollegium. Darum hat sie Sie konsultiert. Sie haben ein erstes Gespräch mit ihr geführt und sich die Lage schildern lassen.

Es scheint, als hätte sich das Kollegium in drei Lager gespalten. Die Schulleitung und einige, meist jüngere Lehrkräfte wollen die Integration. Eine andere Gruppe lehnt das Vorhaben z.T. mit vorgeschobenen Gründen ab. Eine schweigende Mehrheit hält sich heraus.

Es wird spürbar kälter im Kollegium, seitdem die Schulleitung die H-R-Integration vorantreibt. Gelegentlich bringen Kollegen offene Vorwürfe gegen die Schulleitung vor, wie z.B. „Nicht so hektisch und verbissen!", und auch verletzende Spitzen wie „Willst jetzt wohl doch noch auf unsere Kosten Schulrätin werden."

Sie sagt dazu: „Ich kann das ja ab, aber einige sehr engagierte Kolleginnen sind schon arg betroffen von der Stimmung, die sich entwickelt."

Viele Konferenzen sind inzwischen sehr unerfreulich. So möchte Frau Weiß es nicht weiterlaufen lassen. Darum sucht sie Beratung: „Wie kann das Ganze angepackt werden?"

Sie besprechen mit ihr, daß eine Innovation an der Schule eventuell unterstützt würde, wenn eine Art Schulreformausschuß, genannt „Steuerungsgruppe", gebildet wird, in der die verschiedenen Gruppen mit ihren unterschiedlichen Auffassungen repräsentiert sind. Insbesondere auch die ablehnenden Kollegen sollten vertreten sein. Sie kommen überein, daß Frau Weiß als erstes eine solche Gruppe bildet. Sie würden dann eine erste Sitzung mit der Gruppe

leiten. Als zentrale Frage soll erörtert werden, ob und, wenn ja, mit welchen Themen ein Moderationsauftrag vereinbart werden kann.

Sie sind darauf eingestellt, daß sich in dieser Sitzung die unterschiedlichen Lager zeigen werden und daß es möglicherweise zu Konflikten kommt.
Bitte bereiten Sie diese Sitzung vor.

Nach einigen Tagen informiert Sie die Schulleiterin über die Mitglieder der Steuerungsgruppe mit folgendem Schreiben:

Sehr geehrte Moderatoren,

zu Ihrer Information erhalten Sie eine Übersicht über die Mitglieder der Steuerungsgruppe:

■ *Neben mir, Sabine Weiß, seit zwei Jahren Schulleiterin, die die H-R-Integration vorantreiben möchte, gehören zur Gruppe:*

■ *Viola Rot, vermittelnd, integrierend, offen, wollte freiwillig in die Steuerungsgruppe*

■ *Leila Grün, steht mit mir auf Kriegsfuß, mußte ich mehrfach bitten, in die Steuerungsgruppe zu kommen, bis sie zusagte*

■ *Sigmund Schwarz, Vertreter der Gruppe, die die Integration ablehnt, habe ich gebeten, dabeizusein*

■ *Sascha Blau, stellvertretender Schulleiter, unterstützt aktiv und sehr sachlich die H-R-Integration, hat mit mir überlegt, wer in die Gruppe kommen soll*

■ *Eugen Gelb, hält sich sehr zurück, Vertreter der schweigenden Mehrheit, wurde von Blau gebeten, mitzumachen.*

Wir freuen uns auf Sie, bis bald

Ihre Sabine Weiß

Rollenübersicht

Hierzu ein Beispiel: Sascha Blau gehört zu den aktiveren (großer Kreis) Innovatoren (unten), bleibt in seiner Argumentation sachlich und gefühlskontrolliert (heller Kreis) und tendenziell freundlich (etwas nach rechts verschoben).

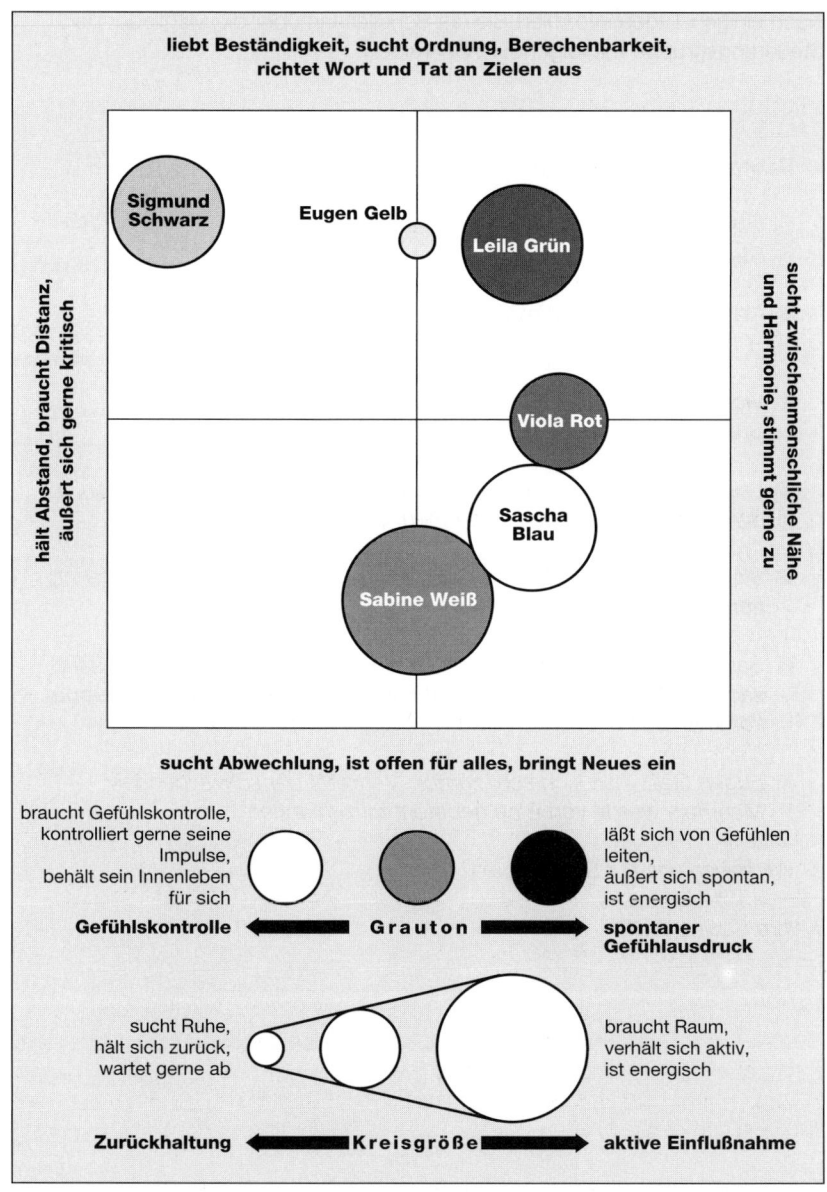

Abb. 29: Rollenübersicht „Reform oder nicht Reform…?"

Sabine Weiß, Schulleiterin

Lassen Sie sich von den in dieser Instruktion genannten Einstellungen und Zielvorstellungen leiten. Aber spielen Sie keine Karikatur der Rolle. Füllen Sie sie mit Ihren eigenen Verhaltensweisen so aus, als wären Sie die Person. Und improvisieren Sie gerne bei Bedarf!

Ich bin ziemlich enttäuscht. Ich bemühe mich nach Kräften darum, dieser Schule zu einem neuen Profil zu verhelfen, damit sie bestehen bleibt. Von den meisten Kollegen bekomme ich dafür aber keine Anerkennung. Einige unterstützen die Haupt-Realschul-Integration zwar, aber die meisten interessieren sich dafür überhaupt nicht. Viele sind offenbar dagegen, sprechen dies aber nicht aus.

Schon bei meiner Bewerbung habe ich betont, daß mir daran liegt, diese Schule aktiv zu gestalten und ihr das Profil zu geben, das zu ihr paßt. Inzwischen wird es höchste Zeit. Wenn wir in einem Jahr offiziell die Integration umsetzen wollen, müssen wir die ersten Pilotklassen mit Engagement und Erfolgen umsetzen. Schließlich brauchen wir ja noch die Genehmigung der Behörde.

Die Integration von Haupt- und Realschülern paßt meiner Meinung nach genau zu dieser Schule mit dem gemischten Einzugsgebiet und den sehr schwierigen Hauptschülern. Ihre Häufung in reinen Hauptschulklassen macht das Unterrichten sehr schwer. Herr Blau unterstützt das Konzept. Mit ihm tausche ich mich gerne über neue pädagogische Konzepte aus. Zusammen sind wir ein gutes Schulleitungsteam.

Die Schule war vor zwei Jahren in einem ziemlich maroden Zustand. Mein Vorgänger hatte keine richtige Lust mehr, irgend etwas zu ändern. Es hieß, er habe Alkoholprobleme. Ich habe dann von Anfang an deutlich gemacht, daß es mit mir anders werden würde, und ich habe ein eindeutiges Votum bei meiner Wahl von dem Kollegium erhalten. Jetzt merke ich aber zunehmend, daß es nicht einfach werden wird. Es gibt erheblichen Widerstand. Mich stört besonders, daß niemand offen gegen die H-R-Integration Stellung bezieht. Am schlimmsten ist es mit Frau Grün, die immer nur jammert. Sie nervt mich am meisten. Man kann es ihr einfach nicht recht machen. Am Anfang habe ich sie noch gefragt, was sie denn will. Dann kamen viele Klagen über die schwierigen Schüler, das lethargische Kollegium.

Ich spüre, daß die „Bunkerfraktion", allen voran Herr Schwarz, unser Vorhaben aufhält. Manchmal wünsche ich mir mehr Sanktionsmöglichkeiten, um solche Leute auf Trab zu bringen oder loszuwerden. Herr Schwarz kommt mir völlig stur und destruktiv vor. Ich habe den Eindruck, er hält es kaum aus, daß auch mal eine Frau Erfolg hat.

Von der Moderation erhoffe ich mir Schützenhilfe für die Einführung der H-R-Integration und mehr Offenheit im Kollegium.

Viola Rot, Englisch und Mathematik

Lassen Sie sich von den in dieser Instruktion genannten Einstellungen und Zielvorstellungen leiten. Aber spielen Sie keine Karikatur der Rolle. Füllen Sie sie mit Ihren eigenen Verhaltensweisen so aus, als wären Sie die Person. Und improvisieren Sie ruhig bei Bedarf!
Sie sind mit allem einverstanden, wenn die Atmosphäre nur besser wird. Vielleicht ziehen Sie sich in Ihr inneres Schneckenhaus zurück, wenn das Gesprächsklima kühl und gespannt wird. Unterstützen Sie die Moderatoren, wenn diese sich um eine angenehme Gesprächsatmosphäre bemühen.

Ich bin selbst dran schuld, daß mich diese Sache so mitnimmt. Aber ich kann abends einfach nicht abschalten. Es geht mir nahe, wenn ich an die Atmosphäre im Lehrerzimmer denke. Sie wird immer kälter. In den Konferenzen erwarte ich manchmal, daß gleich die Bombe hochgeht, aber außer Sticheleien passiert nichts. Alle verhalten sich kontrolliert. Trotzdem sind die Spannungen zwischen der Schulleiterin und anderen, z.B. Frau Grün oder Herrn Schwarz, deutlich spürbar.

Ich lass' mich in jede Kleinigkeit reinziehen und ärger' mich hinterher, daß ich meine Klappe wieder mal nicht halten konnte.

Neulich z.B. bin ich aus der Haut gefahren wie lange nicht mehr: Sigmund Schwarz wurde wieder mal zynisch. Sein Sarkasmus regt mich immer wieder auf. Er sagte, daß wir durch unsere klugen Reden die dummen Hauptschüler auch nicht klüger machen. Daraufhin bin ich ausgeflippt und habe ihn gefragt, wie ein Mensch mit einer solchen Einstellung überhaupt Lehrer werden konnte. Doch das hat er, wie immer, mit einem blöden Grinsen an sich abtropfen lassen.

Es erschüttert mich, wenn ich merke, daß die Gräben zwischen uns immer tiefer werden. Aber irgendwie kann ich mich aus den Konflikten nicht raushalten.
In vielen unserer Gespräche schwingt im Kollegium die Unsicherheit mit, wie die Gesprächspartner zur H-R-Integration stehen. Eine offene Diskussion ist zwischen den Lagern kaum noch möglich.

Nun will Sabine Weiß eine Planungsgruppe einsetzen, die das Projekt vorbereiten soll. Diese Gruppe soll extern moderiert werden. Ich weiß nicht, was ich davon halten soll, aber vielleicht kommt dadurch ja wieder mehr Offenheit zustande.

Leila Grün, Deutsch und Sport

Lassen Sie sich von den in dieser Instruktion genannten Einstellungen und Zielvorstellungen leiten. Aber spielen Sie keine Karikatur der Rolle. Füllen Sie sie mit Ihren eigenen Verhaltensweisen so aus, als wären Sie die Person. Und improvisieren Sie ruhig bei Bedarf!
Gehen Sie konstruktiv mit der Moderation mit, wenn die Moderatoren Ihnen die Möglichkeit geben, Ihre Bedenken und Wünsche in Ruhe zu äußern. Werden Sie unangenehm und stur, wenn man Ihnen nicht zuhört, sie nicht verstehen will.

Ich bin sehr enttäuscht. Die neue Schulleiterin, Frau Weiß, hatte viel versprochen. Sie wollte unserer Unterrichtsarbeit mehr Geltung verschaffen und der Schule ein pädagogisches Profil geben, anstatt irgendwelche Behördenpläne umzusetzen. Aber was hat sie dann gemacht? Plötzlich war die Haupt-Real-schul-Integration als Reformziel auf dem Tisch, ohne daß man wußte, wie das überhaupt kam. Und jetzt baut sie mit Sascha Blau einen Integrations-Fanclub um sich auf. Da wird diskutiert und diskutiert, aber kaum gehandelt. Ich habe nichts gegen H-R-Integration. Die liegt durchaus auf meiner Linie. Aber nicht, wenn sie auf diese Weise eingeführt werden soll. Unsere Leistungen werden dabei überhaupt nicht erwähnt, geschweige denn anerkannt. Die solide laufende Unterrichtsarbeit derjenigen, die nicht mit Pauken und Trompeten kommen, geht unter.

Ihre Innovationen könnte die Schulleitung ohne uns gar nicht umsetzen. Wer hat denn neulich das Schulfest organisiert? Wer macht denn regelmäßig Projektwochen? Ich habe etwas Türkisch gelernt, um mit den türkischen Eltern und Schülern besser klarzukommen. Das ist Integration! Für so etwas muß aber erst die „Altenlegion" antreten. Frau Weiß kümmert sich lieber um ihr Karrierekind, die H-R-Integration, weil die gerade in die politische Landschaft paßt. Hinzu kommt, daß andere Kollegen stinkfaul sind und „Dienst nach Vorschrift" machen. Denen sollte sie mal mehr Dampf machen. Gute Unterrichtsvorbereitung würde schon reichen. Herr Schwarz benutzt für den Biounterricht immer noch seine Unterrichtsmaterialien von vor 20 Jahren.

Jetzt haben wir einen Reformausschuß gebildet, in dem die Konflikte mit Hilfe externer Moderation ausgetragen werden. Was das bringen soll, weiß ich nicht. Frau Weiß hat mich regelrecht bekniet, in diesen Ausschuß zu kommen. „Sie gehören zu den skeptischen Kolleginnen", und „wir sollten die Konflikte lieber offen austragen". Das klingt ja ganz gut. Aber ich habe gehört, daß die Moderatoren vom Institut für Lehrerfortbildung kämen, somit stehen sie möglicherweise voll hinter der Schulleitung. Das möchte ich auf jeden Fall geklärt haben, bevor ich mich weiter äußern werde. Wenn das eine abgekartete Sache ist, steige ich wieder aus.

Ich möchte auch dazu beitragen, daß es besser wird! Ich bin bereit, die H-R-Integration mitzumachen. Doch dazu muß meine Arbeit auch anerkannt werden.

Sigmund Schwarz, Biologie und Geschichte

Lassen Sie sich von den in dieser Instruktion genannten Einstellungen und Zielvorstellungen leiten. Aber spielen Sie keine Karikatur der Rolle. Füllen Sie sie mit Ihren eigenen Verhaltensweisen so aus, als wären Sie die Person. Und improvisieren Sie ruhig bei Bedarf!
Gehen Sie konstruktiv mit der Moderation mit, wenn die Moderatoren Ihnen die Möglichkeit geben, Ihre Bedenken und Wünsche in Ruhe zu äußern. Vielleicht werden Sie unangenehm und stur, wenn Sie sich nicht genügend beachtet fühlen.

Reform, daß ich nicht lache! Wieviel Reformen ich seit '68 mitgemacht habe, kann ich gar nicht mehr zählen. Und am Ende kommt doch nichts dabei raus. Und niemand zahlt dir was für den „Überstundenidealismus".

Früher wollte ich auch immerzu die Welt verbessern. Aber das nutzt sich ab. Man rackert und rackert, und am Ende steht doch nur eine Reformruine, über die bereits die Zeit hinweggegangen ist. Man wird von der Behörde ausgenutzt und bekommt keinen Dank. Die einzige, die einen Nutzen von unserer Rackerei hat, ist die Weiß. Sie bastelt – auf unsere Kosten – an ihrer Karriere.

Bloß keinen Streß machen. Ich konzentriere mich auf meine Klasse. Wenn ich die von der Straße wegbringe, habe ich bereits das Wichtigste getan. Das ist schwer genug bei Schülern, die ja oft nicht einmal die einfachsten Grundlagen mitbringen, um einen vernünftigen Unterricht mit ihnen zu machen.

Nun hat mich Frau Weiß freundlich gebeten, in diesen Konfliktausschuß zu kommen. Das ist ja mal was ganz anderes. Ich habe zugesagt. Eigentlich wird mir das zuviel. Aber andererseits reizt es mich doch.

Wozu externe Moderatoren dabei sein sollen, ist mir allerdings unklar. Hoffentlich sind das nicht solch schulferne Weicheier, bei denen es immer nur um Harmonie und Kooperation geht, und wo am Ende doch nichts passiert. Wahrscheinlich fangen wir mit diesem Psychoquatsch an: „Guten Tag, ich bin blablabla, und wir machen jetzt mal eine Runde zum Kennenlernen. Und sagen Sie bitte, wie Sie sich gerade fühlen."

Das kann ich mir eigentlich sparen ... *(Deshalb erscheinen Sie mit irgendeiner Begründung ungefähr drei Minuten zu spät zur Sitzung/zum Rollenspiel.)*

Vielleicht hat Frau Weiß gemerkt, daß sie die H-R-Integration so nicht durchsetzen kann, weil der Widerstand zu groß ist. Nun holt sie sich Unterstützung von oben. Ich habe eigentlich nichts gegen H-R-Integration, sondern nur gegen die Art, wie die Schulleitung das hier durchdrücken will. So nicht! Ich kann Widerstand leisten, wenn ich will. Nicht umsonst komme ich gelegentlich in die Rolle desjenigen, der das Altbewährte erhalten möchte. Und in dieser Rolle kann ich ganz schön schwierig werden!

Sascha Blau, Physik und Chemie

Lassen Sie sich von den in dieser Instruktion genannten Einstellungen und Zielvorstellungen leiten. Aber spielen Sie keine Karikatur der Rolle. Füllen Sie sie mit Ihren eigenen Verhaltensweisen so aus, als wären Sie die Person. Und improvisieren Sie ruhig bei Bedarf!
Gehen Sie konstruktiv mit der Moderation mit, wenn die Moderatoren vermittelnd auf die verschiedenen Parteien einwirken. Wenn sich die Lager zu polarisieren drohen und die Moderatoren nichts dagegen unternehmen, greifen Sie selbst schlichtend ein, so gut Sie können.

Ich finde die H-R-Integration notwendig. Den sinkenden Leistungen und der wachsenden Aggression in der Hauptschule kann man nur entgegenwirken, indem man Hauptschüler nicht weiter ausgrenzt. Das sehen eigentlich alle ein. Trotzdem ziehen viele nicht mit, sondern entziehen sich.

Das Betriebsklima wird immer frostiger. Eigentlich kenne ich die Gründe nicht. Sabine Weiß, die ich persönlich sehr schätze, läßt sich viel zu sehr in Detailrangeleien ein und verliert dabei die Hauptpunkte aus den Augen. Die Kolleginnen und Kollegen spüren, daß sie ziemlich engagiert ist, und fürchten die Auseinandersetzung mit ihr. Denn sie debattiert dann endlos und redet auf sie ein. Dabei hat sie enorme Detailkenntnisse und spielt jeden schließlich an die Wand. Das mag natürlich niemand, und schon gar nicht in aller Öffentlichkeit.

Auch Viola Rot fehlt die nötige Distanz zur Sache. Sie springt sofort darauf an, wenn sie sich persönlich gekränkt fühlt. Neulich war sie durch eine sarkastische Bemerkung von Sigmund Schwarz über Hauptschüler so betroffen, daß sie zu moralisieren begann. Jeder weiß doch, daß Herr Schwarz mit derartigen Bemerkungen versucht, sich mal wieder in den Vordergrund zu spielen. Leider kommt er immer wieder damit durch.

Sabine Weiß hat einiges in Bewegung gebracht, und das in einem nicht einfachen Kollegiumkreis. Ich finde es gut, daß sie jetzt externe Moderatoren heranziehen will. Es treibt die Sache voran, wenn wir eine Projektsteuerungsgruppe bilden, in der die Konflikte statt im gesamten Kollegium in einem kleinen Kreis ausgetragen werden. In diesem Rahmen müßten natürlich alle Gruppierungen vertreten sein.

Allerdings möchte ich nicht, daß Konflikte hochgejubelt werden. Das schadet am Ende der Sache. Wir können es schaffen, die Dinge auf sachlichem Wege zu lösen. Deshalb erhoffe ich mir von den Moderatoren, daß sie sich nicht bloß in die Klärung von Beziehungskisten ziehen lassen, sondern sich auf den sachlichen Kern der Auseinandersetzung konzentrieren.

Eugen Gelb, Arbeitslehre und Deutsch (zusätzliche Rolle)

Lassen Sie sich von den in dieser Instruktion genannten Einstellungen und Zielvorstellungen leiten. Aber spielen Sie keine Karikatur der Rolle. Füllen Sie sie mit ihren eigenen Verhaltensweisen so aus, als wären Sie die Person. Und improvisieren Sie ruhig bei Bedarf!
Gehen Sie konstruktiv mit der Moderation mit, wenn die Moderatoren Ihnen die Möglichkeit geben, Ihre Bedenken und Wünsche in Ruhe zu äußern. Ziehen Sie sich innerlich zurück, wenn Sie sich ungehört und unbeachtet fühlen.

Ich halte mich aus allem raus. Bringt sowieso nix als Ärger! Wenn man hier zu der einen oder anderen Partei gehört, dann kriegt man von den anderen gleich was auf den Deckel. Ich mache meine Arbeit gut, und damit basta.

Die Schüler sind OK. Ich verlange nicht zu viel von ihnen, und dafür sind sie dankbar. Wenn sie auch mal mit den Händen was machen können, dann freuen die sich riesig. Das macht ihnen Spaß.

Heutzutage geraten die alten Werte immer mehr in den Hintergrund: Pünktlichkeit als Respektbezeugung für den anderen, ihn nicht warten zu lassen. Ordnung, weil man dann weniger suchen muß. Sauberkeit, um sich wohlzufühlen. Stattdessen werden immer wieder „moderne" Konzepte ausprobiert. Ich wüßte schon, wie man die Schüler besser miteinander integriert: mehr auf die alten Werte setzen! Dafür müßten die jungen Lehrer aber selbst lernen, wie man sich integrativ verhält.

Andererseits ist eine Cliquenbildung unter Lehrern völlig normal. Das passiert in jeder Gruppe, daß sich die Menschen zusammenschließen, die sich mehr mögen und umgekehrt.

Wenn es allerdings eskaliert und kindische Formen annimmt, ist das schlimm. Aber das ist wohl kaum zu ändern.

Integration find´ ich eigentlich prima, weil auch die Realschüler von den Hauptschülern eine Menge lernen können. Heutzutage weiß doch kaum ein Kind, wie es z.B. einen Nagel in die Wand hauen kann!

Sascha Blau hat mich gebeten, in der Projektgruppe zur H-R-Integration mitzumachen. Dort soll wohl die Einführung vorbereitet und geplant werden. Das möchte ich eigentlich unterstützen, wenn es nicht zu politisch wird. Außerdem sollen noch irgendwelche Experten dazu kommen. Mal sehen, was daraus wird. Mal sehen, wie die Moderatoren so sind.

Kernpunkte

Auftragsvereinbarung/Themensammlung als Lösungsaufschub?

An diesem Fall läßt sich lernen, wie man einen Auftrag mit einem schwierigen Team vereinbart. Hierzu müssen sich die Moderatoren immer wieder gegenüber Beziehungsstreitigkeiten abgrenzen und deren Lösung auf spätere Treffen verschieben. Weil ein Lösungsaufschub nicht immer auszuhalten ist, betonen die Moderatoren präventiv zum Beginn der Sitzung – und immer wenn eine Beziehungsstörung sich andeutet – den offenen Ausgang des Treffens und das Sitzungsziel.

Lernfall:
Lösungsaufschub

Ein guter Einstieg könnte folgendermaßen aussehen:
Moderatorin:
Guten Tag, wir sind Jens Meyer und Alex Sole. Wir wurden von Frau Weiß gebeten, Sie beim Thema „Bessere Kooperation in der Schule" zu unterstützen. Heute wird es ausschließlich darum gehen, mit Ihnen zusammen einen Auftrag zu vereinbaren und ggf. das Thema genauer einzugrenzen. Dazu ist es notwendig, daß Sie sich ein Bild davon machen können, wie wir arbeiten, und daß wir Sie kennenlernen. Wir möchten am Ende der heutigen Sitzung für alle Beteiligten herausgefunden haben, ob und zu welchen Themen eine Zusammenarbeit zwischen Ihnen und uns für die nächste Zeit sinnvoll und möglich ist. Wir bitten Sie deshalb, Verständnis aufzubringen, wenn wir in diesem Sinne eingreifen und klärende Auseinandersetzungen sowie Lösungsideen auf später verschieben.

Beispiel

Moderatorin (später, wenn es heiß hergeht):
Lassen Sie uns die Diskussion/Lösungssammlung verschieben und erst einmal weiter die Anliegen/Themen sammeln.

Was tun bei Rückzug oder Schweigen bzw. ungleich verteilten Redeanteilen?

Eine Form, sich zurückzuziehen, ist zu schweigen. Stille Gewässer sind jedoch oft tief. „Schweiger" kann man mit Aufgaben integrieren, bei denen jeder drankommt, z.B. die Kartenabfrage, Bilder malen und präsentieren, Blitzlicht etc. Außerdem kann der Moderator die schweigenden Teilnehmer direkt fragen, ob sie irgend etwas mitteilen möchten. Dabei sollten sich schweigende Menschen nicht unter Druck gesetzt fühlen, sondern spüren, daß Schweigen erlaubt ist. In jedem Fall sind Situationen in Kleingruppen oder Partnerarbeit der Arbeit in der Gesamtgruppe vorzuziehen, da sie Angst reduzieren. Verhalten sich Teilnehmer latent aggressiv, so sitzen sie möglicherweise auf einem „Dampfkessel", der zu explodieren droht. Sie finden keine andere Möglichkeit, als durch kleine Spitzen Dampf abzulassen. Wer direkt nachhakt: „Ich merke an Ihrer Reaktion, daß Sie auf etwas sauer sind, worauf denn?", gibt dem „Dampfkessel" ein Ventil, um Ärger direkt zum Ausdruck zu bringen.

Sanfte Methoden des
Einbeziehens

Es kann auch vorkommen, daß der Moderator angegriffen wird. Dann muß er seine Rolle neu klären und seine Gefühle teilweise offenlegen, wenn er glaubwürdig bleiben möchte:

Moderator:

Beispiel

Ich bin hier, weil ich Ihnen helfen soll, Ihren Konflikt zu lösen. Das kann ich nur auf meine Art und Weise. Ich weiß nicht so recht, wie ich auf Ihren Kommentar reagieren soll. Wenn Sie und andere hier deutliche Bedenken gegen meine Arbeitsweise haben, besteht jetzt die Möglichkeit, meinen Auftrag entsprechend zu verändern oder aber wieder aufzulösen.

Unparteilichkeit der Moderatoren

Eine weitere Schwierigkeit besteht in der Gefahr der „Parteinahme" der Moderatoren. Zu Beginn des Auftrages kann bei diesem Fall die Unparteilichkeit der Moderatoren angegriffen werden. Nicht selten kommt es vor, daß die Moderatoren in den Verdacht geraten, sie würden manipulieren bzw. nicht neutral sein, sondern im Sinne der Führungskraft handeln. Besonders die konservativen Kräfte in einer Arbeitsgruppe, die Bewährtes erhalten wollen, sind skeptisch gegenüber Moderationen eingestellt („die 20ste Reform, die ich erlebe") und vermuten, daß die Moderatoren eher innovationsfreudig und damit parteiisch sind. Dies gilt besonders dann, wenn die Moderatoren Teil der Organisation sind. Auch wenn man grundsätzlich davon ausgehen darf, daß sich die Moderatoren nur für die Prozeßsteuerung verantwortlich fühlen und sich inhaltlich unparteiisch verhalten, sind sie halt auch bloß Menschen und haben eine eigene Meinung. Um diesen Vermutungen konstruktiv zu begegnen, nimmt man sich Zeit und plant zu Anfang eine Extraphase für Minikontrakte ein, in der die möglichen Widerstände geklärt werden können.

Schlafende Hunde wecken

Nach dem Prinzip „Schlafende Hunde sollte man rechtzeitig wecken und bellen lassen; denn Hunde, die bellen, beißen nicht", wird die „Wahrheit der Situation" beispielsweise mit folgenden Worten eingeleitet:

Moderatorin:

Beispiel

Auch wenn wir grundsätzlich Innovationen begrüßen, wissen wir, daß nicht jede Schule für eine Integration von Haupt- und Realschulklassen geeignet ist. Wir möchten Sie dabei unterstützen, für sich zu klären, ob die Reformen für Ihre Schule sinnvoll sind oder nicht. Wir sind der Behörde den Ausgang des Prozesses betreffend zu keinerlei Rechenschaft verpflichtet. Weil wir aber der Schulbehörde angegliedert sind, können wir verstehen, wenn Sie Bedenken gegenüber unserer Unparteilichkeit haben. Wir möchten als allererstes von Ihnen wissen, ob dies ein Grund dafür ist, die Moderation nicht von uns durchführen zu lassen.

Gegebenenfalls Auftrag abgeben

Wer als Moderator das Mißtrauen ernst nimmt und die Bereitschaft mitbringt, im Zweifelsfall den Auftrag abzugeben, wird Widerstände an späterer Stelle nicht auf fehlende Transparenz bei der Auftragsvereinbarung zurückführen müssen.

116

Fall **3**
Teamstimmung 10.000 Meilen unterm Meeresspiegel

Außenseiter-/Führungsproblem in einer EDV-Branche

Ausgangslage:
Kontakt stiften und Themen sammeln

Sie übernehmen als Moderator einen Auftrag: Auftraggeberin ist Frau Gaby Guth, Leiterin der Abteilung für die Hardware-Wartung eines mittelständischen Softwareunternehmens.

Neben ihr gibt es vier weitere Abteilungen, die sich mit Schulung, Beratung/ Akquisition und Entwicklung von Anwenderprogrammen beschäftigen. Das Team von Frau Guth besteht aus sechs Mitarbeitern. Als Frau Guth bemerkt hat, daß die Kooperation bei allen Mitarbeitern zunehmend schlechter geworden ist und viele ihrer Arbeit mit immer weniger Lust nachgehen, trat sie wegen einer Teamberatung an Sie heran:
„Früher war ich Mitarbeiterin in der Schulungsprojektgruppe. Jede Abteilung hat sich selber um ihre eigene Hardware gekümmert. Sie können sich vorstellen, was da an Hardware in den einzelnen Abteilungen wie Kraut und Rüben herumstand. Als unser Unternehmen vor vier Jahren expandierte und wir auf PC-Netzwerke umsteigen wollten, habe ich mich gegenüber der Geschäftsleitung durchgesetzt, daß wir eine eigenständige Abteilung brauchen, die sich ausschließlich mit Einkauf, Installation und Wartung einer einheitlichen Hardware im Unternehmen beschäftigt. Ich kann behaupten, daß wir jetzt mit den anderen Abteilungen gut mithalten können und ein leistungsstarkes, sympathisches Team aufgebaut haben.

Vor acht Monaten wurde Herr Claus Freih (48 Jahre) eingestellt, der seinen Aufgaben nicht gerecht wird. Niemand mag gerne mit diesem schweigsamen, komischen Kauz etwas zu tun haben. Wenn er bei mir im Zimmer ist, fühle auch ich mich irgendwie unwohl und werde schnell aggressiv. Leider kann ich ihn nicht versetzen, denn seine Probezeit ist abgelaufen, und jemanden in dieser Firma ‚freizusetzen' ist schwerer, als rückwärts Fahrrad zu fahren. So müssen wir nun andere Wege gehen.“

Sie machen mit Frau Guth ab, einen halben Einstiegstag zur „Kooperationsverbesserung im Team“ durchzuführen. Im Rahmen dieses Treffens werden Sie zunächst die Themen aller Mitarbeiter sammeln, die als Ursachen für die schlechte Teamstimmung angesehen werden, um dann gegebenenfalls zu vereinbaren, welche Themen bearbeitet werden sollen. In weiteren Sitzungen könnten diese Themen dann weiter bearbeitet werden. Frau Gaby Guth begrüßt dieses Vorgehen.

117

Zur Ausgangslage: Sichtweisen klären

Sie haben sich für eine Auftragsklärung mit dem Team bereits getroffen. Nach der Begrüßung und einem ersten Kennenlernen fand eine Runde zu den Themen und Anliegen statt. Dabei äußerten die Teammitglieder Folgendes:

■ Gaby: „Ich merke, daß die Atmosphäre im Team schlechter geworden ist. Der Spaß an der Arbeit ist bei einigen verloren gegangen, und das möchte ich bearbeiten. Aber ich möchte auch, daß das Thema ‚Claus Freih' (sie macht eine bedeutungsschwangere Bewegung) auf den Tisch kommt." Auf Nachfrage sagt sie: „Ich meine damit, daß ich seine Rolle im Team klären möchte."

■ Vanessa: „Also, ich möchte gerne, daß wir unsere Aufgaben besser miteinander koordinieren. Es kommt immer wieder vor, daß ich Aufgaben von anderen übernehmen muß, für die ich eigentlich nicht zuständig bin. Ich habe keine Lust, die Arbeit von anderen mitzumachen. Außerdem machen wir viel zu viele Überstunden, weil unsere Abteilung immer mehr Aufgaben übernimmt. Wenn dies geregelt wird, dann kommt die gute Atmosphäre wieder wie von selbst."

■ Frank: „Ich weiß gar nicht, warum wir einen Berater brauchen. Machen wir uns doch nichts vor, es geht darum, daß Gaby uns unter Druck setzt, weil sie den anderen Projektgruppen zeigen muß, was für eine tolle Leiterin sie ist. Durch ihren Perfektionismus geht die gute Atmosphäre verloren."

■ Herta: „Ich glaube, daß einige um den heißen Brei reden. Das ist typisch für uns. Ich sehe zwei wichtige Dinge, die wir angehen müssen. Zum einen ist das Gabys Führungsstil: Sie übt Druck auf uns aus, möchte aber auch gleichzeitig nett sein. Zum anderen ist es Herr Freih, der seine Aufgaben nicht erfüllt und nie auf uns zugeht, wenn er Hilfe braucht."

■ Franka: „Ich finde, daß wir ein Problem mit Herrn Freih haben. Aber ich möchte auch über Gabys laschen Führungsstil reden. Einerseits tut sie immer freundlich, doch wenn man nicht aufpaßt, dann kriegt man einen reingewürgt."

■ Claus Freih: „—" (sagte nichts, man merkte ihm nicht an, was bei ihm vorgeht). Auf direkte Nachfrage, ob er ein Anliegen habe oder auch keines, wich er aus und sagte schließlich: „Nein, ich möchte noch nichts sagen."

Sie vereinbaren ein weiteres Treffen mit den beiden Themen:

■ Gabys Führungsstil – Feedback
■ Herrn Freihs Rolle im Team klären.

Alle – auch die Geschäftsleitung – begrüßen dieses Vorgehen und wünschen Ihnen viel Erfolg bei der Durchführung!

118

Rollenübersicht

Ein Beispiel: Claus Freih verhält sich sehr zurückhaltend (kleiner Kreis), hält Distanz (links), kontrolliert seine Gefühle sehr stark (helle Schattierung) und liebt die Beständigkeit (oben).

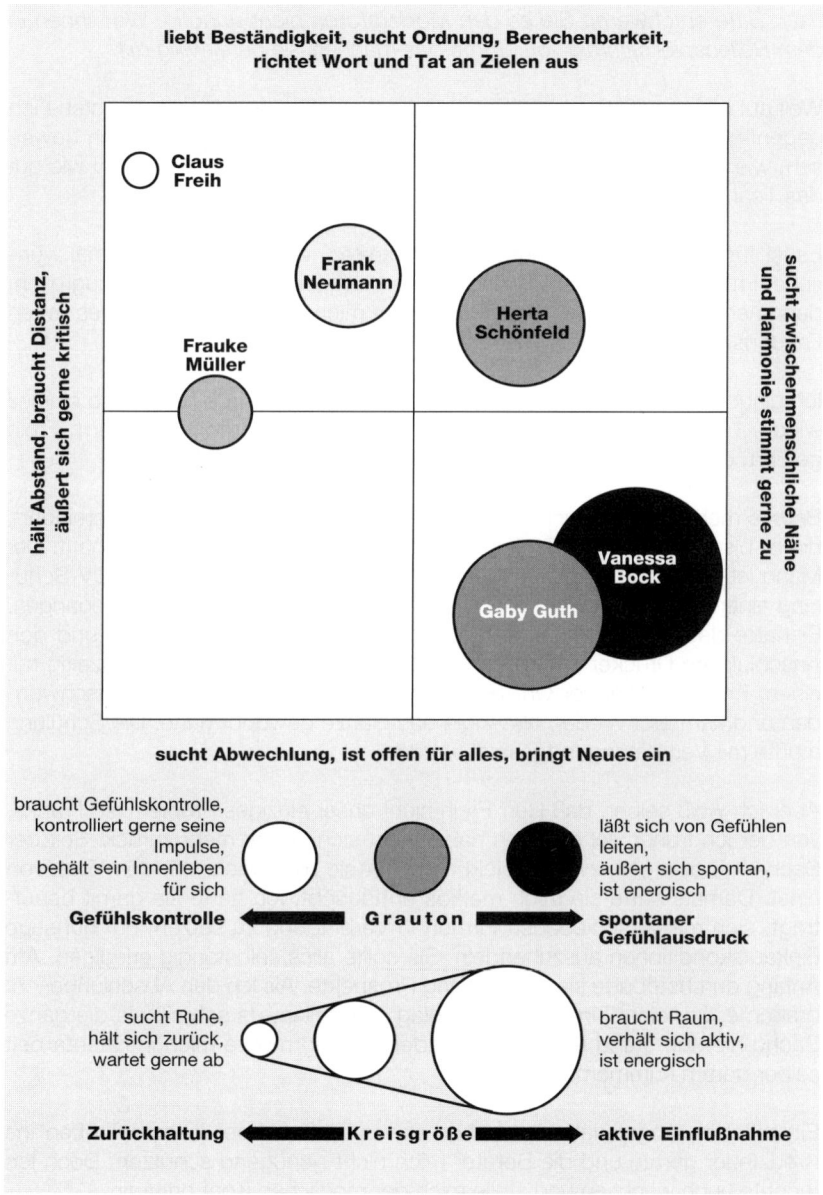

Abb. 30: Rollenübersicht   „Teamstimmung 10.000 Meilen unterm Meeresspiegel"

Gaby Guth, Leiterin der Hardwareabteilung, Diplom-Informatikerin

Der folgende Text soll Ihnen eine Orientierung bieten, welche Gedanken und Gefühle diese Rolle ausfüllen mögen. Diese Gedanken kommen nicht von selbst, sondern müssen von den Moderatoren gefördert werden, zum Beispiel durch einfühlendes Verstehen, offene Fragen, Ermunterungen, Vorschläge usw. Bitte erschweren Sie es den Moderatoren nicht unnötig. Was Ihnen in dem Rollenspiel stimmig vorkommt, das machen Sie bereitwillig mit.

Weil auf meine Initiative hin diese Gruppe ins Leben gerufen wurde, stehe ich gegenüber der Geschäftsleitung unter Druck. Immer wieder muß ich beweisen, wie sinnvoll die Hardwareabteilung für das Unternehmen ist und wie gut das Team arbeitet.

Es ist für mich schwierig, autoritär aufzutreten, was ich mir manchmal wünsche. Früher waren wir alle Kollegen. Wenn ich jetzt versuche durchzugreifen, dann nehmen sie mir das übel. Das macht mich unsicher, und um des lieben Friedens willen weiche ich von meinen eigentlichen Zielen ab.

Ich glaube, wenn wir Herrn Freih nicht hätten, dann würde bei uns so einiges wieder besser laufen. Ich habe schon mehrere Gespräche mit Herrn Freih geführt, doch er läßt sich nicht belehren.

Bereits mehrmals hatte ich mit ihm zusammen einfache Aufgaben vereinbart, die er bis zum nächsten Treffen erledigen sollte. Nie hat er es geschafft. Der Mann ist maßlos überfordert. Neulich sollte er in der Pause einer EDV-Schulung einen neuen Drucker anschließen. Das ist voll nach hinten losgegangen. Er hatte das falsche Kabel benutzt, es wohl mit Gewalt versucht und den Anschluß am Drucker abgebrochen. Zum Glück war Angelika rechtzeitig mit einem Ersatzdrucker vor Ort. Herr Freih war in der Zwischenzeit verschwunden und kam erst wieder, als Angie das Ganze gewuppt hatte. Die Schulung mußte mit Verspätung fortgesetzt werden.

Aber ich weiß selber, daß Herr Freih nicht unser einziges Problem ist. Franka, von der ich früher viel gehalten habe, zieht sich immer mehr zurück. Seit der Sache mit dem „Netzwerkprojekt" arbeitet sie nicht mehr mit dem Elan von einst. Damals hatte sie mich maßlos enttäuscht. Ich hatte sie damit beauftragt, sich mit verschiedenen Firmen in Verbindung zu setzen, um günstige Einkaufskonditionen auszuhandeln. Sie sollte alles selbständig erledigen. Am Anfang durchstöberte sie wochenlang Prospekte. Als ich den Abschlußbericht brauchte, um einer Firma den Zuschlag zu erteilen, da schmiß sie die ganze Sache hin. Ich stand mit leeren Händen da und mußte mich in Nachtarbeit selber darum kümmern.

Ein bißchen Angst habe ich schon davor, daß ich bei diesem Treffen ins Kreuzfeuer gerate und die Berater mich nicht genügend schützen. Doch ich möchte auch wachsen und stelle mich der möglichen Konfrontation.

Claus Freih, Umschulung zum Hardwaretechniker

Der folgende Text soll Ihnen eine Orientierung bieten, welche Gedanken und Gefühle diese Rolle ausfüllen mögen. Diese Gedanken kommen nicht von selbst, sondern müssen von den Moderatoren gefördert werden, zum Beispiel durch einfühlendes Verstehen, offene Fragen, Ermunterungen, Vorschläge usw. Bitte erschweren Sie es den Moderatoren nicht unnötig. Was Ihnen in dem Rollenspiel stimmig vorkommt, das machen Sie bereitwillig mit.

Keiner hat sich wirklich Zeit genommen, mich gründlich einzuarbeiten. Und jetzt heißt es immer: „Wann hast du dies endlich fertig, wann jenes?" Natürlich, die anderen haben leicht reden. Sie sind ja auch schon länger hier in der Firma und kennen sich auch privat. Da ist es nicht so schwer, auch einmal einen Fehler einzugestehen. Aber wenn ich zu verstehen gebe, daß ich Hilfe brauche, dann heißt es gleich von Gaby, ich hätte wohl den Beruf verfehlt. Am schlimmsten ist eigentlich Vanessa. Die hält sich für eine Göttin, was die Computerbranche betrifft. Andauernd hackt sie auf mir herum. Natürlich kennt sie sich gut aus. Sie hat das ja auch studiert und arbeitet seit Jahren hier. Doch ich möchte nicht wissen, wieviel von ihrer bezahlten Arbeitszeit sie wirklich arbeitet und nicht Privatgespräche am Telefon führt.

Alle tun so, als seien wir eine herzliche Familie. Völlige Doppelmoral. Daß sie mal auf mich Rücksicht nehmen, habe ich noch nicht bemerkt. Die Frauen hängen dauernd zusammen und sind pikiert, wenn man sie um einen Gefallen bittet.

Dieser Druck, unter den sie mich setzen, macht es mir nur noch schwieriger. Dabei würde ich mir wünschen, daß man mich anhört. Doch wenn die anderen auf mich zugehen, dann fällt mir oft nichts Gescheites ein. Was soll ich dann bloß sagen? Die sind ja auch alle ´ne Generation jünger. Das merkt man schon am Umgangston. Und von Gaby bekomme ich auch keine Rückendeckung. Ganz im Gegenteil, sie verstärkt den Druck nur noch. Neulich hat sie mir vor allen Leuten gesagt: „Herr Freih, mir wäre es am liebsten, Sie schauen sich nach einem anderen Beruf um." Das hat mich maßlos gekränkt. Und nur wegen der Sache neulich im Schulungsraum. Weil alle möglichen Leute meinen, sie müßten ihren eigenen Drucker dort benutzen, war der Anschluß am PC schon völlig ausgeleiert. Bei mir ist die Steckkarte im PC dann abgebrochen. Ich war gerade dabei, eine neue zu holen, als Angelika in der Zwischenzeit schon einen Ersatz-PC installiert hatte. Warum mischt die sich ein?

Die Stimmung im Team würde besser werden, wenn auch mal Lob und Anerkennung von Gaby geäußert würden. Innerlich habe ich mich schon von hier verabschiedet. Ich muß noch ein halbes Jahr durchhalten, dann kann ich gegangen werden und erhalte wieder Arbeitslosengeld. In der Zeit kann ich mich nach einer Arbeit umgucken, wo ich mehr akzeptiert werde.

Herr Freih sagt erst etwas, wenn er merkt, daß er die Unterstützung von den Beratern erhält und er ungestört reden kann.

Vanessa Bock, Hardware-Technikerin

Der folgende Text soll Ihnen eine Orientierung bieten, welche Gedanken und Gefühle diese Rolle ausfüllen mögen. Diese Gedanken kommen nicht von selbst, sondern müssen von den Moderatoren gefördert werden, zum Beispiel durch einfühlendes Verstehen, offene Fragen, Ermunterungen, Vorschläge usw. Bitte erschweren Sie es den Moderatoren nicht unnötig. Was Ihnen in dem Rollenspiel stimmig vorkommt, das machen Sie bereitwillig mit.

Ich verstehe gar nicht, warum wir hier einen Konflikt haben sollen. Wenn Herr Freih nicht da wäre, dann wäre alles bestens!

Ich komme auch ganz gut mit Gaby zurecht. Ich treffe mich öfter privat mit ihr und Herta zum Wein. Wir sind schließlich am längsten im Team. Mich mit anderen Menschen zu treffen und zu klönen finde ich prima. Das mache ich auch gerne privat: essen mit Freunden, einen guten Schluck Rotwein und stundenlang quatschen.

Daß die Arbeit Spaß macht, finde ich sehr wichtig. Dazu ist es unentbehrlich, daß man auch mal ein freundliches Wort für jemanden übrig hat und sich nicht so zurückzieht, wie das Herr Freih tut. Dieser Mann ist mir sowieso ein Rätsel. Dauernd kriegt er eins auf den Hut. Nie sagt er mal einen Ton. Ich an seiner Stelle wäre schon längst freiwillig aus diesem Team gegangen.

Mit den anderen kann ich ganz gut zusammenarbeiten. Wenn es Schwierigkeiten gibt, dann helfe ich auch mal aus. Mir gefällt es zu bemerken, daß meine Fähigkeiten gefragt sind.

Das mit der Teamberatung finde ich sonderbar. Aber vielleicht nützt es ja was. Wir reden dauernd über die schlechte Stimmung im Team, aber ändern tut sich da nix. Eigentlich habe ich heute keine große Lust, mit solchen Psychomoderatoren über unser Team zu reden. Wäre besser, wenn wir uns gemütlich raussetzen würden und locker-flockig einen Betriebsausflug aus dem Ganzen hier machten. Dann würde die Atmosphäre auch wieder besser im Team. Wir sind alle ein bißchen überlastet. Na und? Das ist alles. Weiter nichts.

Vanessa unterstützt die Leiterin Gaby Guth, wenn diese zu sehr in die „Schußlinie" gerät.

Frank Neumann, Diplom-Mathematiker

Der folgende Text soll Ihnen eine Orientierung bieten, welche Gedanken und Gefühle diese Rolle ausfüllen mögen. Diese Gedanken kommen nicht von selbst, sondern müssen von den Moderatoren gefördert werden, zum Beispiel durch einfühlendes Verstehen, offene Fragen, Ermunterungen, Vorschläge usw. Bitte erschweren Sie es den Moderatoren nicht unnötig. Was Ihnen in dem Rollenspiel stimmig vorkommt, das machen Sie bereitwillig mit.

Wer bei uns Fehler macht, fällt sofort auf. Ein Computer ist für eine falsche Konfiguration sehr empfindlich. Wir sind in einer Branche, wo es auf das Detail ankommt, und wir müssen schnell auf Innovationen reagieren, weil der Computermarkt sich so rasant verändert. Was du heute weißt, ist morgen schon veraltet. Das setzt einem manchmal ganz schön zu. Eigentlich habe ich ziemliche Angst vor Fehlern.

Wie macht Vanessa das bloß immer so spielend? Immer ist sie gut gelaunt, für einen Schnack von Tür zu Tür zu haben, und trotzdem hat sie den Durchblick. In diesem Frauenclan hat man es als Mann nicht immer leicht, aber ich schlage mich so durch. Gott sei Dank habe ich noch meine Fußballmannschaft, wo wir unter Männern sind.
An Herrn Freihs Stelle möchte ich nicht stehen. Er ist aber auch ein komischer Kauz. Anstatt sich mal zu beschweren, z.B. wie schlecht er eingearbeitet worden ist – nämlich gar nicht -, schluckt er alles runter. Manchmal glaube ich ja, daß er Alkoholiker ist. Es riecht manchmal verdächtig, wenn ich in seinen Raum komme.
Dies wäre ein gefundenes Fressen für Gaby. Dann kann sie ihn endlich abschieben. Das hat sie ja letzte Woche direkt gesagt. Vor versammelter Mannschaft! „Herr Freih", hat sie gesagt, „Sie sollten sich wirklich überlegen, ob Sie sich nicht nach einem anderen Job umgucken möchten." Zack! Das hat gesessen. Auch Vanessa hat gegrinst.

Ich finde das zu hart, jemanden vor allen Leuten so fertigzumachen. Es heißt doch: Lob vor der Gruppe, Kritik in Einzelgesprächen. Das habe ich letztes Jahr bei einem Training gehört und fand es richtig. Tja, da hätte Gaby auch mal hingehen sollen. Dann wäre die Stimmung nicht so mies.

Ich glaube, daß ich zu kritisch bin gegenüber anderen, aber auch mir gegenüber. Das hindert mich, richtig ins Team zu kommen.
Anderseits finde ich diese verkrampfte „Wir-sind-alle-eine-nette-Familie-Stimmung" auch nicht ehrlich. Als wären wir alle miteinander verheiratet. Ich brauche auch meinen eigenen Freiraum, wohin ich mich zurückziehen kann.

Mit dem Thema „Distanzbedürfnis in dieser netten Familie" rückt Frank erst raus, wenn er glaubt, daß der stimmige Rahmen dafür vorhanden ist, indem er genug Vertrauen zu den Beratern gefaßt hat. Potentiell kann er auch nicht richtig mit Herrn Freih zusammenarbeiten, doch wenn sich alle gegen Herrn Freih verschwören, dann gibt er ihm – als einziger Mann – Rückendeckung.

Herta Klarfeld,
früher Lehrerin, Umschulung zur Softwareentwicklerin

Der folgende Text soll Ihnen eine Orientierung bieten, welche Gedanken und Gefühle diese Rolle ausfüllen mögen. Diese Gedanken kommen nicht von selbst, sondern müssen von den Moderatoren gefördert werden, zum Beispiel durch einfühlendes Verstehen, offene Fragen, Ermunterungen, Vorschläge usw. Bitte erschweren Sie es den Moderatoren nicht unnötig. Was Ihnen in dem Rollenspiel stimmig vorkommt, das machen Sie bereitwillig mit.

Ich spüre sehr schnell, zwischen welchen Personen Spannungen entstehen; weiß aber nicht immer, wie ich das ansprechen kann.

Eigentlich kann ich Herrn Freih schon gut verstehen, andauernd hacken die anderen auf ihm herum, da könnte ich auch nicht mehr Leistung bringen. Aber er bekommt genügend offene Angebote, auf uns zuzugehen. Das nervt mich jedoch noch lange nicht so wie Vanessa. Ist eben nicht jeder so 'ne Quasselstrippe wie die Vanessa. Ich glaube, das Beste wäre, wenn Vanessa und Herr Freih sich richtig aussprechen würden.

Die beiden scheinen sich so fremd zu sein. Ewig lästert Vanessa hinter Herrn Freihs Rücken über ihn. Das finde ich nicht richtig.

Vielleicht haben wir auch Spannungen, weil Gaby in letzter Zeit sehr unter Streß steht. Sie möchte es immer allen recht machen. Doch unsere Abteilung kommt nicht mehr hinter den Anforderungen her. Immer mehr Anträge auf Neuinstallationen von Computern stapeln sich auf unseren Schreibtischen. Gaby ist häufig zu weich. Gegenüber der Firmenleitung sollte sie unsere Interessen besser vertreten. Wir können nicht alles machen!

Wir haben kaum noch Zeit für unser Privatleben, dabei habe ich neulich in einem Chor angefangen, was mir viel Spaß macht. Aber andauernd muß ich die Proben ausfallen lassen. Wenn das so weiter geht, dann komme ich mit den neuen Liedern nicht mehr mit und muß aussteigen.

Ich hoffe, daß die Berater mal mehr Licht in diesen Beziehungswirrwarr bringen. Jedenfalls wäre die Stimmung im Team besser, wenn die Beziehungen zwischen Herrn Freih und Vanessa und auch zwischen Herrn Freih und Gaby geklärt würden.

Herta Klarfeld hat die Rolle der Vermittlerin und möchte auch als solche von den Beratern wertgeschätzt werden. Durch Fragen der Berater, wie sie die ganze Sache sieht, oder Ermunterungen, mit ihrer Meinung und ihrem Urteil herauszurücken, wird sie aktiver.

Franka Müller, Diplom-Informatikerin

Der folgende Text soll Ihnen eine Orientierung bieten, welche Gedanken und Gefühle diese Rolle ausfüllen mögen. Diese Gedanken kommen nicht von selbst, sondern müssen von den Moderatoren gefördert werden, zum Beispiel durch einfühlendes Verstehen, offene Fragen, Ermunterungen, Vorschläge usw. Bitte erschweren Sie es den Moderatoren nicht unnötig. Was Ihnen in dem Rollenspiel stimmig vorkommt, das machen Sie bereitwillig mit.

So richtig wohl fühle ich mich nicht im Team. Das liegt auch daran, daß mich Gaby schneidet, weil ich nicht bis in die Nacht hinein arbeiten will. Ich habe schließlich auch ein Privatleben!

Seitdem Gaby die große Chefin spielt, finde ich sie immer unerträglicher. Sie ist eine karrieregeile Streberin. Kann sie ja ruhig sein, nur soll sie mich damit in Ruhe lassen.

Früher konnten wir noch gut miteinander. Dann aber hat sie mir beim Netzwerkprojekt einen reingewürgt: Ich habe tagelang Erkundungen eingeholt, bei welchen Anbietern es am besten wäre, Hardware zu kaufen. Als dann mein Sohn Florian krank geworden ist, konnte ich nicht bis in die Nacht hier sitzen und Berichte schreiben. Also habe ich das gemacht, was eine vernünftige Mutter in so einer Situation eben tut: Ich habe den ganzen Scheiß abgegeben. Gaby hatte dafür kein Verständnis. Das schmiert sie mir heute noch aufs Butterbrot, auf mich sei kein Verlaß usw. Aber die anderen Male, wo sie sich auf mich verlassen konnte, hat sie es nicht bemerkt.

In diesem Team kann man sich noch so anstrengen, ein „Dankeschön" ist wohl zu viel verlangt. Nee, dann mache ich lieber meine Arbeit nach Vorschrift und gehe mehr meinem neuen Hobby, der digitalen Videobearbeitung, nach. Außerdem kommt mein Floh nächsten Herbst in die Schule. Das ist wichtiger. Ich hoffe, daß heute mit Hilfe der Moderatoren einiges auf den Tisch kommt und geklärt werden kann.

Die alte Geschichte mit dem Netzwerkprojekt rückt Franka erst auf direkte Nachfrage der Berater heraus. Ansonsten tut Franka ziemlich unbeteiligt. Sollte das Thema „Netzwerk" von den Beratern mehr in den Mittelpunkt gerückt werden, ließe sie sich auch auf eine direkte Beziehungsklärung mit Gaby ein.

Angelika Klein, Hardwaretechnikerin (zusätzliche Rolle)

Der folgende Text soll Ihnen eine Orientierung bieten, welche Gedanken und Gefühle diese Rolle ausfüllen mögen. Diese Gedanken kommen nicht von selbst, sondern müssen von den Moderatoren gefördert werden, zum Beispiel durch einfühlendes Verstehen, offene Fragen, Ermunterungen, Vorschläge usw. Bitte erschweren Sie es den Moderatoren nicht unnötig. Was Ihnen in dem Rollenspiel stimmig vorkommt, das machen Sie bereitwillig mit.

Mit Vanessa und Gaby kann ich am besten, auch privat. Wir treffen uns regelmäßig und kochen zusammen, trinken Wein und quatschen über dies und das. Auch wenn Vanessa manchmal ein bißchen viel redet, hat sie doch recht. Wir würden viel effektiver arbeiten, wenn Herr Freih merken würde, daß er noch nicht gut genug ist und uns öfter mal um Hilfe bitten würde.

Ich finde, Gaby macht ihre Sache echt gut. Als Führungskraft finde ich sie Spitze. Ein bißchen bewundere ich sie, wie sie es geschafft hat, sich gegen die Geschäftsleitung durchzusetzen und eine eigene Abteilung aufzubauen. Die Frau hat echt Power. Das sollen die Schlaffis von Männern in dieser Abteilung erst mal nachmachen.

Herr Freih knickt doch schon bei der einfachsten Sache zusammen, und wenn es nur darum geht, ein Druckerkabel an einen PC anzuschließen. Neulich hatten wir z.B. so einen Fall: Da sollte Herr Freih in die Schulungsabteilung, weil ein Drucker ausgefallen war. Die Schulung war am Laufen, und es ging lediglich darum, daß er in der Pause das kaputte Kabel gegen ein völlig identisches neues austauschen sollte.

Ich habe schon gedacht: „Um Gottes willen, warum schickt Gaby ihn?" Und genau das, was alle erwarteten, ist passiert – der Mann hat ein Talent, noch bei den einfachsten Dingen etwas falsch zu machen. Er hat das neue Kabel falsch herum angeschlossen. Weil aber das neue Kabel nicht so richtig passen wollte, wurde er ungeduldig und brach mit Gewalt den Anschluß am PC ab. Toll, und ich mußte extra kommen, um einen neuen PC zu installieren. Voll der Streß! Die Schulung wurde aufgehalten. Alle waren genervt. Ist einfach dumm, wenn man sich nicht auf seine Kollegen verlassen kann. Ich finde es ja nicht schlimm, wenn er was verbockt. Aber besser ist es doch, wenn er uns bei Problemen fragt, bevor er Scheiße baut.

Später hat Gaby gesagt: „Herr Freih, vielleicht sollten Sie sich überlegen, ob Sie nicht einen anderen Beruf suchen sollten." Er hat nur blöd gegrinst, anstatt sich zu entschuldigen.

Naja, ich bin ja gespannt, was die Teamberatung bringt. Grundsätzlich finde ich es gut, wenn wir uns zusammensetzen und miteinander reden. Die Mitarbeiterbesprechungen bringen sowieso nicht viel. Vanessa redet immer so dermaßen viel, daß andere gar nicht zu Wort kommen. Eigentlich könnten sich Gaby und Vanessa dann auch alleine treffen.

Kernpunkte

Der Fall ist sehr komplex.

Das Thema „Bessere Kooperation im Team" ist der Aufhänger für die Moderation. Doch andere Themen, wie etwa Claus Freihs Sündenbockrolle, eine allgemeine Überlastung im Team, eine Frau-Mann-Polarisierung könnten die Moderatoren von ihrem geplanten Vorgehen ablenken. Kaum hat man ein Thema identifiziert, lockt bereits ein anderes damit, bearbeitet zu werden. Auch sind Angriffe gegenüber Herrn Freih und Gaby schwer in den Griff zu bekommen. Daraus können sich drei Kernpunkte ergeben:

Problemvielfalt:
Sündenbock, Mobbing,
Männer - Frauen,
Beziehungskisten,
alte Geschichten,
Konkurenzdruck...

Zur Themensammlung:
Wie geht man ein komplexes und schwammiges Thema an?

Wenn nicht klar ist, wie der „Hase läuft", eignen sich Methoden, bei denen die Redezeit kurz gehalten und gleich verteilt ist, sowie solche, bei denen alle Beteiligten zu Wort kommen.
Unter der Fragestellung „Welche Themen sollten heute in der zur Verfügung stehenden Zeit bearbeitet werden?" könnte Folgendes herauskommen:

Methoden der
Themensammlung

- Bildmalen und anschließend im Plenum vorstellen
- (Blitzlicht-)Runde
- Kartenabfrage mit anschließendem Clustern
- erste Bilanzierung mit Erwartungen und Befürchtungen, Stimmungsbarometer etc.
- vorab einen Fragebogen versenden, in dem Themenwünsche geäußert werden können
- vorab Einzelgespräche mit jedem Teammitglied zur Themenwahl und anschließende Präsentation der Themenliste vor allen.

Am Ende der Phase sollten die Themen klar benannt und am Flipchart notiert sein. Nacheinander werden die benannten Themen nach Priorität abgearbeit. Dabei achtet der Moderator durch eine straffe Strukturierung darauf, daß im weiteren Verlauf der Sitzung der rote Faden sichtbar bleibt. Immer wieder sollte er (oder sie) an geeigneter Stelle anhand einer Übersicht den bisherigen Prozeß zusammenfassen und einen Ausblick auf das Kommende geben.

Bei der Sichtweisenklärung:
Wie gehen Moderatoren mit Angriffen gegenüber Einzelnen um?

Bei der Sichtweisenklärung kommen Einzelne schnell ins „Kreuzfeuer des Gefechtes". Das läßt sich bei einem Gruppenkonflikt nicht ausschließen, doch die Moderatoren sind für das Einhalten eines fairen Kommunikationsstils verantwortlich, so daß Einzelne, wie etwa Herr Freih und Gaby, nicht eine „Überdosis" von Ratschlägen und Rückmeldungen erhalten und sich gekränkt zurückziehen.

Sicherung eines fairen
Kommunikationsstils

127

Steuern läßt sich Rückmeldung, indem der Betreffende die Kontrolle in der Hand behält und jederzeit sagen darf, wann es ihm genug ist. Mit Hilfe eines vorher verabredeten Zeichens kann er oder sie dies signalisieren.

Nehmen die Vorwürfe zu oder gehen unter die Gürtellinie, so greift der Moderator direktiv ein und verwarnt (=gelbe Karte) im ersten Schritt die Heckenschützen bzw. verweist auf eine spätere Bearbeitung, um den roten Faden nicht zu verlieren. Dieser kann bei komplexen Themen wie diesem schnell verlorengehen.

Abgestuftes Vorgehen   Nehmen die Aggressionen weiter zu, empfiehlt es sich, eine ernstere Verwarnung (rot-gelbe Karte) verbunden mit einer Abkühlungspause auszusprechen. Wenn danach der Kessel wieder hochkocht, sollte die Sitzung vertagt werden (rote Karte). In der Zwischenzeit kann sich jeder überlegen, ob er an einer Klärung unter fairen Bedingungen beim nächsten Mal dabei sein möchte.

Zusätzlich sind Methoden zu bevorzugen, die man in kleineren Gruppen einsetzen kann, wie etwa Partnergespräche, Kleingruppenaktivitäten u.ä.

Deutet sich eine Fraktionsbildung gegenüber einem Einzelnen an, kann für eine anschließende Klärung die Fraktion einen Sprecher wählen, so daß der Außenseiter nur mit einer Person und nicht mit allen konfrontiert ist. Der Rest der Gruppe beschränkt sich auf das Beobachten.

Was tun bei einer Krise/Aggression?

Die Wahrheit tut weh. (Franz. Sprichwort)

Wenn keiner mehr bereit ist, sich einzulassen, die Aggressionen überhand nehmen, einer gekränkt ist oder eine andere Krise entsteht, scheint nichts mehr zu gehen. Oft kann man davon ausgehen, einem heißen Eisen bzw. einem Tabu dicht auf den Fersen zu sein: Das Tempo der Kommunikation wird schneller, Gefühle geraten außer Kontrolle, Aggressionen treten offen zu Tage. Bevor der Konflikt eskaliert, heißt es, die Situation klar zu benennen und den Prozeß anzuhalten. Sozusagen auf die kommunikative Bremse zu treten.

Moderator:
Mir ist jetzt deutlich geworden, wie die Lage in Ihrer Arbeitsgruppe ist. Wir haben es im Moment alle hautnah erlebt ...

Das Thema genau formulieren:

Moderator:
Beispiel   *Damit sind wir wohl oder übel an einer wichtigen Stelle der Teamentwicklung angekommen. Es geht darum, Herrn Freih wieder ins Team zu integrieren oder andere Wege zu finden, die Zusammenarbeit erträglicher zu machen.*

Im ersten Schritt geht es um Schadensbegrenzung durch emotionale Stützung:

128

■ Eine Pause zur Abkühlung machen und Einzelne seelisch unterstützen: *Zunächst möchte ich Sie bitten, eine Pause zu machen, in der ich Gelegenheit habe, mit Herrn Freih die Situation zu besprechen und für mich zu klären, wie es weitergehen kann!* (Einzelgespräch)

■ Hinter die besonders Geschädigten treten und dann sharing, sharing, sharing, d.h. aktives Zuhören, Gefühle zum Ausdruck bringen, Situationen erzählen, in denen man ähnliches erlebt hat, eigene Betroffenheit äußern: *Ich möchte jetzt nicht wie geplant weitermachen, sondern ein „Sharing" durchführen. Sie kennen solche Situationen auch und haben ähnliches wie Herr Freih erlebt. Können Sie einmal erzählen, wie es Ihnen damit ging?*

Methoden der emotionalen Stützung

■ Der Moderator spricht die Situation und mögliche Gefühle des Geschädigten an, z.B.: *Herr Freih, das war ein ziemlicher Schlag ... wie geht es Ihnen damit?*

■ Positiv umdeuten: *Diese Krise ist auch eine Chance, sich mit Ihren Schwierigkeiten auseinanderzusetzen.*

■ Zu der Wahrheit der Situation und der Krise stehen: *So ist es nun einmal. Eine schwer gestörte Beziehung läßt sich manchmal nicht schönreden.*

Erst im zweiten Schritt geht es darum, aus der Krise herauszukommen:

■ Prozeßanalyse: Im Zentrum steht die Frage: Was ist eben geschehen? Dazu leitet der Moderator die Mitglieder des Teams an, Distanz einzunehmen, und visualisiert den Prozeß.

Klärung

■ Perspektiv-Wechsel anbieten: *Versetzen Sie sich in die Position einer fremden Person. Wie würde diese das bisherige Geschehen beurteilen? Welche Lösungen könnte die Person anbieten?*

■ Bewegung ins Spiel bringen: durch Wahl einer neuen Methode, wie z.B. Pantomime, körperliche Bewegung, Spaziergang zu zweit etc.

■ „Open staff": Moderatoren oder andere beraten sich vor der Gruppe, wie sie das Geschehen einordnen und welche Gefühle sie momentan haben.

■ Eigene Grenzen und die der Moderation eingestehen: Manche Konflikte zwischen einzelnen Gruppenmitgliedern lassen sich nicht lösen. Es ist dann mit der gesamten Gruppe (oder dem Auftraggeber/Vorgesetzten und dem Außenseiter) zu überlegen, ob eine Trennung nicht sinnvoller wäre und wie diese im Sinne einer Schadensbegrenzung am besten vollzogen werden könnte. Der Moderator sollte den Geschädigten ein Klärungsgespräch unter vier Augen anbieten, in dem jeder sich über die zurückliegende belastende Situation aussprechen kann.

Entflechtung

Fall 4
Eene, Meene, Maus, und du bist raus!

Abbau einer Stelle im Trainingsunternehmen

Ausgangslage: Sichtweisen klären

Herr Wilfried Vollmer ist Chef der Personalentwicklungsabteilung einer modernen, expandierenden Unternehmensberatung. Er hat, wie auch andere Kollegen, im Zuge von Umstrukturierungen die Auflage bekommen, eine Stelle einzusparen. Hierzu soll eine Person an die operative Projektarbeit abgegeben werden. Dort besteht wegen der Zunahme des Auftragsvolumens erhöhter Bedarf, der durch Stellenabbau im Stabsbereich aufgefangen werden soll. Eine interne Untersuchung empfahl dieses Vorgehen, und der Vorstand hat die Argumente akzeptiert: Die Umverteilung der Stelle wurde beschlossen.

Bevor Herr Vollmer eine einsame Entscheidung trifft, möchte er einen Vorschlag vom Trainingsteam selbst haben. Er kann zwar nicht garantieren, daß er jeden Vorschlag übernimmt, ist aber für viele Alternativen offen. Denkbar wäre, daß jeder seine Arbeitszeit etwas reduziert oder eine Person in die operative Abteilung wechselt. Von ihm aus kann die Abteilung Moderatoren hinzuziehen.

Die Abteilung läßt sich darauf ein und möchte es mit Ihrer Moderation versuchen. Wenn es nicht klappt, kann man ja dem Chef ohne Vorschlag die Entscheidung überlassen.

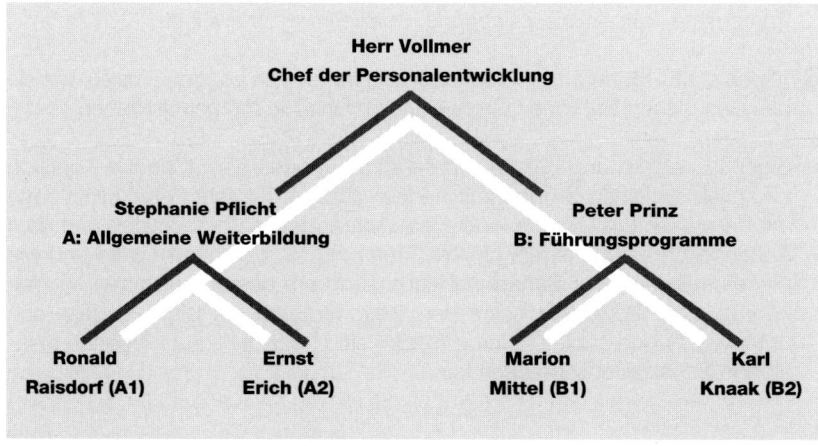

Abb. 31: Hierarchieübersicht der Abteilung Personalentwicklung

Rollenübersicht

Ein Beispiel: Peter Prinz verhält sich in gemeinsamen Arbeitsbesprechungen sehr ordnungsorientiert (oben), ist sehr aktiv (großer Kreis), unterstützt manchmal die Meinung anderer, äußert sich aber auch kritisch (Mitte) und ist relativ „cool" (heller Kreis).

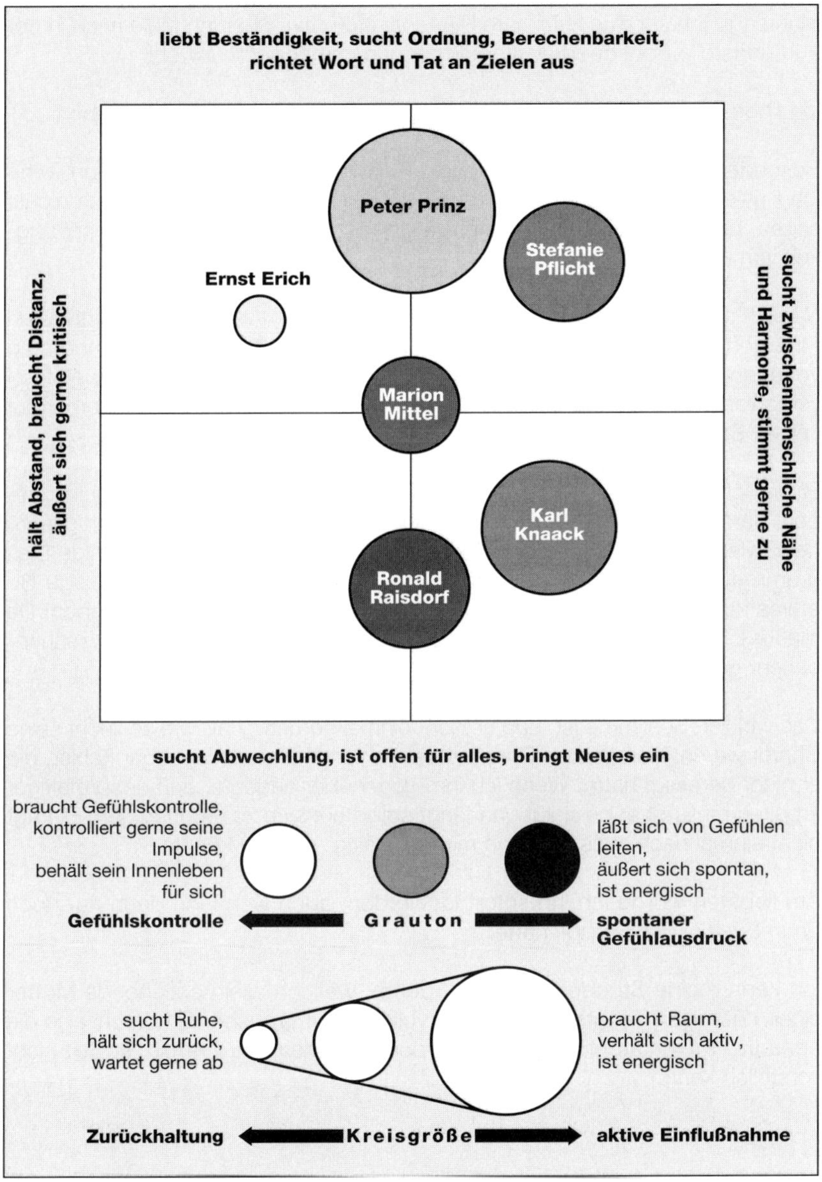

liebt Beständigkeit, sucht Ordnung, Berechenbarkeit, richtet Wort und Tat an Zielen aus

hält Abstand, braucht Distanz, äußert sich gerne kritisch

Peter Prinz

Stefanie Pflicht

Ernst Erich

Marion Mittel

Karl Knaack

Ronald Raisdorf

sucht zwischenmenschliche Nähe und Harmonie, stimmt gerne zu

sucht Abwechlung, ist offen für alles, bringt Neues ein

braucht Gefühlskontrolle, kontrolliert gerne seine Impulse, behält sein Innenleben für sich

läßt sich von Gefühlen leiten, äußert sich spontan, ist energisch

Gefühlskontrolle ◄■■■ **G r a u t o n** ■■■► **spontaner Gefühlausdruck**

sucht Ruhe, hält sich zurück, wartet gerne ab

braucht Raum, verhält sich aktiv, ist energisch

Zurückhaltung ◄■■■ **K r e i s g r ö ß e** ■■■► **aktive Einflußnahme**

Abb. 32: Rollenübersicht   „Eene, Meene, Maus, und du bist raus!"

131

Stephanie Pflicht, Leiterin der Gruppe Allgemeine Weiterbildung, hat Ernst Erich und Ronald Raisdorf als Mitarbeiter

Versuchen Sie bitte nicht, anders zu kommunizieren, als Sie es sonst tun. Vertreten Sie die aufgeführte Position so, wie Sie sie vertreten würden, wenn Sie sie tatsächlich hätten.

Man sagt, ich sei eine sehr gute Personalreferentin, aber ich fühle mich in der Führungsrolle trotz der drei Jahre Erfahrung immer noch unwohl.

Ich finde es einfach schwierig, Ronald oder Ernst Anweisungen zu geben.

Besonders schwer fällt es mir, Ronald Raisdorf etwas zu sagen. Schon wenn ich Kritik eher indirekt äußere, macht er sofort zu. Er läßt sich einfach nichts sagen. Dann bleibe ich auf meinem Ärger sitzen und muß die Unzuverlässigkeit von ihm ausgleichen.

Neulich sollte Ronald eine einfache Statistik unserer Weiterbildungsaktivitäten für einen Zwischenbericht erstellen, den wir Herrn Vollmer am Donnerstag vorlegen wollten. Doch Ronald hat den Termin für die Präsentation einfach verschlafen. Dabei habe ich ihm die Information schon eine Woche vorher auf seinen Schreibtisch gelegt.

Er brauchte die Daten nur noch in ein Tabellenkalkulationsprogramm einzugeben, daraus einige Charts zu basteln und diese zu kommentieren. Fertig wäre der Zwischenbericht gewesen. Mittwoch hatte er gerade einmal einige Diagramme erstellt und mir diese als Entwurf auf den Schreibtisch gelegt. So etwas kann man doch nicht als Zwischenbericht dem Chef übergeben! Da mußte ich das Ganze übernehmen und habe die halbe Nacht am Zwischenbericht gefeilt.

Das wirklich Schlimme ist, daß er nicht einmal gemerkt hat, wie schlecht seine Charts waren. Halbherzige Diagramme. Fehlende Daten. Ja, sogar Fehler, die er nicht bereinigt hatte. Wenn ich ihm gegenüber andeute, daß er sorgfältiger arbeiten muß, ist er beleidigt und fängt sofort an, sich zu rechtfertigen. Er fragt nicht einmal nach, was ich denn mit „sorgfältig" meinen könnte.

Am liebsten würde ich ihn sofort loswerden, auch wenn ich dann nur noch Ernst Erich in der Gruppe hätte.

Ich kann meine Stunden nicht reduzieren, weil ich allein erziehende Mutter einer 17jährigen Tochter bin und das volle Gehalt brauche. Ein Wechsel in die operative Projektarbeit würde Mehrarbeit bedeuten, die ich mir zur Zeit nicht vorstellen kann.

Peter Prinz, Leiter der Gruppe Führungsprogramme mit Marion Mittel und Karl Knaak als Mitarbeiter

Versuchen Sie bitte nicht, anders zu kommunizieren, als Sie es sonst tun. Vertreten Sie die aufgeführte Position so, wie Sie sie vertreten würden, wenn Sie sie tatsächlich hätten.

Ich weiß, daß ich eine Spitzenkraft bin. Ich setze mich sehr für neue Ideen ein und unterstütze meine Mitarbeiter und die der anderen Gruppe. Ich glaube, das ist auch der Grund, warum ich ziemlich anerkannt und beliebt bin.

Mit guter Laune alleine schaffen wir aber unsere Leistung nicht. Ein wenig Leistungsdruck tut den Leuten ganz gut. Dann aber für alle!

Die Arbeit hier macht mir sehr viel Spaß, deshalb würde ich nur ungern Stunden reduzieren. Andererseits könnte ich es mir leisten. Ich bin in der Branche nicht unbekannt. Immer wieder werde ich gefragt, ob ich nicht das eine oder andere Seminar als Honorarauftrag übernehmen könnte. Das habe ich bisher absagen müssen, weil zu wenig Zeit war. Würde ich reduzieren, könnte ich zusätzlich etwas Geld verdienen und mir langfristig ein zweites Standbein aufbauen. Das würde meine Karrierechancen in der Firma vergrößern. Wenn ich mich beispielsweise um die Position von Herrn Vollmer bewerbe, stünde ich nicht mit dem Rücken an der Wand. Natürlich habe ich mich hier und da schon nach besseren Angeboten umgesehen, aber es hat mir noch keines so recht zugesagt.

Wenn einer gehen muß, dann auf jeden Fall Ronald Raisdorf. Ich habe den Eindruck, daß er nicht zu uns paßt, er ist zu träge. Vielleicht liegt es aber auch daran, daß er nicht genau weiß, was er tun und was er besser lassen sollte. Vielleicht wäre es dann auch gut, wenn Stephanie Pflicht woanders hinginge. Sie ist als Fachkraft hervorragend, aber als Leiterin viel zu weich. Sie kann sich nicht richtig durchsetzen und läßt zu viel durchgehen. Ich glaube sogar, daß sie selbst nicht sehr glücklich ist mit der Leitungsaufgabe. Womöglich läßt sie sich dazu bewegen, in die operative Abteilung zu wechseln. Das müßten wir ihr wahrscheinlich schmackhaft machen. Dann legen wir die beiden Unterabteilungen, Führungsprogramme und Weiterbildung, zusammen, und ich könnte die ganze Abteilung leiten.

So etwas muß man mit großem Fingerspitzengefühl angehen. Am Ende rationalisiere ich mich selber weg, wenn der Chef den Vorschlag nur teilweise akzeptiert, indem er zwar die Abteilungen zusammenlegt, sie dann aber selber leitet.

133

Ronald Raisdorf,
mit Ernst Erich Mitarbeiter der Gruppe Allgemeine Weiterbildung,
die Stephanie Pflicht leitet

Versuchen Sie bitte nicht, anders zu kommunizieren, als Sie es sonst tun. Vertreten Sie die aufgeführte Position so, wie Sie sie vertreten würden, wenn Sie sie tatsächlich hätten.

Ich bin bereit, in meiner Arbeitszeit herunterzugehen, notfalls sogar auf eine halbe Stelle. Ich will aber auf keinen Fall gehen. Oder vielleicht doch? So toll ist es hier in diesem Team auch nicht. Auf der anderen Seite weiß man aber nicht, was auf einen zukommt ...

Ich finde die laufende Arbeit ziemlich langweilig. Andauernd kriege ich Aufgaben, die mich nicht herausfordern. Irgendwelche Statistiken erstellen, Seminare evaluieren, Berichte schreiben, Aufgabenblätter überarbeiten usw. Mir ist manchmal nicht klar, wozu wir das Ganze machen. Ich dachte, wir arbeiten an der Weiterbildung von Menschen und nicht in der Verwaltung einer Finanzbehörde.

Ich weiß, daß ich damit bei Stephanie Pflicht anecke. Sie will immer alles ganz genau haben. Dabei sagt sie aber nie klar, was sie eigentlich von einem will.

Neulich hatte ich auf meinem Schreibtisch wieder einmal so einen Stapel voller Daten mit einer kurzen Notiz drauf, ich möge daraus ein paar Charts für einen Weiterbildungsbericht erstellen.

Ich dachte, sie wollte den Bericht selbst schreiben und ich sollte ihr einige Charts dazu liefern. Natürlich ließ sie offen, zu wann ich diese fertig haben sollte. Also habe ich mich auf die Tagesarbeit konzentriert. Ich mußte noch ein Zeitmanagement-Seminar vorbereiten. Teilnehmer einladen, Hotel buchen, Unterlagen erstellen usw. Das schien mir wichtiger.

Erst am Mittwoch vormittag fragte sie nach, wo denn der Bericht bliebe. Ich fiel aus allen Wolken. Ok, das hatte ich in der Zwischenzeit fast vergessen. Dann aber habe ich mich daran gemacht, die Charts im Eiltempo zu erstellen. Bereits nach einem halben Tag lagen sie auf ihrem Schreibtisch. Bis heute habe ich nicht gehört, was daraus geworden ist. Ich finde, etwas mehr Lob wäre schon angebracht gewesen.

Ich liebe die Abwechslung in der Arbeit. Wir sind doch auch dazu da, neue Ideen zu entwickeln. Wie z.B. die von Karl Knaak, der eindeutig die meisten einbringt. Wenn es nach mir ginge, dann müßten wir uns von Stephanie Pflicht als Leiterin trennen und die beiden Abteilungen unter einer Leitung zusammenlegen.

Ich finde die Moderation interessant und gut und will mal sehen, was dabei rauskommt.

134

Marion Mittel,
mit Karl Knaak Mitarbeiterin der Gruppe Führungsprogramme,
die Peter Prinz leitet

Versuchen Sie bitte nicht, anders zu kommunizieren, als Sie es sonst tun. Vertreten Sie die aufgeführte Position so, wie Sie sie vertreten würden, wenn Sie sie tatsächlich hätten.

Ich finde die Idee von Herrn Vollmer gut, auch wenn ich Konflikte befürchte, die das Klima im Team verschlechtern könnten. Aber versuchen können wir es ja einmal. Vielleicht kommen wir auf Lösungen, auf die keiner von uns alleine gekommen wäre.

Doch wenn es hoch hergeht und wir aufeinander losgehen, dann sollten wir das lieber sein lassen und die Entscheidung besser dem Chef überlassen. Immerhin müssen wir zukünftig auch noch miteinander zusammenarbeiten können.

Ich würde nur mit der Arbeitszeit runtergehen, wenn es der letzte Ausweg wäre, denn ich arbeite gern in diesem Team.

Ich komme mit allen gut klar, außer mit Ernst Erich. Der ist mir zu ruppig und abweisend. Man weiß auch nie, was bei ihm „hinter der Kulisse" los ist. Das finde ich jedoch wichtig, um miteinander im Kontakt zu sein. Aber man kann sich mit ihm arrangieren.

Bei den anderen bin ich recht beliebt. Wohl auch, weil ich mein Arbeitsgebiet sehr gut beherrsche und andere gerne unterstütze.

Ich denke, auf keinen Fall sollte jemand gegen seinen Willen rausgesetzt werden. Es wäre schade um jeden. Wenn es denn schon sein muß, sollte es jemand sein, der was daraus machen kann, beispielsweise indem er oder sie sich selbständig macht oder eine andere interessante Stelle findet.

Karl Knaak,
mit Marion Mittel Mitarbeiter der Gruppe Führungsprogramme,
die Peter Prinz leitet

Versuchen Sie bitte nicht, anders zu kommunizieren, als Sie es sonst tun. Vertreten Sie die aufgeführte Position so, wie Sie sie vertreten würden, wenn Sie sie tatsächlich hätten.

Das ist eine super Idee vom Chef. Mit der Moderation müßte man mal richtig alle Alternativen durchspielen, dann würde sich bestimmt eine Lösung finden lassen, auch mit so sturen Leuten wie Stephanie Pflicht.

Mir ist wichtig, daß die Stimmung gut ist. Dafür sorge ich auch selber gerne, wenn ich da bin. Das ist leider viel zu selten der Fall, weil ich auch gern in der Welt herumreise. Meine Kreativitätsseminare finden über ganz Deutschland verteilt statt. So ein 3-Tage-Seminar schlaucht ganz schön, ist aber viel besser, als an sehr langen Projekten zu arbeiten. Mir ist es wichtig, daß meine Arbeit in einem überschaubaren Zeitraum abgeschlossen ist, sonst ist die Luft und Lust raus.

Am besten kann ich mit Ronald Raisdorf zusammenarbeiten. Wir haben viele gute Ideen und Vorstellungen, die wir leider nicht alle umsetzen können. Aber warum eigentlich nicht? Wieso sprengen wir nicht die Grenzen unserer Abteilung und lösen die Weiterbildung ganz auf? Wir machen doch eh oftmals dieselbe Arbeit. Nur weil es traditionell so gewachsen ist, daß es eine Abteilung gibt, die sich „Führungsprogramme" nennt, und eine andere, die „Weiterbildung" heißt? Das ist kein Argument. Es sollte keine Tabus geben, sonst finden wir keine kreativen Lösungen.

Ich würde sofort reduzieren, damit ich andere Aufgaben freiberuflich übernehmen könnte. Dabei auf eine halbe Stelle runterzugehen wäre aber zu riskant. Ich will meinen Lebensstandard halten. Als Freiberufler verdient man zwar manchmal ganz gut, aber kaum läßt die Auftragslage nach, schon kann ich mir meinen Luxus nicht mehr leisten. Den brauche ich aber als Ausgleich zu dem vielen Herumreisen.

Ernst Erich,
mit Ronald Raisdorf Mitarbeiter der Gruppe Allgemeine
Weiterbildung, die Stephanie Pflicht leitet

*Versuchen Sie bitte nicht, anders zu kommunizieren, als Sie es sonst tun.
Vertreten Sie die aufgeführte Position so, wie Sie sie vertreten würden, wenn
Sie sie tatsächlich hätten.*

Ich würde auf keinen Fall Stunden reduzieren, weil ich Alleinverdiener der Familie bin und vom kürzlich vollendeten Hausbau ziemlich hohe Schulden abzutragen habe.

Ich fühle mich allerdings im Team nicht recht wohl. Daß wir jetzt die Entscheidung von Herrn Vollmer übernehmen und bestimmen sollen, wer gehen soll oder wie wir die Stelle anders reduzieren wollen, finde ich delikat. Das gibt nur ein unnötiges Hick-Hack. Von dem haben wir eh schon genug.

Zum Beispiel verstehen sich Stephanie Pflicht und Ronald Raisdorf nicht sonderlich gut. Frau Pflicht äußert ihre Kritik immer sehr vage und viel zu spät. Wir müssen ständig mutmaßen, was sie von einem will. Mir macht das nichts aus. Ich weiß, was ich zu tun habe, und brauche dazu keine klaren Anweisungen. Aber mit Ronald ist das anders. Ihm muß man direkt sagen, was er zu tun hat. Weil Frau Pflicht das nicht kann, regt sie sich dann später bei mir auf, Ronald habe sie wieder einmal enttäuscht. Aber wie soll er das je begreifen, wenn ihm dies niemand direkt ins Gesicht sagt?

So war das beispielsweise mit der Statistik über unsere Weiterbildungsaktivitäten, die er für den Zwischenbericht erstellen sollte. Sie hat ihm die Daten gegeben und gesagt, das müsse er im Tabellenkalkulationsprogramm aufbereiten. Ronald hat die Sache liegengelassen, weil er wahrscheinlich andere Dinge für wichtiger hielt. Am Donnerstag sollte Frau Pflicht beim Chef einen Vortrag über unsere Aktivitäten halten und hatte am Mittwoch ein paar Grafiken von Ronald in der Hand. Das reichte ihrem perfektionistischen Anspruch nicht. Aber anstatt sich direkt bei ihm aufzuregen, hat sie die ganze Nacht den Kram selber erledigt. Und war den ganzen Tag darauf nicht ansprechbar. Die beiden sollten sich einmal darüber unterhalten. Das kann ja nicht so weitergehen, daß so etwas immer wieder geschieht.

Eigentlich wäre es mir lieber, wenn der Chef (Herr Vollmer) entscheidet, ohne uns Mitarbeiter zu hören. Aber ich bin mir nicht sicher, wie er entscheiden würde. Ein gewisses Risiko besteht ja auch für mich; besonders dann, wenn ich als einziger den Vorschlag des Chefs ablehnen würde, selbst eine Lösung zu finden.

Ich habe schon mit dem Gedanken gespielt, woanders hinzugehen. Es müßte aber eine Stelle sein, die mir ähnliche Arbeitsbedingungen wie diese bietet, in der ich mich zurückziehen kann. Ich muß beim Arbeiten meine Ruhe haben. Dann kann ich erstklassig arbeiten. Ich bin nicht der Typ, der gerne mit anderen zusammenarbeitet. Das störte bisher offenbar niemanden.

Ich befürchte, wenn Stephanie Pflicht geht, daß ich mit Herrn Prinz aneinandergeraten werde. Der würde mir mehr als Frau Pflicht auf den Pelz rücken und mich nicht so lassen, wie ich bin. Wie wäre es, wenn nicht alle, sondern nur einige reduzierten, dafür dann aber stärker; z.B. auf eine halbe Stelle?

Kernpunkte

Es kann alles schlimmer werden!

Der Auftrag lautet nicht, eine Lösung zu finden, sondern er lautet, einen Versuch zu starten, mit den Betroffenen eine Lösung zu finden. Falls dieser Versuch fehlschlägt, wird die Entscheidung an den Vorgesetzten zurück delegiert. Bei diesem Versuch besteht die große Gefahr, daß die Teammitglieder sich jetzt erst richtig in die Haare kriegen. Denn im Kontext einer möglichen Umsetzung einer Person in eine andere Abteilung oder der Reduzierung von Arbeitszeit kann es schnell zu Vorschlägen kommen, bestimmte Personen umzusetzen, deren Leistungen ungenügend sind („faul", „inkompetent", „asozial"). Dies würde das Klima auf lange Zeit vergiften.

Beispielsweise, wenn Stefanie Pflicht ihren Wunsch unverblümt zum Ausdruck bringt, Herr Raisdorf möge gehen, und Herr Raisdorf genau gegenteiliger Meinung ist, wird der Moderator immer tiefer in eine fruchtlose Auseinandersetzung hinein gezogen, insofern er dies nicht sofort stoppt. In dem gegebenen Kontext sollte ein Moderator sich nicht auf eine Klärung von Beziehungsstörungen einlassen, sondern sich einen neuen Auftrag holen, der zeitlich nach der Entscheidungsfindung für den Stellenabbau liegt.

Darum sollte die Moderation auf Folgendes achten:

Ein möglicher Ablauf

▨ **Auftragsklärung:**
Es sollte allen klar sein, daß es sich nur um einen Versuch handelt, der dem Team Mitsprache einräumt. Sobald z.B. jemand möchte, daß der Vorgesetzte alleine entscheidet, wird die Moderation abgebrochen.

▨ **Bestandsaufnahme:**
Die Moderation führt eine Bestandsaufnahme der Wünsche aller Teammitglieder durch. Wieviel Arbeitszeit ist jeder bereit zu reduzieren? Will jemand umgesetzt werden? Gibt es irgendwelche anderen Wünsche? Hierbei brauchen keine Gründe/Argumente geliefert zu werden. Es dürfen nur Wünsche genannt werden, die man selbst bereit ist zu erfüllen. Wünsche an die anderen sind nicht gefragt.

▨ **Eine zweite Runde: Gibt es Bewegungen?**
Diese erste Bestandsaufnahme gibt allen die Informationsgrundlage, wie die Lage bezüglich der Frage „Umsetzung oder Arbeitszeitverkürzung" im Team aussieht. Auf dieser Grundlage kann jedem noch einmal die Möglichkeit gegeben werden, die eigene Kompromißbereitschaft zu überdenken, z.B. in zehn Minuten Einzel- oder Tandemarbeit, und sich danach zu bewegen. Auch hierbei gilt der Grundsatz: Nur eigene Möglichkeiten einbringen – keine Wünsche oder Ansprüche an die anderen!

▨ **Abschlußkommuniqué:**
Am Ende wird genau abgesprochen, was dem Vorgesetzten zurückgemel-

det wird. Z.B.: „Die folgenden drei Personen reduzieren jeweils zu einem Drittel ihre Arbeitszeit, um eine Umsetzung zu verhindern. Dadurch kann das Team soviel Personalmittel freisetzen, wie gewünscht wird;" oder: „Es war leider nicht möglich, genügend Leute zu finden, so daß der Vorgesetzte entscheiden soll, wer umgesetzt wird. Das Team sah sich außerstande zu entscheiden, wer gehen soll."

Vorsicht: Die Kriterienfalle!

Manche Moderatoren kommen auf die Idee, Kriterien aufzustellen, nach denen sich dann eine Entscheidung ergibt. Dies führt schnell zu einem Konflikt über Kriterien, der eine versteckte Interessenvertretung bedeutet, bei dem jeder seine Kriterien legitimieren will. So wird sich darüber gestritten, ob beispielsweise das Betreuen einer 17jährigen Tochter wichtiger ist als das Tilgen eines Hauskredits. Ein solcher Streit um die richtigen Kriterien belastet am Ende die Arbeitsbeziehungen. Es wäre dann besser gewesen, die Entscheidung gleich dem Chef zu überlassen.

Führungsaufgabe: Personalentscheidung

Dieser Fall ist sehr zwiespältig. Das Verfahren kann zwar zu einer Lösung führen, die besser ist als alles, was dem Chef einfallen könnte. Aber dies ist wenig wahrscheinlich. Ein guter Berater sollte es sich zweimal überlegen, ob er so einen Auftrag übernimmt. Wenn es ihm gelingt, den Chef bei dieser Entscheidung zu coachen, wäre es wahrscheinlich in den meisten Fällen das Beste.

Eine selbstkritische Anmerkung

Fall **5**
Es rappelt in der (Beziehungs-)Kiste

Vertrockneter Informationsfluß zwischen zwei Abteilungen in einer Zeitarbeitsfirma

Ausgangslage: Sichtweisen klären

Sie moderieren seit einigen Wochen die vierzehntäglichen Konferenzen der Filiale eines Zeitarbeitsunternehmens. Der Filialleiter, Dr. Both, hatte Ihnen das Unternehmen so vorgestellt:

„Die Filiale hat ca. 150 externe Mitarbeiter und sechs Festangestellte. Ich bin der Geschäftsleiter der Festangestellten. Die operative Arbeit machen drei kaufmännische Disponentinnen und zwei gewerbliche Disponenten. Disponenten nennen wir die Betreuer/innen der externen Mitarbeiter. Externe Mitarbeiter werden meist als Vollzeitkräfte bei uns eingestellt und an andere Firmen ‚ausgeliehen'. Aufgrund der Gefahr, Arbeits- und Sozialversicherungsgesetze zu umgehen, werden solche Unternehmen von den zuständigen Behörden besonders streng kontrolliert.

Sie prüfen Verträge und Aktenführung sehr genau. Zunächst erhält ein Zeitarbeitsunternehmen eine Zulassung nur für ein (!) Jahr. Wird ein Unternehmen drei Jahre lang ‚gut geführt', wird eine unbefristete Genehmigung erteilt. Falls es zu Unregelmäßigkeiten in der Personalführung oder Verwaltung kommt, kann die unbefristete Genehmigung entzogen werden, und man fängt wieder von vorn an.

Die Filiale hat eine kaufmännische und eine gewerbliche Abteilung. Die Aufgabe der kaufmännischen und gewerblichen Disponenten ist es, Aufträge zu akquirieren, d.h. neue Kunden zu werben. Dazu gehört es, unser Zeitunternehmen bei neuen Kunden bekannt zu machen und bei früheren wieder in Erinnerung zu rufen. Außerdem führen die Disponenten Bewerbungsgespräche, stellen Mitarbeiter ein und betreuen sie anschließend eigenverantwortlich. Wenn ein Mitarbeiter eingesetzt wird, begleitet der Disponent ihn zum Kunden, unterstützt ihn und steht zur Klärung strittiger Fragen zur Verfügung.

Eine gute Begleitung ist zugleich auch Werbung für unser Unternehmen. Unser Geschäft ist es also, an größere Firmen sowohl kaufmännische als auch gewerbliche Mitarbeiter auszuleihen. Wenn z.B. die kaufmännische Abteilung einen Kunden hat, kann sie oft auch für die gewerbliche akquirieren und umgekehrt.

140

Das ist zwar besser, als wenn bei demselben Kunden zwei Disponenten von uns aktiv sind. Und doch hapert's gerade in diesem Punkt. Wir haben es beispielsweise schon erlebt, daß ein Kunde, der gewerbliche Mitarbeiter von uns eingesetzt hat, kaufmännische Mitarbeiter bei der Konkurrenz ausleiht, und wir wußten gar nicht, daß er diesen Bedarf hatte. Die Zusammenarbeit zwischen den beiden Abteilungen muß unbedingt besser werden; besonders jetzt in der Konjunkturflaute, die uns natürlich als erste trifft. Ich habe mitunter den Eindruck, daß sich die beiden operativen Abteilungen gegenseitig im Wege stehen.

Zum Beispiel klagte ein Kunde über einen ausgeliehenen Mitarbeiter der kaufmännischen Abteilung. Das besprach er mit dem gerade anwesenden Disponenten der gewerblichen Mitarbeiter. Der hat das aber entweder nicht an die kaufmännische Abteilung weitergegeben, oder die dort haben es gar nicht richtig aufgenommen. Es war hinterher nicht mehr festzustellen, wer das versiebt hatte. Der Kunde ist verärgert zur Konkurrenz gegangen. So etwas darf einfach nicht passieren.

Es gehört auch zu den festen Aufgaben der Disponenten, sich bei ihren Kunden und bei ihren ausgeliehenen Mitarbeitern regelmäßig nach ihrer Zufriedenheit mit dem Einsatz zu erkundigen. Das ist ganz wichtig, um solche Probleme rasch zu identifizieren. Ich sehe das Problem darin, daß sich die beiden Abteilungen nicht genügend austauschen. Informationen über potentielle Kunden werden nicht weitergegeben. Beide Seiten werfen einander vor, daß sie von der anderen zu wenig Informationen über Veränderungen der Akquisitionsstrategie, über neue Kontakte zu bestimmten Kunden usw. erhalten. Frau Schmidt, die Abteilungsleiterin der kaufmännischen Abteilung, beschwert sich bei mir über den unprofessionellen, ruppigen Kommunikationsstil der gewerblichen Mitarbeiter. Die beiden Gewerblichen beklagen sich darüber, daß die Leute von der kaufmännischen Abteilung überheblich sind.

Während sich die kaufmännische Abteilung in der gegenwärtigen Wirtschaftsflaute einigermaßen gut am Markt halten konnte, hat die gewerbliche Abteilung in den letzten Monaten kontinuierlich abgebaut. Das hängt sicher auch damit zusammen, daß der frühere Leiter der gewerblichen Abteilung, Herr Brink, ausgerechnet zu Beginn des Konjunktureinbruchs vor einem Jahr die Leitung einer neuen Filiale in Süddeutschland übernahm. Sein Glück, mein Pech!

Denn damit habe ich einen der besten Mitarbeiter verloren. Sein Nachfolger, Ulli Meyer, ist ein guter Disponent, aber in seine Führungsrolle muß er noch hineinwachsen. ..."

Soweit der Bericht von Herrn Dr. Both, bei dem Sie sich folgende Skizze über die Struktur des Teams gemacht habe (nächste Seite).

Sie haben sich mit Herrn Dr. Both und dem Team darauf geeinigt, daß Sie die Konferenzen des Teams moderieren, mit dem Ziel, den Informationsfluß zwischen den Abteilungen zu verbessern.

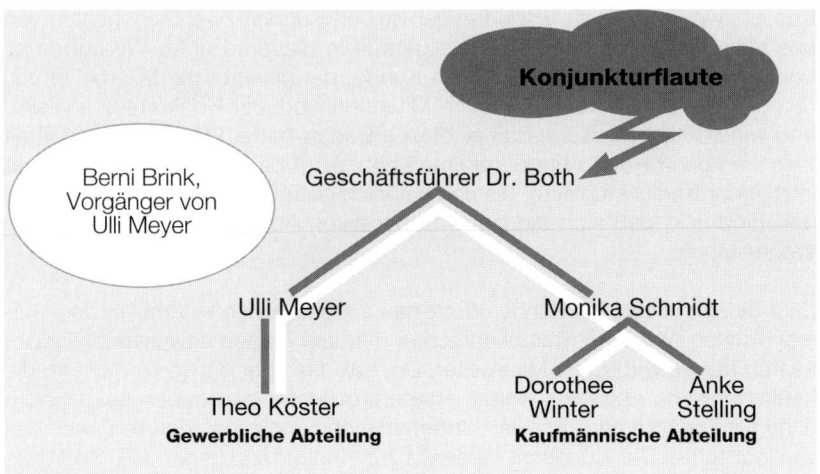

Abb. 33: Struktur des Teams

Der Konferenzstil konnte mit Ihrer Hilfe erheblich verbessert werden. Das wurde von den Teammitgliedern und dem Filialleiter anerkennend bemerkt. Am Ende konnten Veränderungen beschlossen werden, die zu einem verbesserten Informationsfluß führen sollen.

Allerdings haben Sie während der Sitzungen auch beobachtet, daß die Beziehung zwischen Herrn Meyer und Frau Schmidt sehr gespannt ist. Es gab regelmäßig Vorwürfe und unterschwellige Spitzen, einmal auch einen offenen Streit um die richtige Art des Umganges mit den Kunden.

Als es wieder zu einer unterschwelligen Auseinandersetzung kam, fragten Sie die Teammitglieder, wie sie die Zusammenarbeit zwischen den beiden operativen Abteilungen sehen.

Von mehreren Teammitgliedern wurde gesagt, daß Frau Schmidt und Herr Meyer „sich einmal aussprechen" sollten, damit sich ihre Beziehung verbessert. Daraufhin sagten beide, daß sie das schon mal versucht hätten. Es habe aber nichts genützt. Sie bekämen nur immer wieder Streit. Dr. Both schlägt vor, daß Sie, die Moderatoren, doch eine solche Aussprache mit den beiden vor dem Team professionell begleiten könnten.

Sie fragen daraufhin die beiden, ob sie sich das vorstellen könnten. Frau Schmidt meint, daß sie zu Ihnen viel Vertrauen gefaßt hat und es gut fände, wenn ein Gespräch mit Ihrer Hilfe zustande käme. Auch Herr Meyer stimmt zu, um noch einen letzten Versuch zu starten. Sie verabreden einen Termin mit dem gesamten Team in der kommenden Woche.

Dieser Termin steht nun unmittelbar bevor.

Wir wünschen viel Erfolg!

Rollenübersicht

Ein Beispiel: Anke Stelling sucht Harmonie und zwischenmenschliche Nähe (rechts), ist relativ aktiv (großer Kreis), tendenziell ordnungsorientiert, aber auch offen für Neues (Mitte) und neigt dazu, ihre Gefühle zu kontrollieren (heller Kreis).

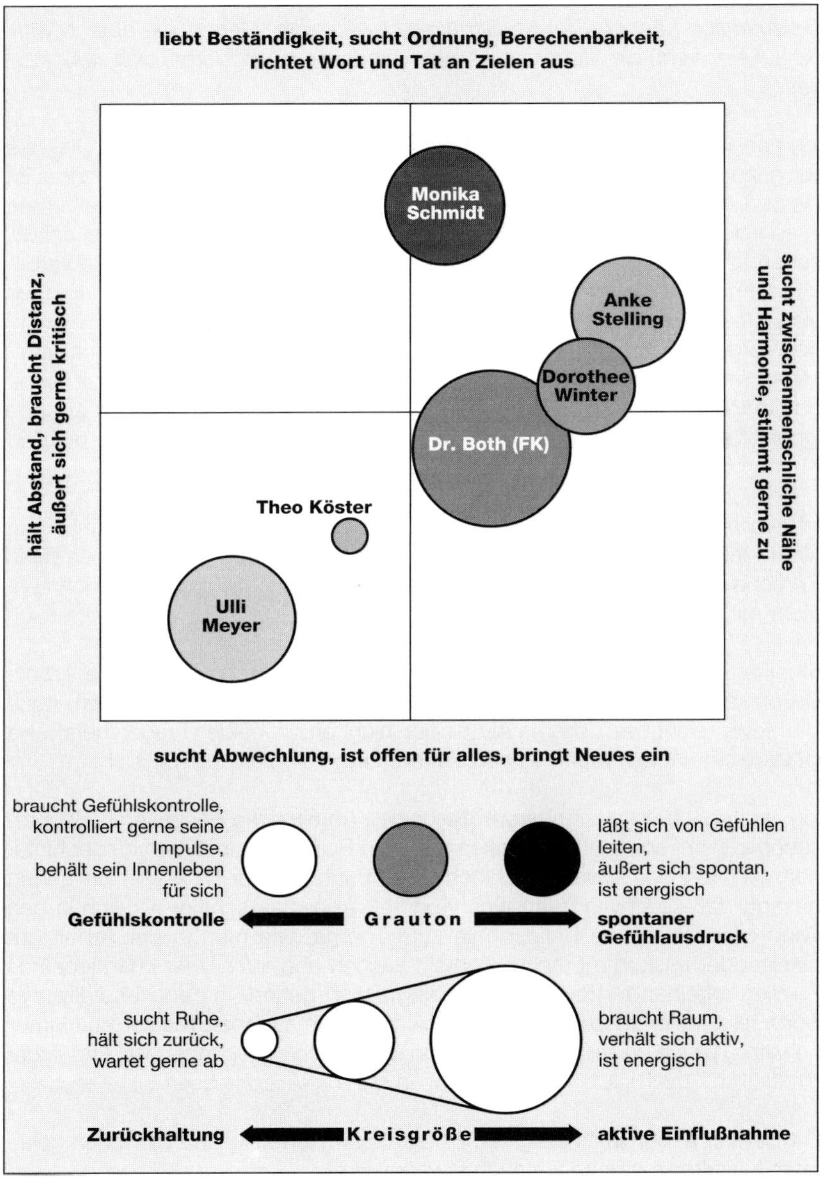

liebt Beständigkeit, sucht Ordnung, Berechenbarkeit, richtet Wort und Tat an Zielen aus

hält Abstand, braucht Distanz, äußert sich gerne kritisch

Monika Schmidt

Anke Stelling

Dorothee Winter

Dr. Both (FK)

Theo Köster

Ulli Meyer

sucht zwischenmenschliche Nähe und Harmonie, stimmt gerne zu

sucht Abwechlung, ist offen für alles, bringt Neues ein

braucht Gefühlskontrolle, kontrolliert gerne seine Impulse, behält sein Innenleben für sich

Gefühlskontrolle ◀ **G r a u t o n** ▶ **spontaner Gefühlausdruck**

läßt sich von Gefühlen leiten, äußert sich spontan, ist energisch

sucht Ruhe, hält sich zurück, wartet gerne ab

braucht Raum, verhält sich aktiv, ist energisch

Zurückhaltung ◀ **K r e i s g r ö ß e** ▶ **aktive Einflußnahme**

Abb. 34: Rollenübersicht   „Es rappelt in der Beziehungskiste"

143

Dr. Friedrich Both, Jurist, Filialleiter

Lassen Sie sich von den in dieser Instruktion genannten Einstellungen und Zielvorstellungen leiten. Übertreiben Sie bitte nicht, indem sie eine Karikatur der Rolle spielen. Füllen Sie sie mit Ihren eigenen Verhaltensweisen so aus, als wären Sie die Person. Improvisieren Sie ruhig bei Bedarf!

Gelegentlich können Sie die Situation dominieren. Gehen Sie aber positiv darauf ein, wenn die Moderatoren Ihnen eindeutig signalisieren, sich zurückzuhalten.

Ich habe diese Filiale aufgebaut. Das war harte Arbeit, bis der Laden lief, bis wir genügend Kunden hatten. Der Konjunktureinbruch des letzten Jahres ist bis jetzt ohne harte Einschnitte an uns vorübergegangen, obgleich die Firmen in so einer Situation zuerst immer die externen Arbeitskräfte einsparen. Inzwischen kneift es aber auch bei uns, und zwar besonders bei den Gewerblichen. Im Gewerbebereich wird besonders viel gespart, und das merken wir als erste. Aber es liegt auch an uns. Schade, daß ausgerechnet Berni Brink, der Vorgänger von Ulli Meyer, vor einem Jahr in eine andere Filiale mußte. Meyer muß sich schon gewaltig nach der Decke strecken, und da ist es mit gutem Willen und flotten Sprüchen allein nicht getan. Er muß auch abends länger ran, um den Schreibkram zu bewältigen, und sich tagsüber bei den Kunden tummeln. Dazu ist er Abteilungsleiter.

Ich weiß eigentlich auch nicht, warum es zwischen den beiden Abteilungen nicht klappt. Monika Schmidt ist leicht eingeschnappt, wenn Meyer seine Sprüche klopft. Sie zeigt es aber nicht. Sie sollte das nicht so ernst nehmen. Mehr mit Humor.

Monika Schmidt und Dorothee Winter machen wirklich erstklassige Arbeit. Davon könnte sich insbesondere Köster mal eine Scheibe abschneiden. Auch Ulli Meyer reicht beim Thema Akquisition nicht an die beiden Frauen heran. Na ja, vielleicht haben Frauen es auch wirklich leichter in diesem Bereich.

Ich verstehe auch nicht, warum die beiden Abteilungen bei unseren Besprechungen nicht so recht rausrücken mit ihren Reibereien, sondern immer hinter dem Rücken der anderen schlecht reden. Ich hab´ doch schon oft genug gesagt, daß so etwas das Klima vergiftet. Aber das scheint wirklich in den Wind geredet. Meine Philosophie zum Thema, wie man in der Arbeit gut miteinander auskommt, heißt: Kontakt suchen und auch über unangenehme Sachen miteinander reden, regelmäßig essen gehen, in den Kernzeiten im Büro sein, viele Gespräche führen, nicht so mimosenhaft reagieren, Humor behalten, gleich zu mir kommen, wenn etwas schief gegangen ist, und Ärger direkt zum Ausdruck bringen, statt ihn in sich hinein zu fressen.

Die Berater haben ja einen guten Eindruck gemacht. Bei den von ihnen geleiteten Konferenzen habe ich auch etwas gelernt.

144

Ich finde, Ulli Meyer und Monika Schmidt sollten einmal ausführlich miteinander reden und ihre Unstimmigkeiten ausräumen, damit es zwischen den beiden Abteilungen wieder besser läuft. Vielleicht können die Berater dabei helfen, indem sie das Gespräch leiten.

Herr Dr. Both redet gern und humorvoll-anregend über bestimmte Themen, z.B. wie die einzelne Personalakte besonders übersichtlich geführt wird, damit nicht übersehen wird, wenn bestimmte Unterlagen fehlen (ärztliche Bescheinigung, polizeiliches Führungszeugnis, Arbeitserlaubnis, Kopie des Personalausweises usw.), über seine Erfahrungen als Disponent, über die wirtschaftliche Entwicklung usw.

Dr. Both muß gelegentlich zur Zurückhaltung aufgefordert werden, wenn „die Pferde mit ihm durchgehen". Wenn er nicht gebremst wird, dominiert er die Gruppe durch anregende Reden.

Monika Schmidt, Kauffrau,
Leiterin der kaufmännischen Abteilung

Lassen Sie sich von den in dieser Instruktion genannten Einstellungen und Ziel-
vorstellungen leiten. Übertreiben Sie bitte nicht, indem sie eine Karikatur der
Rolle spielen. Füllen Sie sie mit Ihren eigenen Verhaltensweisen so aus, als
wären Sie die Person. Improvisieren Sie ruhig bei Bedarf!

Ich möchte auf keinen Fall in den Ruf kommen, als Frau keine Abteilung leiten
zu können. Manchmal lasse ich mich auf Sachen ein, die mir später leid tun.
Mir liegt vor allem daran, meine Unabhängigkeit zu behalten und auf keinen
Fall von irgend jemandem abhängig zu werden.

Mit Ulli Meyer und Theo Köster möchte ich möglichst wenig zu tun haben. Ihre
machohafte Art finde ich ekelhaft; z.B. Ullis Blondinenwitze bei jeder unpas-
senden Gelegenheit. Was er kann, ist Sprücheklopfen. Das kommt vielleicht
bei seinen Handwerkern gut an, aber nicht bei mir. Schade, daß Berni Brink
nicht mehr da ist! Mit dem ging es viel besser. Damals konnte man dann auch
mit Ulli und Theo klarkommen. Die haben sich mehr am Stil von Berni orientiert. Jetzt lassen sie so richtig die Sau raus.

Die Geschichte mit der „Billig-und-gut-Kette" soll mir nicht noch einmal
passieren. Da macht ein Mitarbeiter von mir massive Fehler, ist völlig überfordert und sagt es mir nicht, bis der Kunde sich über ihn beschwert. Aber der
beschwert sich auch nicht bei mir, sondern bei Ulli, weil der gerade da war.
Und Ulli informiert mich nicht. Der Mitarbeiter verursacht weiteren Schaden,
und wir waren am Ende den Großkunden los. Dr. Both war zu Recht sauer.
Jetzt verlasse ich mich nicht mehr darauf, daß Ulli uns bei meinen Kunden
vertritt. Er ist eben zu lässig; zu locker und dabei auch noch großspurig. Das
behalte ich in der Hand. Außerdem möchte ich mich lieber nicht in die Akquisition einmischen. Sie müssen damit selbst klarkommen. Ich befürchte auch,
daß mir Ulli zu stark auf die Pelle rückt. Wenn ich mehr Kontakt zu ihm suche,
wie Dr. Both das möchte, dann werde ich ihn schließlich nicht mehr los. Aber
ich möchte auf keinen Fall privaten Kontakt zu ihm. Und ich habe schon oft
erlebt, daß sich aus enger betrieblicher Zusammenarbeit rasch private
Kontakte und Ansprüche ergeben, die man dann kaum noch umgehen kann,
wenn man den anderen nicht brüskieren will, so daß die gemeinsame Arbeit
darunter leidet. Lieber gleich auf Abstand!

Aber über so etwas kann man mit Ulli wohl kaum reden. Und wenn man mal
ein ernstes Gespräch mit ihm anfängt, hört man von ihm nur irgendwelche
Frotzeleien und unverbindliche Sprüche.

Eine weitere Schwierigkeit sind unsere Konferenzen. Es ist nicht gerade
einfach, Dr. Both in den Griff zu bekommen. Ich wünschte mir, daß jeder in
Ruhe sagen kann, was ihn stört. Ich finde, daß die Besprechungen viel straffer
geführt werden müßten. Dr. Both erzählt so viel. Und der Informationsfluß
zwischen den Abteilungen sollte besser geregelt werden.

Allerdings betrifft das nicht nur die Beziehung zwischen Ulli und mir. Er macht immer seine Sprüche und geht mir mit seiner Großspurigkeit auf den Geist. Ich kann das einfach nicht ab, diese Art.

Monika Schmidt rückt mit ihrem persönlichen Hintergrund (Befürchtung von zu großer Nähe, Ärger über sexistische Sprüche, Wunsch nach klarer Trennung der beiden Abteilungen usw.) erst heraus, wenn die Moderatoren ihr genügend Zeit verschaffen, sich zum Ausdruck zu bringen, und viel Verständnis für sie zeigen. Wenn sie dagegen das Gefühl bekommt, daß sie Ulli Meyer mit ihren Aussagen bloß noch mehr Material gegen sich verschafft, macht sie zu, bleibt vorsichtig an der Oberfläche und hält sich zurück.

Wenn der Vorschlag auf den Tisch kommt, ein Gespräch unter sechs Augen zu führen, stimmt sie zu, möchte allerdings, daß Dorothee Winter dabei ist.

Ulli Meyer, Elektromeister,
Leiter der gewerblichen Abteilung

Lassen Sie sich von den in dieser Instruktion genannten Einstellungen und Zielvorstellungen leiten. Übertreiben Sie bitte nicht, indem sie eine Karikatur der Rolle spielen. Füllen Sie sie mit Ihren eigenen Verhaltensweisen so aus, als wären Sie die Person. Improvisieren Sie ruhig bei Bedarf!

Ich möchte auf keinen Fall mit meiner Abteilung zum Sorgenkind der Filiale werden. Ich bin sehr empfindlich, wenn jemand besser ist als ich. Das war schon in der Schule so, als mein bester Freund in die Leistungskurse kam und ich mit Hauptschulabschluß abgegangen bin. So etwas zeige ich nach außen aber nicht. Dann wird es bloß noch schlimmer. Und gerade jetzt, wo es mit meiner Abteilung in die roten Zahlen geht, will mir dieser blöde Gedanke nicht aus der Birne, daß ich es nicht bringe. Ich weiß, daß Berni, mein Vorgänger, die Abteilung besser führen konnte als ich. Seine Schuhe sind mir noch etwas zu groß. Aber ich wachse immer mehr hinein. Und ich hab' die meisten Sachen bisher immer geschafft, wenn man mir genügend Zeit gegeben hat.
Die Berater sollten Both mehr ausbremsen. Jeder sollte in Ruhe sagen, was ihn stört. Dadurch würden die Besprechungen auch viel straffer. Both erzählt immer so viel. Und der Informationsfluß zwischen den Abteilungen ist verdammt mies.

Eigentlich müßten wir mal über die schlechte Stimmung zwischen Monika und mir reden. Das ist wirklich nötig.

Mich ärgert besonders, wie Monika Schmidt mich von oben herab behandelt, wenn man mal von ihr 'ne Auskunft über eine neue Vorschrift zur Aktenführung haben will. Dabei ist sie es doch, die diese ganzen Formulare eingeführt hat. Völlig umständlich. Oder bei der Sache mit der „Billig-und-gut-Kette": Behauptet sie einfach, ich hätte sie nicht informiert, daß einer ihrer Leute da Scheiße baut. Sie versucht, mich vorm Chef richtig vorzuführen, läßt mich nicht mal ausreden. Dabei ist das doch ihr Mitarbeiter gewesen. Na ja, Schwamm drüber; so was vergesse ich schnell.

Es gibt auch Bereiche, in denen ich besser bin als sie; z.B. wenn es darauf ankommt, Kunden zu werben, die mit uns noch nicht zusammengearbeitet haben. Ich bin nicht so hartnäckig wie sie, dafür aber lockerer im Kontakt mit unbekannten Leuten. Und das kommt im gewerblichen Bereich besser an. Bei uns würde sie doch kein Bein an die Erde bekommen.

Nur: von Both spüre ich unterschwellig den Druck, es genauso wie sie machen zu müssen.

Außerdem merke ich, daß sie sich vor mir zurückzieht. Früher, als Berni Brink noch die Gewerblichen geleitet hat, hatten wir mehr Kontakt miteinander. Manchmal verhält sie sich so, als hätte sie Angst, daß ich hinter ihr her bin. Aber mitnichten: Ich möchte gar keinen näheren privaten Kontakt mit ihr. Das heißt aber nicht, daß wir uns beruflich nicht austauschen können. Eigentlich schade, daß es nicht mehr so ist wie früher.

Ein Streitpunkt ist, daß sie alle Vorgänge wie Umgang mit den Kunden, Telefonakquisition, Informationsverteilung usw. in noch mehr Vorschriften, Formulare und Regeln festlegen will.

Ich finde, daß wir ohnehin zuviel Papierkram am Hals haben, der mir inzwischen schon über den Kopf wächst. Vielleicht macht es ihr Spaß. Sie kann es auch besser. Aber ich habe immer Schwierigkeiten mit dem Papierkram gehabt.

Ulli Meyer rückt mit seinem persönlichen Hintergrund (Sensibilität, Neid, zu große Schuhe, Versagensangst usw.) erst heraus, wenn die Berater ihm genügend Zeit verschaffen, sich zum Ausdruck zu bringen, und seine Seite verstehen. Wenn er dagegen das Gefühl bekommt, daß er Monika Schmidt mit seinen Aussagen bloß noch mehr Material gegen sich verschafft, macht er zu; d.h., er bleibt mißtrauisch an der Oberfläche und hält sich vorsichtig zurück.

Wenn der Vorschlag auf den Tisch kommt, ein Gespräch unter vier bis sechs Augen zu führen, stimmt er zu, möchte aber Theo Köster dabei haben.

Theo Köster, Disponent in der gewerblichen Abteilung

Lassen Sie sich von den in dieser Instruktion genannten Einstellungen und Zielvorstellungen leiten. Übertreiben Sie bitte nicht, indem sie eine Karikatur der Rolle spielen. Füllen Sie sie mit Ihren eigenen Verhaltensweisen so aus, als wären Sie die Person. Improvisieren Sie ruhig bei Bedarf!

Ich bin nun seit drei Jahren im Unternehmen und weiß ganz gut, wie der Hase läuft. Ich reiß' mir kein Bein aus. Das bringt sowieso nichts. Ulli steht jetzt viel mehr unter Druck als früher. Da war er eher in meiner Position. Nun spürt er die Führungsverantwortung. Na ja, das ist sein Bier.

Ich finde, Both sollte noch jemanden einstellen, der sich ausschließlich um die Werbung kümmert, damit wir mehr Kunden bekommen. Ulli und ich sind nur zu zweit und können uns nicht besonders intensiv um dieses Thema kümmern. Gerade in dieser schwierigen Wirtschaftslage muß man auch neue Wege gehen. Aber Both stellt sich da taub.

Überhaupt: Both ist ein Schwätzer. Statt mal ranzuklotzen und neue Kunden ranzuschaffen, hängt er immer nur auf irgendwelchen Messen und Kongressen herum und treibt Konversation. Gerede bringt nichts! Und bloße Luftschlösser auch nicht. Unsere Konferenzen finde ich zunehmend unerträglicher. Seine Monologe sind ja manchmal ganz witzig, aber nach einer Weile kennt man sein Repertoire, und dann langweilt er bloß noch.

Die Spaltung zwischen den operativen Abteilungen ist bloß herbeigeredet. Klar, ein paar Sachen sind schiefgegangen. Aber das passiert überall. Nur jetzt, wo die Ertragslage schwindet, da wird nach inneren Problemen gesucht. Und am Ende sind wir schuld! Unsere Arbeit machen wir auch nicht schlechter als die Mädels von der kaufmännischen Abteilung. Die sind eben ein bißchen feiner als wir. Sie haben ja auch andere Leute zu betreuen. Ich möchte nicht wissen, wie die mit unseren gewerblichen Typen klarkämen. Aber darüber denkt Both ja nicht nach. Den interessieren nur die Zahlen. Und wenn die schlechter werden, sind wir eben die Versager.

Ich finde, daß besonders Monika Schmidt sich nach Brinks Weggang stark von uns zurückgezogen hat. Man mag sie ja gar nicht mehr ansprechen, so abweisend reagiert sie immer, z.B. als ich mal die Neuregelung der Sozialversicherung von ihr kopieren wollte. Ulli ärgert sich aber noch viel mehr als ich über ihre Hochnäsigkeit.

Theo Köster schweigt eher in größerem Kreis. Mit Einzelnen zusammen ist er locker und macht auch gern Scherze. Wenn er angesprochen wird, merkt man, daß in ihm mehr steckt, als man erwartet hat, und dann spricht er auch seine Ansicht klar aus.

Dorothee Winter, Disponentin in der kaufmännischen Abteilung

Lassen Sie sich von den in dieser Instruktion genannten Einstellungen und Zielvorstellungen leiten. Übertreiben Sie bitte nicht, indem sie eine Karikatur der Rolle spielen. Füllen Sie sie mit Ihren eigenen Verhaltensweisen so aus, als wären Sie die Person. Improvisieren Sie ruhig bei Bedarf!

Ich spüre sehr schnell, zwischen welchen Personen Spannungen bestehen, weiß aber nicht, wie ich das dann ansprechen kann. Darum warte ich lieber ab, bis ein Konflikt ausbricht. Dann kann ich meistens gut vermitteln.

Ich meine, daß Monika Schmidt und Ulli Meyer sich mal in Ruhe aussprechen sollten, denn zwischen den beiden hat sich im Laufe des letzten Jahres einiges angestaut. Was es bei Ulli ist, kann ich nicht genau sagen. Aber von Monika weiß ich, daß ihr sein Machogehabe und seine Oberflächlichkeit auf den Geist gehen. Sie geht ihm deshalb möglichst aus dem Weg.

Ich glaube, das verunsichert ihn ziemlich. Und so wie beide gebaut sind, werden sie immer sturer. Ich bin von den Umgangsformen der Gewerblichen auch nicht begeistert. Solche Blödeleien müssen einfach nicht sein! Aber ich rege mich darüber auch nicht so auf wie Monika.

Vielleicht liegt auch eine Ursache bei der Geschichte mit dem Verlust der „Billig-und-gut-Kette". Der Großkunde ist doch plötzlich zur Konkurrenz abgewandert, als unser Mitarbeiter bei denen überhaupt nicht hinein paßte. Der Kunde hat die Beschwerde an Ulli weitergegeben, und der hat sie nicht an uns weitergeleitet. Er behauptet zwar, daß er Monika informiert und sie die Sache einfach selbst vermasselt hat, aber das glaube ich nicht. Jedenfalls hat Monika damals offenbar beschlossen, sich nicht mehr auf die Gewerblichen zu verlassen, sondern alles allein zu kontrollieren. Das hat sie zwar so nie öffentlich gesagt. Dr. Both würde das auch gar nicht gut finden. Aber ich denke, es war so. Und nun wissen Ulli und Theo nicht so recht, woran sie mit ihr sind.

Dr. Both ist damit beschäftigt, sich selbst immer wieder zu beweisen, wie gut er ist und wie richtig er alles macht. Deshalb ist er kein guter Vermittler zwischen ihnen. Er predigt eher alle mundtot, statt selbst genau hinzuhören und die beiden zu einer wirklichen Aussprache zu bringen. Das könnten die Berater vielleicht besser machen, hoffe ich. Jedenfalls glaube ich, daß der ganze Laden vor allem an der Beziehung von Monika und Ulli hängt.

Dorothee Winter kommt mit diesen Ideen erst dann aus sich heraus, wenn die Berater sie als „Brücke zwischen den Abteilungen" identifizieren und entsprechend nutzen, also fragen, wie sie die ganze Sache sieht, und sie ermuntern, damit rauszurücken. Vorher sagt sie nur, daß es ihr selbst leichter fallen würde, mit Ulli und Theo Kontakt zu halten und sie in der Akquisition zu unterstützen, wenn sie das Gefühl hätte, daß dies auch wirklich gewünscht wird, und wenn sie sich freundlicher verhalten würden.

Anke Stelling, Disponentin der kaufmännischen Abteilung
(Zusatzrolle)

Lassen Sie sich von den in dieser Instruktion genannten Einstellungen und Zielvorstellungen leiten. Übertreiben Sie bitte nicht, indem sie eine Karikatur der Rolle spielen. Füllen Sie sie mit Ihren eigenen Verhaltensweisen so aus, als wären Sie die Person. Improvisieren Sie ruhig bei Bedarf!

Ich bin ziemlich neu in der Abteilung und habe anfangs offen und frei versucht, Kontakt zu allen aufzunehmen. Als ich merkte, daß das Klima zwischen den beiden Abteilungen schlecht war, hatte ich auch keine Lust mehr, mich als einzige damit abzurackern. Ich möchte in den Augen der Gewerblichen nicht als „arrogante Kauffrau" dastehen wie Monika. Theo und Ulli sind doch ganz nett. Man kann viel Spaß mit ihnen haben.

Aber sie sind jetzt wohl auch ziemlich eingeschnappt und halten Abstand. Eine Ursache war das damals mit dem Verlust der „Billig-und-gut-Kette". Der Großkunde ist plötzlich zur Konkurrenz abgewandert, als unser kaufmännischer Mitarbeiter da Mist gebaut hat. Der Kunde hat die Beschwerde an Ulli weitergeleitet, und wir sind von Ulli nicht informiert worden. Er behauptet zwar, daß er Monika informiert und sie die Sache einfach selbst vermasselt hat, aber das glaube ich nicht. Jedenfalls hat Monika damals offenbar beschlossen, sich in nichts mehr auf die Gewerblichen zu verlassen, sondern alles allein zu kontrollieren. Das hat sie so zwar nie öffentlich gesagt. Aber ich denke, es war so. Dr. Both würde das auch gar nicht gut finden. Nur wissen Ulli und Theo jetzt nicht so recht, woran sie mit ihr sind.

Die Idee mit der Teamberatung finde ich ganz gut. Es ist immer besser, darüber zu reden, wenn es irgendwo klemmt, als weiter in seinem eigenen Saft zu kochen. Und ich glaube, Ulli und Monika reden nicht genug miteinander. Eine außenstehende Person kann so was auch besser erkennen als wir. Wir sind doch ziemlich betriebsblind. Das hat Dr. Both wirklich gut gemacht, daß er das jetzt mal in Gang gebracht hat.

Dr. Both ist der bisher beste Chef, den ich kenne: witzig und gutmütig und locker in den Arbeitsbesprechungen. Man weiß gut, woran man bei ihm ist.
Ich selbst habe gar keinen Anteil an der Auseinandersetzung. Theo und Ulli sind zwar manchmal etwas grob in ihren Sprüchen, aber das stört mich eigentlich nicht. Schließlich haben sie es mit anderen Leuten zu tun als wir. Da geht es halt nicht so vornehm zu. Und jetzt hat sie die Wirtschaftsflaute voll erwischt, wo Ulli sich gerade reinfinden wollte in seine neue Rolle. Ich finde, wir sollten die Gewerblichen mehr unterstützen. Aber das müssen sie auch wollen.

Frau Stelling redet frei weg, wenn sie von den Beratern aufgefordert wird.

Kernpunkte

Eine gestörte Beziehung zwischen Ulli Meyer und Monika Schmidt belastet den notwendigen Informationsaustausch ihrer beiden Abteilungen, weil sie sich aus dem Weg gehen. Im Rahmen einer Beziehungsklärung bieten die Moderatoren den beiden die Gelegenheit, sich grundsätzlich auszusprechen. Anschließend können Vereinbarungen für einen besseren Austausch von wichtigen Informationen getroffen werden. Zwei wesentliche Aspekte spielen dabei eine Rolle:

Sollte die Beziehungsklärung in Anwesenheit der Kollegen stattfinden?

Taucht eine Beziehungsproblematik innerhalb einer Moderation auf, so stellt sich oft die Frage, ob die Gruppe bleiben soll/darf. Diese Frage kann nur von den beiden Betroffenen und der Gruppe beantwortet werden. Damit sich niemand ausgeschlossen fühlt, muß transparent sein, warum sich die Gruppe teilt und wann man wieder zusammenkommt. Wenn der Rest der Teilnehmer nicht nach Hause oder in eine Pause geschickt wird, dann sollten sie eine Aufgabe bekommen, die im Zusammenhang mit dem Thema der Sitzung steht, z.B. Vorschläge erarbeiten zur Verbesserung des Informationsflusses.

Beziehungsklärung zwischen zwei Personen im Team oder unter 6 Augen?

Der Moderator wägt ab, welchen Tiefgang die Klärung haben wird. Im kleinen Rahmen können Verletzungen zur Sprache kommen, die ein Verständnis der anderen Seite fördern.

Da die Konfliktpartner intellektuell sehr verschieden sind, wird der Moderator – ähnlich einem einfühlsamen Dolmetscher – eine „Kommunikationsbrücke" zwischen beiden aufbauen.

Moderator als Kommunikationsbrücke und Übersetzer

Im Zweifel ist ein Gespräch unter vier Augen vorzuziehen. Denn dann befürchten die Gesprächspartner weniger, ihr Gesicht vor den Kollegen zu verlieren. Am Ende dieser Klärung können sich die Konfliktpartner absprechen, was der Gruppe vom Inhalt mitgeteilt werden soll.

Beziehungsklärung mit der Diagnose: Teufelskreis der Kontaktvermeidung

Der Moderator fordert die beiden Konfliktpartner auf, ihr inneres Erleben, ihre Gedanken und Gefühle möglichst authentisch zum Ausdruck zu bringen, statt bei Vorwürfen und Ansprüchen an die jeweils andere Seite „kleben zu bleiben". Er hört jedem Partner zu, bis er verstanden hat, worum es geht. Dabei fördert er die Klarheit der Aussagen durch offene Fragen sowie prägnante Neuformulierungen und verringert die Gefahr von Polarisierungen (z.B. „Nie machst du" oder „Immer kommst du"-Sätze) durch positive Übersetzungen entwertender Äußerungen.

Kommunikations-Analyse: von „Äußerungen" und „Innerungen"

Einen ersten Kontakt zwischen den Partnern kann der Moderator durch „aktives Zuhören" fördern, indem er sie bittet, jeweils eine Zusammenfassung der Position der anderen Seite zu geben.

Gegen Ende des Austausches wird folgender Teufelskreis der Vermeidung von direktem Kontakt in der Interaktion der beiden Seiten deutlich.

**Aus „Innerungen"
werden durch
erfolgreiche Moderation
Äußerungen!**

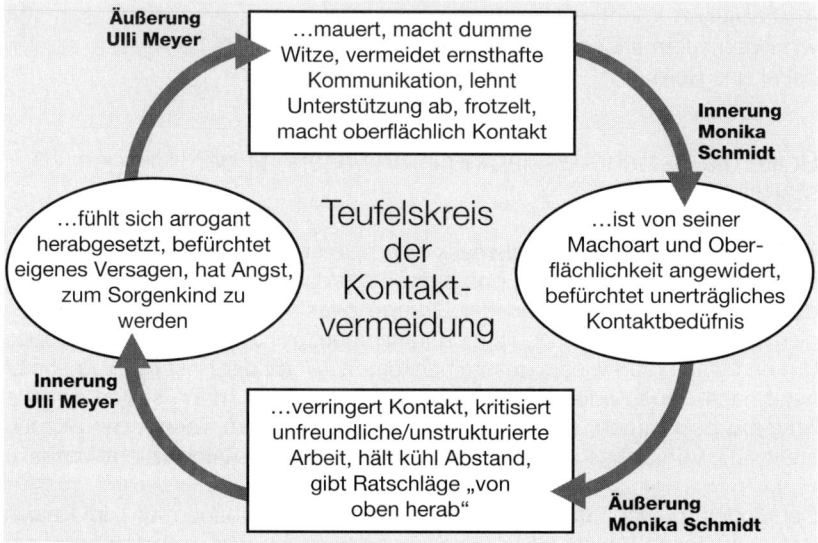

Abb. 35: Teufelskreis der Kontaktvermeidung

Die Klärung kann abschließend in eine Lösung umgesetzt werden: Dabei sind Lösungen denkbar, die auf eine klarere Trennung, Erhalt des Status quo oder eine Förderung der Kontakte herauslaufen, z.B. durch zusätzliche Abteilungsleiterbesprechungen unter Moderation.

Fall **6**
Endspiel: Textbüro gegen Redakteure

Zwei Lager im Feuilleton

Ausgangslage: Kontakt stiften, Themen sammeln

Der neue Leiter des Ressorts „Feuilleton" einer renommierten Wochenzeitung, Herr Sprott, meldet sich bei Ihnen. Sie gehören zu einem Moderatorenteam, das im Verlag schon verschiedene Besprechungen und Gremien moderiert hat und das er aus einer Führungskräfte-Weiterbildung kennt.

Er braucht eine externe Moderation für sein Feuilletonteam. Es gibt eine Krise, die es zu beheben gilt. Die meisten Schreibkräfte und Redakteure sind schon lange im Team. Er ist seit 20 Jahren in der Branche und kam vor 3 Monaten von einer kleineren Zeitung. Sein Vorgänger ist aus Altersgründen ausgeschieden. Das Betriebsklima ist schlecht. Alle klagen über Streß und fühlen sich völlig überlastet. Das Ressort ist personell aber genauso ausgestattet wie vergleichbare andere im Hause, z.B. Sport oder Politik. Die Arbeit leidet offenbar unter schlechter Kooperation. Das führt auch zum Hauptproblem: Das Ressort ist immer Schlußlicht beim Umbruch. Vor einiger Zeit ist der Feuilletonteil nicht rechtzeitig fertig gewesen. Herr Sprott hat dann auf Konserven, d.h. alte Beiträge, zurückgreifen müssen, damit überhaupt der Druck losgehen konnte. Das war eine peinliche Situation für ihn und das ganze Ressort. Und neulich sind sie wieder nur knapp an derselben Situation vorbeigeschlittert.

Allerdings: Die inhaltlichen Beiträge sind erstklassig. Die Redakteure genießen einen hervorragenden Ruf in der Branche.

Vielleicht gibt es interne Streitereien, möglicherweise zwischen einer langjährigen Sekretärin und einer erstklassigen Redakteurin. Genaueres weiß er nicht. Er hat nun in einer der Ressortbesprechungen das Thema „Schlechtes Betriebsklima" angesprochen und sich die Zustimmung des Teams eingeholt, einen externen Teammoderator hinzuzuziehen, der hier helfen kann. Das ist im Verlag durchaus möglich und wird gefördert. So wurden z.B. schon mehrere Sitzungen der Verlagsleitung und einiger anderer Gremien erfolgreich moderiert.

Moderator und Ressortchef verabreden, daß zwei Moderatoren in eine Ressortbesprechung kommen, um das Einverständnis aller Beteiligten einzuholen und um eine konkrete Vereinbarung über die Moderation zu treffen.

Wir wünschen Ihnen viel Erfolg!

Zur Ausgangslage: Sichtweisen klären

Bitte diese Seite zusätzlich zur ersten an die Moderatoren austeilen (und den Rollenspielern mitteilen), wenn dieser Fall für eine Sichtweisenklärung eingesetzt wird.

Die Vorbesprechung hat bereits stattgefunden. Bei dieser Vorbesprechung stellten sich die Moderatoren kurz vor, schilderten ihren Informationsstand zum Konflikt, klärten die Bereitschaft der Beteiligten zur Mitarbeit ab und forderten sie auf, einzeln der Reihe nach die Themen und Anliegen zu benennen, an denen gearbeitet werden soll. Es kam dabei zu dem ziemlich eindeutigen Ergebnis, daß das schlechte Klima zwischen Textbüro und Redaktion verbessert werden soll. Die Leute aus dem Textbüro sahen die Möglichkeiten einer Verbesserung nur in einer Vorverlegung des Abgabetermins.
Die Redakteure wehrten sich vehement dagegen. Es wurde abgesprochen, daß man sich in zwei Wochen für einen ganzen Tag zusammensetzt, um die Probleme zwischen Textbüro und Redaktion genauer zu klären und darauf aufbauend konkrete Lösungen zu finden. Die Beteiligten sind nach eigener Einschätzung in folgender Weise dazu motiviert:

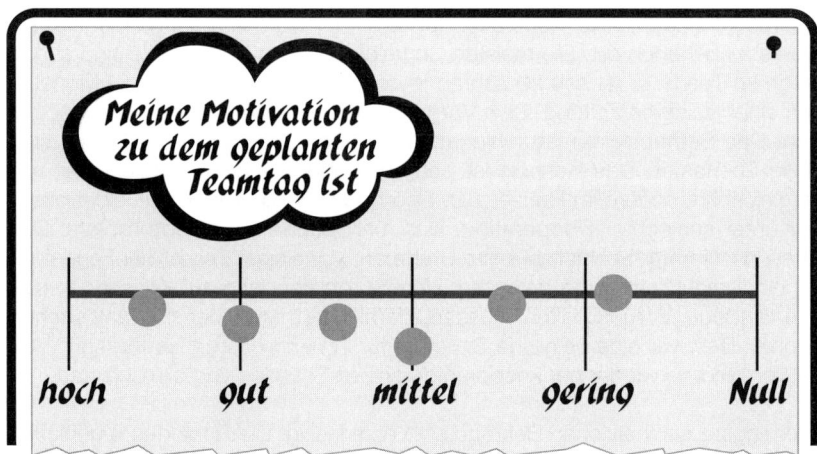

Abb. 36: Stimmungsbarometer – Vortreffen

Aus Zeitgründen konnten die Moderatoren nicht mehr nachfragen, wie die einzelnen Personen zu ihrem Urteil gekommen sind, sondern mußten es bei diesem Eindruck belassen.

Der (vereinfachte) Arbeitsablauf am Umbruchtag:
- Spätestens um 16 Uhr am Donnerstag: Die Redakteure (Sprott, Lieck, de Vries, Glaatz) liefern ihre Manuskripte auf Diskette oder per E-Mail im Textbüro ab.
- Die Manuskripte werden im Textbüro (von Steiner, Winzer und Hilfskräften) überarbeitet und mit Bildern versehen.
- Deadline ist 18 Uhr (zur Not 20 Uhr bei einzelnen Beiträgen aus verschiedenen Ressorts): Die Texte gehen zur letzten Korrektur, die ein Herr Buden vornimmt.
- Die fertigen Texte gehen ins Produktionslayout und in den Druck.

Varianten der Ausgangslage

Wie in allen Fällen lassen sich in Absprache mit den Rollenspielern einige typische Schwierigkeiten einbauen. Die Moderatoren sollten vorher jedoch gefragt werden, ob sie eine zusätzliche Schwierigkeit wünschen, wie z.B.:

■ Der Ressortchef, Herr Sprott, ist anfangs nicht da, läßt seine voraussichtliche Verspätung entschuldigen. Die Moderatoren können mit dieser Irritation umgehen, indem sie bereits mit dem Stand der bisherigen Kontakte zwischen Moderator und Herrn Sprott beginnen oder eine Vorstellungsrunde einleiten.

■ Frau de Vries ist nicht darüber informiert, daß Teammoderatoren in die Sitzung kommen, weil sie bei der letzten Besprechung nicht anwesend war. Also: Status der Sitzung als Auftragsvereinbarung deutlich machen.

Weitere Schwierigkeiten, die mit den Rollenspielern vor Spielbeginn abgesprochen werden, können die Moderatoren folgendermaßen begegnen:

■ Die Mitarbeiter vom Textbüro bleiben in ihren Anliegen undeutlich. Sie trauen sich nicht, klar zu sagen, was sie sich wünschen. Die Moderatoren fragen in offener Weise nach, übersetzen des Gesagte in präzise Sprache und bieten Schutz an.

■ Gegenseitige Vorwürfe entwickeln sich bereits in der Anliegenrunde. Hier ist es wichtig, klar zu unterbrechen: Es wird abgesichert, daß jeder mit seinem Anliegen drankommt. Dabei kann eindringlich darauf verwiesen werden, wie wichtig ein vorläufiger Aufschub von Lösungen für eine erfolgreiche Konfliktbearbeitung ist. Außerdem sollten die Moderatoren Vorwürfe deutlich von Anliegen unterscheiden.

Rollenübersicht

Beispiel: Herr Glaatz ist eher offen für Neues und sucht Abwechslung (unten). Ebenso wie Frau de Vries und Frau Steiner nimmt er sich viel Raum (großer Kreis), ist tendenziell kritisch und unabhängig (links) und bringt seine Gefühle direkt zum Ausdruck (dunkler Kreis).

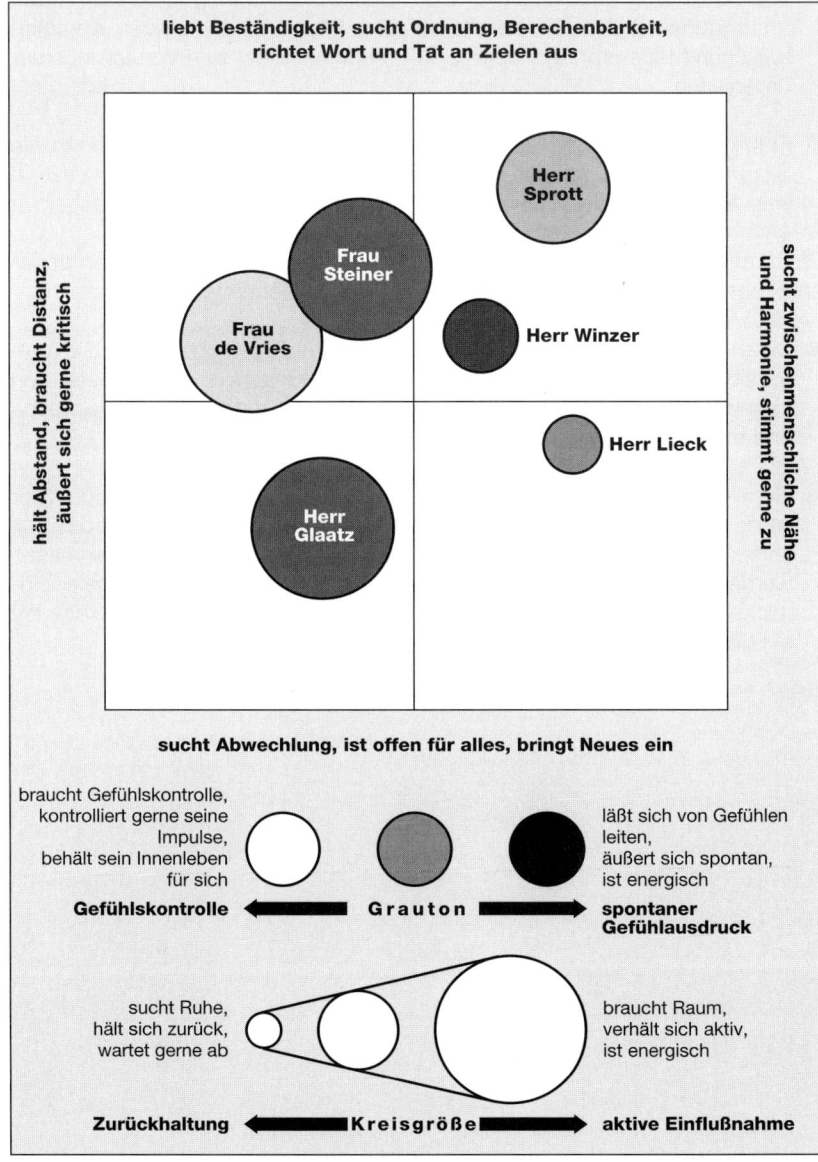

Abb. 37: Rollenübersicht: Endspiel: Textbüro gegen Redakteure

Friedrich Glaatz, Redakteur, 42 Jahre, seit 8 Jahren im Ressort

Der folgende Text soll Ihnen eine Orientierung bieten, welche Gedanken und Gefühle diese Rolle ausfüllen mögen. Diese Gedanken kommen nicht von selbst, sondern müssen von den Moderatoren gefördert werden, zum Beispiel durch einfühlendes Verstehen, offene Fragen, Ermunterungen, Vorschläge usw. Bitte erschweren Sie es den Moderatoren nicht unnötig. Was Ihnen in dem Rollenspiel stimmig vorkommt, das machen Sie bereitwillig mit.

Es ist eine Last, wenn man als Spitzenredakteur für einen Bereich bekannt ist. Man muß ständig daran arbeiten, nicht vom Sockel zu stürzen. Andere Zeitungen würden mich gerne nehmen. Aber ich arbeite am liebsten für diese renommierte Zeitung. Das Gehalt ist hoch und die Zielgruppe genau mein Fall. Blöde Sache, daß das Textbüro nicht so funktioniert, wie es sollte. Die Steiner ist viel zu oft krank. Und Winzer ist kaum belastbar, wird gleich immer so weinerlich. Aber hinter dem Rücken macht er andere schlecht. Wenn die das im Textbüro nicht schaffen, dann soll Sprott doch mehr Leute einstellen, wenigstens an den Umbruchtagen, wenn es auf jede Minute ankommt.

Ich werde jedenfalls meine Texte nicht früher abgeben. Für mich als „Spitze" ist es ohnehin schon ein unsäglicher Streß rund um die Uhr jeden Tag. Das Textbüro hat nur Streß am Umbruchtag. Ich habe ihn die ganze Woche. Da können sie doch wohl mal ein paar Überstunden machen. Und mit mehr Energie! Eine Stimmung ist da immer, wenn ich reinkomme: wie auf dem Friedhof. Hochdepressiv! Von Arbeitslust keine Spur. Und schließlich: Die Leute haben wirklich viel Zeit, in der sie sich kein Bein ausreißen. Es weiß doch jeder, daß da so manche Stunde mit Kaffeeklatsch vergeht oder Einkäufen in der Arbeitszeit. Ich brauche mehr Zeit für die inhaltliche Arbeit, für das Schreiben. Das ist schließlich der Kern des Ganzen. Die anderen Arbeiten sind doch nur technische Begleitmusik. Nicht so enge Fristen! Hinter meiner robusten Spritzigkeit und scheinbaren Arroganz bin ich sehr verletzlich. Besonders leide ich unter dem Dauerstreß der Höchstleistung, dem unterschwelligen Neid der anderen und der ständigen Konkurrenz mit Frau de Vries. Wer kann schon verstehen, was es heißt, wenn man immer auf dem Sockel steht, das Image hat, einer der Besten in der ganzen Branche zu sein, bei jedem Satz, jedem Wort, das man schreibt, daran denken zu müssen, ob das diesem Image noch entspricht oder ob ich hinter mich selbst zurückfalle.

Mit Eduard Sprott habe ich zusammen studiert. Wir duzen uns noch, obgleich wir kaum Kontakt hatten all die Jahre. Er war immer der Karrieretyp und hat es ja auch geschafft. Ich hoffe, daß er sich hier nicht als mein Vorgesetzter aufspielt. Wozu er wohl diese Moderatoren holt? Seit einigen Jahren ist das ja hier im Verlag in Mode. Und die Sportredaktion haben sie offenbar wirklich wieder in Gang gebracht. Ob das gut für uns ist, weiß ich nicht. Wir sollten das mal ausprobieren. Dann kommt etwas Bewegung in den Laden, und das finde ich immer gut. Allerdings darf diese Konfliktmoderation, oder was das ist, nur diesen einen Teamtag dauern. Ich will nicht noch mehr Zeit für so ein Problem opfern.

Monique de Vries, Redakteurin, 47 Jahre, seit 10 Jahren im Ressort

Der folgende Text soll Ihnen eine Orientierung bieten, welche Gedanken und Gefühle diese Rolle ausfüllen mögen. Diese Gedanken kommen nicht von selbst, sondern müssen von den Moderatoren gefördert werden, zum Beispiel durch einfühlendes Verstehen, offene Fragen, Ermunterungen, Vorschläge usw. Bitte erschweren Sie es den Moderatoren nicht unnötig. Was Ihnen in dem Rollenspiel stimmig vorkommt, das machen Sie bereitwillig mit.

Ich weiß, wo es langgeht, und das bringe ich auch zum Ausdruck! Mir kann so leicht keiner ein X für ein U vormachen. Ohne meine fachliche Qualität wäre das Feuilleton nicht da, wo es jetzt steht: im Spitzenfeld deutscher Zeitungen. Das liegt auch daran, daß ich den Laden lange und gut kenne, daß ich meine Kontakte habe und eben auch gut schreiben kann.
Herr Glaatz ist zwar auch sehr gut, aber nicht so gut, wie alle glauben. Er ist irgendwie zu seinem Spitzenruf gekommen, weil er es immer schafft, sich in attraktiver Weise in den Vordergrund zu drängen. Ich finde, bei objektiver Betrachtung stehe ich zu Unrecht in seinem Schatten. Na ja, vielleicht verändert sich das ja unter dem neuen Chef.
Daß wir uns nun auch noch mit den Problemen des Textbüros befassen müssen! Die sollen doch selbst zusehen, wie sie klarkommen. Das muß ich für meinen Aufgabenbereich auch. Schließlich habe ich genug damit zu tun, gute Texte zu schreiben. An uns Redakteuren hängt doch letztlich alles. Wenn man wirklich gut schreiben will, muß man manchmal auf den richtigen Moment warten, gerade im Feuilleton. Schließlich ist das ja nicht der Sportteil! Solche Formalien wie Abgabetermine, Korrekturen und Produktionslayout kann ich nicht auch noch mitbedenken. Ich brauche mehr Zeit für die inhaltliche Arbeit, für das richtige Ausformulieren. Das ist schließlich der Kern des Ganzen. Die anderen Arbeiten sind doch nur technische Begleitmusik. Nicht so enge Fristen setzen! Jetzt haben wir auch noch Handys bekommen, um überall erreichbar zu sein. Dann sitze ich am Laptop und tippe meinen Text ein, und ständig wird man herausgerissen, weil Frau Steiner eine blöde Frage stellt oder einem am Umbruchtag im Nacken sitzt.
Zum Hintergrund der Beziehung zu Frau Steiner:
Für mich hat es sich letztlich so entschieden, daß ich auf eine Familie zugunsten der Karriere verzichtet habe. Nun ist der Zug abgefahren. Ich könnte Ansprüche von Ehepartner und Kindern heute gar nicht mehr akzeptieren, geschweige denn erfüllen. Die Steiner hat es anders gemacht, und manchmal macht es mich neidisch, wenn ich mitkriege, daß sie Kinder hat und ein normales Familienleben. Ich würde nicht tauschen wollen, aber trotzdem denke ich gelegentlich darüber nach. Und außerdem arbeitet sie auch noch, ohne ständig auf dem Prüfstand zu stehen wie ich als Redakteurin. Irgendwie imponiert sie mir mit dieser Lebensalternative. Aber sie darf sich keinen guten Lenz in dieser Position auf meine Kosten machen. Da mache ich nicht mit. Wir wissen alle, daß das Leben im Textbüro locker ist. Am Umbruchtag spüren sie dann auch mal etwas Hetze – gewissermaßen als Ausgleich für die bezahlte Freizeit zum Einkaufen während der Arbeitszeit.

160

Franz Lieck, Redakteur, 55 Jahre,
seit 25 Jahren im Verlag, seit 10 Jahren im Feuilleton

Der folgende Text soll Ihnen eine Orientierung bieten, welche Gedanken und Gefühle diese Rolle ausfüllen mögen. Diese Gedanken kommen nicht von selbst, sondern müssen von den Moderatoren gefördert werden, zum Beispiel durch einfühlendes Verstehen, offene Fragen, Ermunterungen, Vorschläge usw. Bitte erschweren Sie es den Moderatoren nicht unnötig. Was Ihnen in dem Rollenspiel stimmig vorkommt, das machen Sie bereitwillig mit.

Ich gebe meine Texte vorbildlich ab, weil ich weiß, wie die Leute im Textbüro darunter leiden, wenn sie voller Fehler sind. Ein schlechter Text zeugt auch von einer gewissen Rücksichtslosigkeit. Und es ärgert mich, wenn es heißt, daß „die Redakteure" rücksichtslos und arrogant sind. Das gilt vielleicht für Herrn Glaatz oder Frau de Vries, aber nicht für mich. Ich bemühe mich darum, Rücksicht zu nehmen.

Das gelingt mir nicht immer. Manchmal habe auch ich schon den Abgabetermin überzogen. Neulich ist das z.B. passiert. Ich mußte dann schnell weg und habe mich nicht persönlich entschuldigen können, sondern den Text einfach per E-Mail abgeschickt. Aus welchem Grund auch immer, irgendwie ist die E-Mail nicht angekommen. Aber anstatt sich bei mir zu melden, haben sie im Büro gewartet und sich darüber geärgert, daß von mir nichts dabei war. Abends bekam ich die Mail zurück – <Unknown Host>. Da fiel mir auf, daß ich meinen Text an die falsche Adresse geschickt habe. Zu spät, um noch etwas zu ändern. So etwas ist ärgerlich.

Ich finde es gut, daß Herr Sprott meiner Idee gefolgt ist und die Moderatoren hinzugezogen hat, um darauf hinzuwirken, daß dieses alte Problem mal gelöst wird. Er müßte auch mal Herrn Glaatz und Frau de Vries klar die Meinung sagen, denn die verursachen letztlich hier das schlechte Betriebsklima durch ihre Arroganz und Rücksichtslosigkeit. Kein Wunder, daß Frau Steiner da aufmuckt. Das war längst einmal fällig.

Ich möchte, daß sich ein angenehmeres Betriebsklima entwickelt. Alle Mitarbeiter sollten ernst genommen und geachtet werden, auch wenn sie keine journalistischen Spitzenkräfte sind, sondern nur Schreibkräfte. Daran mangelt es unter Journalisten im allgemeinen und im Ressort hier auch.

Charlotte Steiner, Sekretärin, 40 Jahre, seit 12 Jahren im Textbüro

Der folgende Text soll Ihnen eine Orientierung bieten, welche Gedanken und Gefühle diese Rolle ausfüllen mögen. Diese Gedanken kommen nicht von selbst, sondern müssen von den Moderatoren gefördert werden, zum Beispiel durch einfühlendes Verstehen, offene Fragen, Ermunterungen, Vorschläge usw. Bitte erschweren Sie es den Moderatoren nicht unnötig. Was Ihnen in dem Rollenspiel stimmig vorkommt, das machen Sie bereitwillig mit.

Ich bin schon sehr lange Sekretärin im Textbüro und kenne die Redakteure ziemlich gut. Ich habe selbst Journalistik studiert, übe aber wegen meiner Kinder den Beruf nicht aus. Die Arbeit im Textbüro ist insgesamt OK, unterfordert mich aber. Oft ist Zeit zum Klönen, außerdem kann ich nebenbei meine Einkäufe machen. Manchmal fehle ich auch bei kleineren Unpäßlichkeiten, wenn ich eigentlich arbeiten könnte.

Nur an Umbruchtagen ist der Bär los. Der Streß wird unerträglich, wenn die Redakteure die Texte nicht rechtzeitig bei uns abgeben. Der Abgabetermin (16 Uhr) ist sowieso viel zu spät. Sie warten bis auf den letzten Drücker. Und oft überziehen sie noch und erwarten, wir mögen die Texte so schnell hinkriegen, daß alles noch rechtzeitig zur Korrektur gehen kann. Da sitzen wir dann stundenlang ohne Arbeit, und plötzlich kommt alles auf einmal.

Dabei geht mir vor allem Frau de Vries auf den Wecker, weil sie sich immer in den Vordergrund spielen muß. Ständig versucht sie, Herrn Glaatz schlecht zu machen, und sieht nicht, daß er einfach besser schreiben kann als sie. Ein unwürdiges Schauspiel, das sie da bietet. Vor lauter Rivalität wird sie dann ganz arrogant uns Sekretärinnen gegenüber, besonders zu den Hilfskräften. Die nimmt einen dann praktisch nicht wahr.

Da ist Herr Glaatz ihr aber ebenbürtig. Der einzige, der sich wenigstens bemüht und ganz nett ist, ist Lieck. Er kommt oft ins Büro und redet mit uns. Außerdem sind seine Texte bereits auf Diskette richtig formatiert. Man braucht nie nachzufragen wie bei Herrn Glaatz und Frau de Vries. Allerdings überzieht Herr Lieck den Abgabetermin am häufigsten von allen. Er kann wohl nur unter Zeitdruck arbeiten. Meistens traut er sich nicht ins Textbüro, sondern schickt die Texte per E-Mail und ist dann den ganzen Tag nicht einmal per Handy zu erreichen. Es ist schon vorgekommen, daß er uns seinen Text gemailt haben will, bei uns ist aber nie etwas angekommen. Wir haben versucht, ihn zu erreichen, aber was nützen uns die Handys, wenn niemand rangeht? Da waren wir auch auf den netten Herrn Lieck stinksauer und konnten seinen Text nicht mehr berücksichtigen.

Ein Glück, daß wir im Textbüro gut zusammenarbeiten. Mit Hendrik Winzer komme ich gut zurecht. Wir helfen uns gegenseitig aus und halten zusammen. So kann er oder ich auch mal zum Einkaufen gehen. Leider ist er nicht konfliktfähig, sondern neigt dazu, der Auseinandersetzung mit den Redakteuren aus dem Wege zu gehen und sich dann danach zu beklagen. Das hindert mich daran, richtig auf den Putz zu hauen.

Einer der letzten Umbruchtage war so unerträglich – der erste Beitrag kam fast eine Stunde zu spät, die Texte waren voller Bildanweisungen, die wir erst noch organisieren mußten, und der Ton von Herrn Glaatz und Frau de Vries arrogant. So haben wir uns endlich einmal stur gestellt und uns bewußt nicht so abgerackert wie sonst. Deadline nicht geschafft: eine Katastrophe! Das hat den neuen Ressortchef dann überzeugt, daß man das Thema „Umbruchtage" klären muß.

Ich möchte, daß sich die Redakteure genau an die Abgabezeiten halten. Besser wäre es, wenn die Abgabezeit auf 14 Uhr vorverlegt würde, weil sie jetzt schon viel zu knapp kalkuliert ist. Außerdem müßte es zur Pflicht werden, daß am Umbruchtag jeder telefonisch erreichbar ist und sein Handy nicht ausschalten darf.

Eine Klimaverbesserung wäre schön, aber an eine Veränderung der Beziehung von Herrn Glaatz und Frau de Vries zu uns glaube ich nicht mehr.

Hendrik Winzer, Textbüroangestellter, 30 Jahre, seit 4 Jahren im Feuilleton

Der folgende Text soll Ihnen eine Orientierung bieten, welche Gedanken und Gefühle diese Rolle ausfüllen mögen. Diese Gedanken kommen nicht von selbst, sondern müssen von den Moderatoren gefördert werden, zum Beispiel durch einfühlendes Verstehen, offene Fragen, Ermunterungen, Vorschläge usw. Bitte erschweren Sie es den Moderatoren nicht unnötig. Was Ihnen in dem Rollenspiel stimmig vorkommt, das machen Sie bereitwillig mit.

Ich leide sehr unter der herablassenden Art von Herrn Glaatz und Frau de Vries. Herrn Lieck finde ich ganz nett, aber der setzt uns im Textbüro ungewollt unter Druck, wenn er seine Texte zu spät abgibt. Man kann ihm schwer böse sein, weil er so nett ist, aber es ist eine ziemliche Sauerei, wenn er es nicht rechtzeitig schafft. Ich kann es verstehen, daß es ihm peinlich ist, seinen Text verspätet abzugeben. Aber ich bin dann doch sauer, wenn er sich nicht reintraut, sondern das Manuskript per E-Mail schickt und bei Fragen nicht erreichbar ist. Und wir müssen dann warten und warten.

Ein Glück, daß wir im Textbüro gut zusammenarbeiten. Mit Frau Steiner komme ich gut zurecht. Sie ist zwar öfter krank, aber wir halten zusammen. So kann sie oder ich auch mal zum Einkaufen gehen.

Mir liegt vor allem an einem besseren Arbeitsklima zwischen Redakteuren und Textbüro. Der Streß an den Umbruchtagen muß abnehmen. Dazu müßten sich beide Seiten bemühen, und auch die Koordination müßte überdacht werden. Genauer: Mehr Rücksicht von Herrn Glaatz und Frau de Vries. Mehr Aushilfen an Umbruchtagen.

Herr Winzer ist weich und nachgiebig, wo Frau Steiner eher hart bleiben kann. Er bringt schnell sein inneres Erleben zum Ausdruck, besonders wenn es ums Leiden geht. Winzer ist sich im tiefsten Herzen nicht klar, ob so erstklassige Journalisten wie Frau de Vries und Herr Glaatz nicht doch das Recht haben, kurz angebunden zu sein und so kleine Lichter wie ihn zu übersehen.

Eduard Sprott, Ressortchef, 43 Jahre,
seit 4 Jahren im Ressort (Zusatzrolle)

Der folgende Text soll Ihnen eine Orientierung bieten, welche Gedanken und Gefühle diese Rolle ausfüllen mögen. Diese Gedanken kommen nicht von selbst, sondern müssen von den Moderatoren gefördert werden, zum Beispiel durch einfühlendes Verstehen, offene Fragen, Ermunterungen, Vorschläge usw. Bitte erschweren Sie es den Moderatoren nicht unnötig. Was Ihnen in dem Rollenspiel stimmig vorkommt, das machen Sie bereitwillig mit.

Ich bin eher Organisator als begnadeter Schriftsteller/Journalist wie z.B. Herr Glaatz. Sechs Jahre lang habe ich woanders Erfahrungen als Ressortchef im Feuilleton eines kleineren Blattes gesammelt. Gemeinsam mit den Mitarbeitern habe ich das Ressort dort aufgebaut und zu einem wichtigen Bestandteil der Zeitung gemacht. Mein Führungsstil ist partnerschaftlich. Ich verstehe mich eher als Unterstützer und Berater und nicht so sehr als Kontrolleur und Lenker der Redakteure. Die würden mir hier auch Schwierigkeiten machen, wenn ich mich als der große Zampano aufführen würde.

Das Ressort hier in dieser großen Zeitung ist fachlich erstklassig. Die Redakteure wissen das und sind auch entsprechend gut bezahlt. Der Produktionsablauf im Ressort ist aber sehr schlecht. Da sind wir Schlußlicht. Als wir zum Druck neulich zu spät kamen, gab es einen Anschiß von oben und ärgerliche Sticheleien aus den anderen Ressorts. So ein Problem ist mir bisher nicht begegnet. Ich war noch nie mit solchen Kinkerlitzchen befaßt. Bisher hatte ich eher Probleme mit schlechten Artikeln als mit dem technischen Produktionsablauf. Und hier ist es umgekehrt! Das Textbüro beklagt sich bitter über die schlechte Behandlung durch die Redakteure und darüber, daß diese die Abgabetermine für die Texte nicht einhalten. Umgekehrt schimpfen die Redakteure über die schlappe Arbeitshaltung im Textbüro. Die Leute vom Textbüro werden nur am Umbruchtag wirklich in Anspruch genommen. Sonst haben sie wohl einen ziemlich gemütlichen Job. Aus meiner Sicht verhalten sich die Redakteure wie Fürsten, die es sich leisten können, das Textbüro auf die Texte warten zu lassen. Ich möchte mich nicht gerne wegen des technischen Ablaufes mit ihnen anlegen; besonders nicht mit Frau de Vries, die ich noch nicht so richtig einschätzen kann. Friedrich Glaatz ist mir vom Studium bekannt, und wir duzen uns noch aus der Zeit. Er ist trotz seiner Eloquenz immer noch eine Mimose. Herr Lieck dagegen ist ein ganz netter Mann. Frau Steiner oder Herr Winzer vom Textbüro gehen an den weniger stressigen Arbeitstagen auch mal einkaufen und holen damit die Überstunden von den Umbruchtagen locker wieder herein, ohne daß irgend jemand etwas sagt. Wenn ich das aber anspreche, habe ich sofort den Betriebsrat auf dem Hals.

Ich möchte, daß wir von der Schlußlichtposition im Produktionsablauf wegkommen, und hoffe, daß die Moderatoren einen Weg finden, beide Parteien dazu zu bringen, aufeinander zuzugehen. Vielleicht finden sie ja auch etwas heraus, was ich nicht weiß. Am liebsten wäre es mir, wenn die Redakteure generell die Zeit einhalten und die Textbüroleute ohne Murren bei gelegentlichen Überschreitungen der Arbeitszeit an Streßtagen mitziehen, so wie ich es von anderen Teams kenne.

Kernpunkte

Eskalationsdynamik:
Zwei Lager und ihre gegenseitigen Vorwürfe

In diesem Fall stehen sich zwei Untergruppen („Lager") gegenüber: das Textbüro (Steiner und Winzer) und zwei der vier Redakteure (de Vries und Glaatz).
Der Konflikt zwischen diesen Lagern läßt sich gut erkennen an den Vorwürfen,
die wir im Wertequadrat (siehe Schulz von Thun 1998, S. 38ff) so darstellen:

**Den guten Kern im
abgelehnten Verhalten
sichtbar machen**

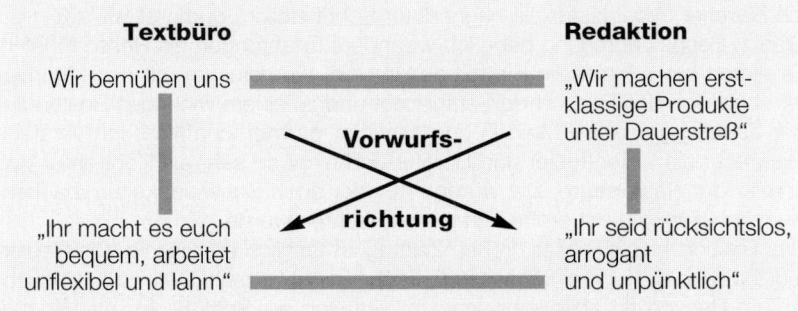

Abb. 38: Wertequadrat nach Schulz v. Thun „Textbüro versus Redaktion"

Wenn es gelingt, die Konfliktlager dazu zu bringen, den positiven Kern im
abgelehnten Verhalten der anderen zu erkennen, ist viel gewonnen. Die
Moderation kann dazu beitragen, indem sie den jeweiligen Konfliktpartnern die
Möglichkeit gibt, die eigenen Absichten und Gründe in Ruhe und Sorgfalt zu
erläutern. So können Frau Steiner und Herr Winzer ihre Bemühungen am
Umbruchtag schildern, die zeitliche Enge und den Streß kurz vor Abgabe in
das Produktionslayout. Umgekehrt wird vielleicht verständlich, wie es z.B.
Herrn Glaatz geht, wenn er einmal in Ruhe schildern kann, wie es ist, immer
auf Termin kreativ sein und dabei literarische Spitzenleistungen bringen zu
müssen.

**Hintergrundbedürfnisse
durch aktives Zuhören
zum Ausdruck kommen
lassen**

Die Moderation muß hierzu sehr gut aktiv zuhören können – und zwar nach
beiden Seiten hin: „Herr Glaatz, können Sie etwas ausführlicher erläutern, wie
das ist, wenn man schon beim Formulieren des Satzes die Bemerkungen der
Literaturkritiker im Ohr hat?" ... „Frau Steiner, Sie warten dann manchmal den
ganzen Vormittag untätig, weil nichts kommt, und dann eine Stunde vor
Schluß kommen alle Artikel auf einmal. Das ärgert Sie, weil es so unsinnig ist."
Ein guter Rahmen dafür ist z.B. die Aufgabenstellung, daß jeder im Team
seinen Ablauf des Umbruchtags präsentiert.

Machtgefälle und Parteilichkeit

In diesem Fall gibt es ein deutliches Machtgefälle zwischen der Redaktion und
dem Textbüro. Die Redakteure sind kaum ersetzbar, während die Leute vom

Textbüro nur arbeitsrechtlich gesicherte Macht haben, die sich darin ausdrückt, daß sie den Betriebsrat anrufen, der wiederum der Ressortleitung das Leben schwermacht (Mobbing, Arbeitszeitregelung etc.).

So zweigen sie gewissermaßen etwas Macht von der Ressortleitung für ihre Interessen ab.

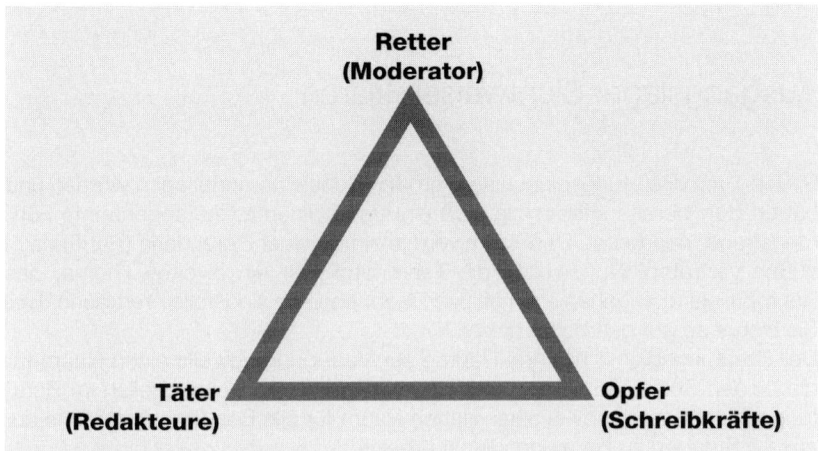

Dramadreieck

Abb. 39: Dramadreieck

Hier besteht die Gefahr der Konstruktion eines klassischen Dramadreiecks durch die Moderatoren:

Sie überschätzen die Machtposition der Redakteure und sehen die Mitarbeiter aus dem Textbüro als „Opfer". Sie definieren die Redakteure implizit als „Täter" und bringen sich damit selbst in die Rolle der „Retter". Manche Moderatoren entwickeln unterschwellig viel Sympathie für die Opfer und haben zugleich gewaltigen Respekt vor den Redakteuren. Das wird dann gerne von beiden Untergruppen als „Parteilichkeit" interpretiert und abgelehnt.

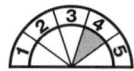

Fall **7**
Wieviel Raum bin ICH wert ?

Raumverteilung im Beratungsdienst einer Schule

Ausgangslage: Sichtweisen klären

Sie sind vom Beratungsdienst einer großen Schule herangezogen worden und haben dort bereits sehr erfolgreich ein erstes Thema, die sogenannte Führungsfrage, bearbeitet. Das Team wird jetzt von einer Sprecherin (Herta) nach außen vertreten. Nun wollen die Teammitglieder ein zweites Thema, das Raumproblem, angehen – ein heißes Eisen, aber sie sind voller Vertrauen, weil Sie bisher so gut gearbeitet haben.

Der Beratungsdienst hat drei Räume zur Verfügung: jeweils einen Raum für die beiden Sozialpädagogen Claudia und Rudolf, die Vollzeitstellen im Beratungsdienst haben, sowie einen dritten Raum für alle Beratungslehrer, die nur etwa 5 Stunden im Beratungsdienst arbeiten.

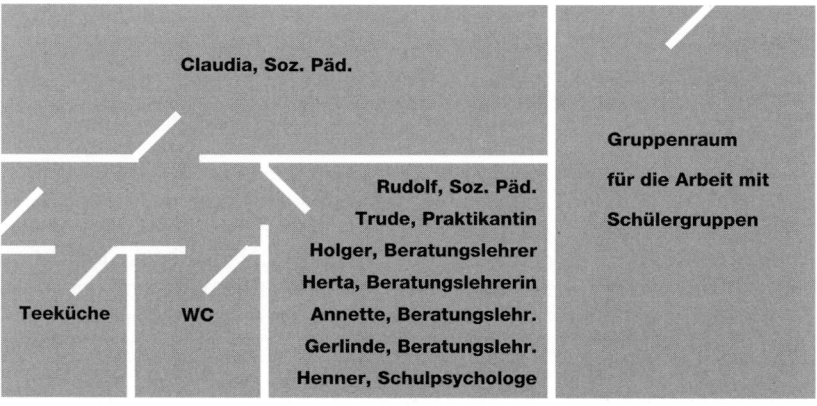

Abb. 40: Momentane Raumverteilung im Beraterteam

Sie wissen, daß Claudia ihren Raum für sich allein hat, während die Beratungslehrer in Rudolfs Raum sind. Der dritte Raum wird als Gruppenraum für die Arbeit mit Schülergruppen genutzt. Aus Ihrer bisherigen Arbeit mit der Gruppe wissen sie: Die Beratunglehrer ärgern sich darüber, daß Claudia niemanden in ihren Raum hineinnimmt. Selbst die Sozialpädagogik-Praktikantin ist Rudolf zugeordnet und hat ihren Schreibtisch in seinem Raum. Das zwischen Ihnen als Moderator und der Gruppe (einschließlich Claudia) verabredete Ziel ist es, zu klären, wie die Raumfrage gehandhabt werden soll. Sie gehen davon aus, daß sich hinter dem Thema eine komplexe Beziehungsstörung verbirgt. Es scheint so zu sein, daß sich die Fronten zwischen Claudia und den Beratungslehrerinnen schon seit langem verhärtet haben.

168

Rollenübersicht

Ein Beispiel: Claudia sucht Abwechslung (unten) und hält Abstand (links), sie ist sehr aktiv (großer Kreis) und kontrolliert ihre Gefühle (helle Schattierung).

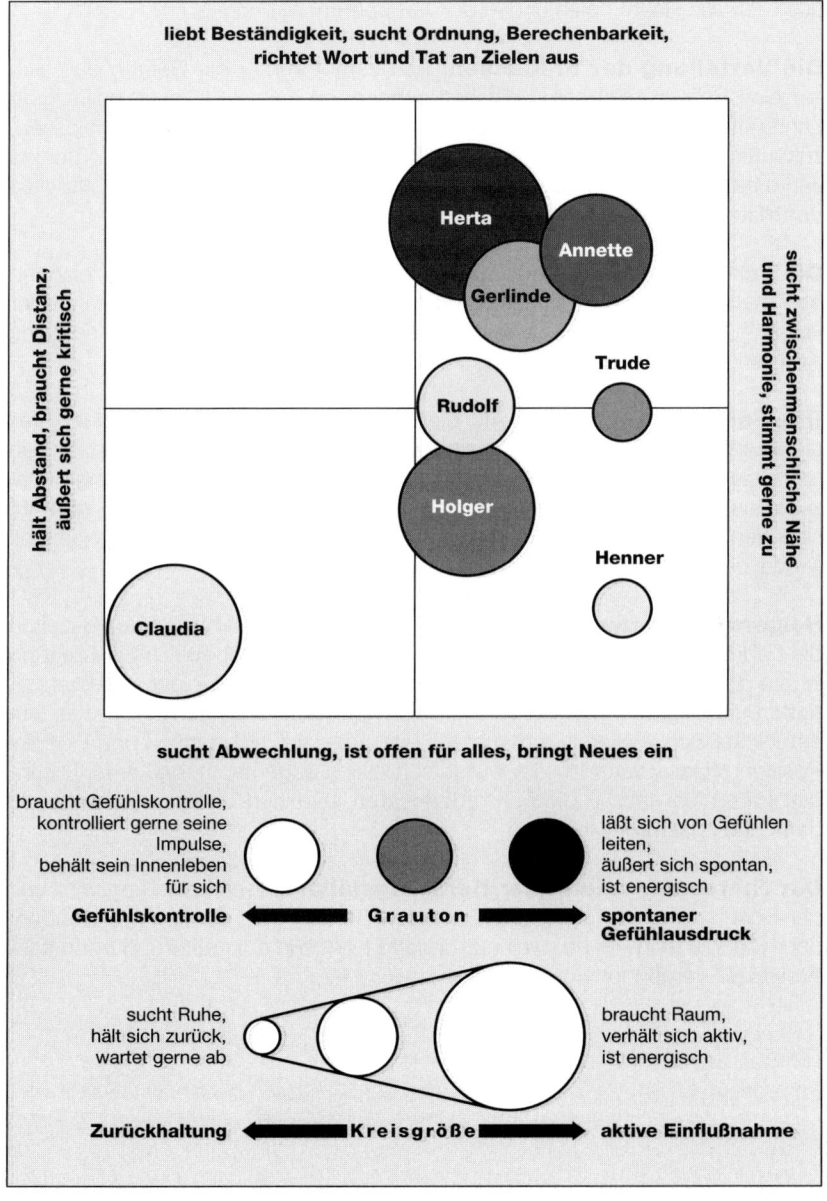

Abb. 41: Rollenübersicht   „Wieviel Raum bin ICH wert?"

Rolleninstruktionen

Einige Problemszenen für jeden Mitspieler außer den Moderatoren.

Der Kicker: Die Sozialpädagogik-Praktikantin muß sich immer den Kicker aus Claudias Raum holen und in den Gruppenraum bringen.

Die Verteilung der 5. Klassen: Es besteht immer die Gefahr, daß sich einzelne Berater die besten Klassen schnappen. („Beste Klasse" heißt: gute Lehrkräfte, mit denen man gut kooperieren kann). Darum wurde beschlossen, zukünftig eine gerechte, offene Verteilung zu organisieren. Die letzten beiden Jahre hat Claudia aber schon, entgegen der Vereinbarung, vor dem offiziellen Verteilungsgespräch versucht, die „guten" Klassen zu bekommen.

Die Verteilung von Fällen: Schwierige Fälle sind dadurch gekennzeichnet, daß man schlecht mit den Eltern und den Lehrkräften arbeiten kann. Jeder versucht, die einfachen Fälle zu bekommen. Claudia weigert sich meist, einen schwierigen Fall zu übernehmen.

Die Fallbesprechungen: Als die vorige Praktikantin einmal einen Fall einbrachte, hat Claudia sich vorrangig auf ihre Fehler konzentriert und in moralisierender Weise auf sie eingeredet, bis die Praktikantin angefangen hat zu weinen, weil sie sich nicht verstanden fühlte. Wenn Claudia dabei ist, traut sich niemand so recht, einen eigenen Fall einzubringen. Glücklicherweise fehlt sie bei den Fallbesprechungen meistens.

Holgers Fahrradwerkstatt: Holger wollte seine gesamte Beratungszeit in die Fahrradwerkstatt stecken (sechs Stunden pro Woche). Die Schulleitung lehnte das ab, der Beratungsdienst wurde „vorgeladen". Holger wurde angegriffen und sollte minutiös seine Arbeit in der Werkstatt schildern, was ihm erhebliche Schwierigkeiten machte. Herta hat dann eingegriffen und Holgers Position offensiv vertreten. Es wurde schließlich abgemacht, daß er fünf Stunden im ersten Jahr in die Fahrradwerkstatt investiert und der Zeitaufwand dann neu bestimmt wird.

Die Jahresaufstellung der Beratungsfälle: Diese Aufstellung wird von der Schulleitung gewünscht. Die meisten Berater sind damit einverstanden, aber Claudia lehnt es ab, weil nur unnötig Kontrolle ausgeübt und fruchtbare Arbeitszeit vergeudet werde.

Annette, Beratungslehrerin, 33 Jahre, arbeitet fünf Stunden pro Woche im Beratungsdienst

Der folgende Text soll Ihnen eine Orientierung bieten, welche Gedanken und Gefühle diese Rolle ausfüllen mögen. Diese Gedanken kommen nicht von selbst, sondern müssen von den Moderatoren gefördert werden, zum Beispiel durch einfühlendes Verstehen, offene Fragen, Ermunterungen, Vorschläge usw. Bitte erschweren Sie es den Moderatoren nicht unnötig. Was Ihnen in dem Rollenspiel stimmig vorkommt, das machen Sie bereitwillig mit.

Ich bin erst seit einem Jahr in der Beratungsabteilung, seit zehn Jahren an der Schule. Ich möchte endlich Klarheit haben. Die ewigen Nervereien mit Claudia stören mich sehr. Warum konnte sie die Sozialpädagogik-Praktikantin nicht in ihr Zimmer nehmen? Sie sitzt auf ihrem Privileg, einen ganzen Raum als eigenes Beratungszimmer zu haben. Und wir müssen uns den anderen teilen! Herta, Gerlinde und ich bilden eine homogene Gruppe, die was auf die Beine stellt, aber alleine nicht genug bewirken kann. Die ganze Abteilung sollte so arbeiten. Das geht aber nicht mit Claudia. Sie hält sich nicht an die vereinbarten Absprachen, wie z.B. eine Aufstellung derjenigen Schüler zu machen, mit denen sie im vergangenen Jahr gearbeitet hat. Außerdem wird sie von vielen Lehrkräften abgelehnt, weil sie offenbar wenig Einfühlungsvermögen besitzt. Manchmal redet sie abfällig von den Schülern. Ich glaube, sie berät sie nicht, sondern redet moralisierend auf sie ein. Vordergründig läßt sie sich auf Abmachungen ein, kümmert sich aber dann doch nicht drum. Sonst bleibt sie stur bei ihrer Auffassung, auch wenn alle anderer Meinung sind.

Dann ärgert mich, daß Henner so schlaff und unentschieden ist. Er sollte nicht immer bloß harmonisieren, sondern mal mehr Druck auf Claudia ausüben. Er sollte sich klar auf unsere Seite stellen.

171

Gerlinde, Beratungslehrerin, 37 Jahre, arbeitet vier Stunden pro Woche im Beratungsdienst

Der folgende Text soll Ihnen eine Orientierung bieten, welche Gedanken und Gefühle diese Rolle ausfüllen mögen. Diese Gedanken kommen nicht von selbst, sondern müssen von den Moderatoren gefördert werden, zum Beispiel durch einfühlendes Verstehen, offene Fragen, Ermunterungen, Vorschläge usw. Bitte erschweren Sie es den Moderatoren nicht unnötig. Was Ihnen in dem Rollenspiel stimmig vorkommt, das machen Sie bereitwillig mit.

Ein bißchen Bammel hab' ich schon, wenn ich daran denke, daß Herta richtig loslegen könnte und Claudia wieder herumredet, bis man nicht mehr weiß, wo einem der Kopf steht. Herta hat schon recht – wir müssen mal alle an einem Strang ziehen. Wir kommen nie zu einem vertretbaren Konzept, wenn ständig unterm Tisch die Konflikte schwelen. So harmonisch wie Rudolf und Henner es am liebsten hätten, geht es eben nicht. Wir müssen schon mal klare Kritikpunkte auf den Tisch bringen. Eigentlich wäre das die Sache von Henner, hier verbindliche Regeln einzubringen. Aber er traut sich ja nicht. Deshalb habe ich die Teamberatung vorgeschlagen. Um uns als Beratungs-abteilung in der Schule langfristig zu behaupten, müssen wir ein einheitliches Konzept entwickeln. Dieses unkoordinierte Nebeneinander von Einzelfallhilfe, sozialer Gruppenarbeit und Lehrerberatung zwischen Tür und Angel muß mal geordnet werden. Ich hab' genug Kontakte zu den Lehrkräften, um zu wissen, daß sie nicht mehr viel von uns erwarten. „Ihr seid ja selbst ein Sauhaufen!" hat neulich eine im Spaß gesagt. Ein großes Körnchen Wahrheit ist daran gewesen. Außerdem hat uns die Schulleitung ganz schön auf den Zahn gefühlt. Das Projekt von Holger, eine soziale Gruppe einzurichten, haben sie ziemlich unter die Lupe genommen, bis Herta sich für ihn einsetzte. Aber auch Henner könnte sich mehr engagieren und in solchen Fällen Klarheit schaffen.

**Trude, Sozialpädagogin, Jahrespraktikantin, 28 Jahre,
arbeitet im Anerkennungsjahr vier Tage pro Woche im
Beratungsdienst**

*Der folgende Text soll Ihnen eine Orientierung bieten, welche Gedanken und
Gefühle diese Rolle ausfüllen mögen. Diese Gedanken kommen nicht von
selbst, sondern müssen von den Moderatoren gefördert werden, zum Beispiel
durch einfühlendes Verstehen, offene Fragen, Ermunterungen, Vorschläge
usw. Bitte erschweren Sie es den Moderatoren nicht unnötig. Was Ihnen in
dem Rollenspiel stimmig vorkommt, das machen Sie bereitwillig mit.*

Ich arbeite hier seit vier Monaten, und es macht mir immer mehr Spaß. Die
Schüler mögen mich. Die Eltern und die Lehrer akzeptieren mich. Nur das
Team behagt mir nicht. Irgend etwas ist zwischen Claudia und den anderen.
Zuerst sollte ich zu ihr, kam dann aber doch zu Rudolf und den andern. Das
ist mir auch lieber, weil ich mit Rudolf viel besser klarkomme als mit Claudia.
Die läßt mich ja an nichts ran. Jetzt muß ich jedesmal den Fußballkicker aus
ihrem Raum holen, wenn ich ihn brauche, weil man ihren Raum nicht alleine
benutzen darf.

Ich glaube, die Beratungslehrerinnen sind ziemlich sauer auf Claudia. Und
manche Lehrkräfte sollen auch nichts von ihr halten, weil sie offenbar schlechte Beratung macht.

*Trude ist ziemlich offen, möchte aber mit Claudia nichts mehr zu tun haben,
nachdem sie gemerkt hat, daß Claudia sie nicht in ihrem Raum aufnehmen
wollte, obgleich der andere Raum völlig überfüllt ist.*

173

Herta, Beratungslehrerin, 42 Jahre, arbeitet 8 Stunden pro Woche im Beratungsdienst

Der folgende Text soll Ihnen eine Orientierung bieten, welche Gedanken und Gefühle diese Rolle ausfüllen mögen. Diese Gedanken kommen nicht von selbst, sondern müssen von den Moderatoren gefördert werden, zum Beispiel durch einfühlendes Verstehen, offene Fragen, Ermunterungen, Vorschläge usw. Bitte erschweren Sie es den Moderatoren nicht unnötig. Was Ihnen in dem Rollenspiel stimmig vorkommt, das machen Sie bereitwillig mit.

Ich war wie Claudia von Anfang an beim Aufbau des Beratungsdienstes dabei. Früher ging es mit ihr ganz gut. Wir hatten aber anfangs auch kaum miteinander zu tun. Ich habe auch viele Macken von ihr einfach übersehen oder gehofft, sie würde sich verändern.

Was sie macht, ist blanker Individualismus, ja Egoismus: Sie sitzt in „ihrem" Raum, läßt niemanden an „ihre" Sachen ran, hält Gemeinschaftsbeschlüsse nicht ein. Dabei sind wir hier an der Gesamtschule einmal angetreten, eine schülerfreundliche, politisch bewußte, emanzipatorische Pädagogik gemeinsam zu entwickeln. Das geht mit solchen Leuten wie Claudia nicht. Die Beratungsabteilung hat an der Schule sowieso keinen besonders guten Ruf. Und Claudia trägt dazu bei. Die Schüler werden immer schwieriger, die politischen Bedingungen härter – wir müssen mehr leisten, und das geht nur gemeinsam. An Claudia kommt man nicht richtig ran. Sie windet sich aus jeder verbindlichen Absprache heraus.

Die Fallbesprechungen mit den anderen laufen prima, solange Claudia nicht dabei ist. Wenn sie da ist: lähmende Unoffenheit. Niemand traut sich, über Fehler und Schwierigkeiten in der Beratung zu sprechen, weil man befürchten muß, daß Claudia gleich wieder auf ihre Lieblingstheorien kommt: Wir sind zu permissiv, die Schüler brauchen mehr Struktur und Ordnung, wir psychologisieren immer nur alles, ohne dazu richtig ausgebildet zu sein, usw.
Ich wünsche mir drei Dinge:

1. Claudia teilt ihren Raum ebenso mit anderen wie Rudolf. Dann kann auch nicht mehr passieren, was sie mit der Praktikantin gemacht hat: Erst läßt sie sie nicht in „ihren" Raum, dann mußte die Praktikantin sich den Fußballkicker, den sie zweimal pro Woche für eine Jugendgruppe brauchte, extra aus Claudias Raum holen und bekam noch Ärger mit ihr, wenn sie ihn nicht sofort zurückbrachte.

2. Claudia hält sich an die getroffenen Absprachen und kocht nicht immer ihr eigenes Süppchen. Wir haben z.B. eine Absprache darüber getroffen, daß die neuen 5. Klassen (bzw. neue Fälle) transparent aufgeteilt werden, so daß sich nicht jeder die attraktivsten Klassen, Lehrkräfte (bzw. Fälle) im Alleingang schnappt. Claudia wird sich wieder nicht daran halten und schon frühzeitig darangehen, die beste Klasse und die attraktiven Fälle zu ergattern.

3. Claudia macht ihren Beratungsstil transparent. Ich bin oft im Lehrerzimmer und höre dann von den Lehrern Kritisches über die Beratungsabteilung. Das ist mir schon bekannt, und ich reagiere darauf nicht mehr allergisch. Allerdings fragen mich Lehrkräfte regelmäßig, was Claudia eigentlich mit den Schülern macht. Die erzählen nämlich haarsträubende Geschichten: Sie lasse Beratungsstunden ohne Grund ausfallen, informiere Eltern über vertrauliche Aussagen von Schülern usw. „Moralisieren statt Verstehen" hat neulich einer die Beratungsstrategie von Claudia genannt. Wir machen ja alle Fehler. Das erleben wir in unseren Fallbesprechungen häufig. Aber auch Claudia sollte ihre Fälle einbringen, damit wir ihren Beratungsstil überhaupt verstehen und gegenüber solchen Aussagen von Lehrkräften gewappnet sind. Immer wenn wir über ihre Beratung sprechen, mauert sie, fühlt sich schnell persönlich angegriffen und redet sich raus.

Holger, Beratungslehrer, 39 Jahre,
hat 6 Stunden pro Woche Unterrichtsentlastung für die Beratung

Der folgende Text soll Ihnen eine Orientierung bieten, welche Gedanken und Gefühle diese Rolle ausfüllen mögen. Diese Gedanken kommen nicht von selbst, sondern müssen von den Moderatoren gefördert werden, zum Beispiel durch einfühlendes Verstehen, offene Fragen, Ermunterungen, Vorschläge usw. Bitte erschweren Sie es den Moderatoren nicht unnötig. Was Ihnen in dem Rollenspiel stimmig vorkommt, das machen Sie bereitwillig mit.

Ich bin seit 8 Jahren Beratungslehrer und außerdem natürlich Lehrer, was ich beides sehr gerne mache. Dieses Beratungsteam ist aber ziemlich bescheuert. Es wird kaum kooperiert, und alle Konflikte werden unter den Teppich gekehrt. Und Henner macht da fleißig mit. Dabei verkrusten wir immer mehr, und die Idee vom politisch bewußten Schüler interessiert immer weniger. Da ist z.B. das Problem mit Claudia und ihrem Raum. Meinetwegen kann sie ihren Raum ganz für sich alleine haben. Aber ihre Haltung kotzt mich an. Die anderen würden sie wohl am liebsten abschieben. Aber das geht aus arbeitsrechtlichen Gründen nicht so einfach. Sie hätte wenigstens die Sozialpädagogik-Praktikantin in ihren Raum nehmen sollen, aber die ist darauf am Ende gar nicht scharf gewesen. Keiner spricht das richtig an. Wir alle wollen andere beraten, sind Kommunikationsexperten und kriegen unsere eigene Kommunikation nicht klar. Früher war wenigstens noch Bewegung, wenn auch konflikthaft und chaotisch. Aber jetzt: nur noch resigniertes Verkrusten.

Herta ist mir eigentlich zu autoritär und klüngelt zu viel mit der Schulleitung, aber sie vertritt wenigstens ansatzweise noch die ursprüngliche pädagogische Idee der Gesamtschule und versucht hier, ein bißchen Solidarität zu erhalten. Jedenfalls hat sie meine Fahrradwerkstatt, die ich seit einem halben Jahr für die verhaltensauffälligen Schüler aufbaue, gegenüber den kritischen Nachfragen der Schulleitung vehement verteidigt, als mir die Vorbereitungszeiten dafür gekürzt werden sollten.

Zwischen Herta und Claudia herrscht ja doch ziemlich viel Rivalität, vielleicht alte Beziehungsgeschichten. Ich bin gespannt, wie die Moderatoren das angehen!

Rudolf, Sozialpädagoge, 37 Jahre,
arbeitet Vollzeit (38,5 Stunden/Woche) im Beratungsdienst

Der folgende Text soll Ihnen eine Orientierung bieten, welche Gedanken und Gefühle diese Rolle ausfüllen mögen. Diese Gedanken kommen nicht von selbst, sondern müssen von den Moderatoren gefördert werden, zum Beispiel durch einfühlendes Verstehen, offene Fragen, Ermunterungen, Vorschläge usw. Bitte erschweren Sie es den Moderatoren nicht unnötig. Was Ihnen in dem Rollenspiel stimmig vorkommt, das machen Sie bereitwillig mit.

Ich bin Sozialpädagoge und seit 2 1/2 Jahren hier in der Abteilung. Vorher war ich in einem sozialen Dienst, in dem das Team auch nicht gut funktionierte, und so finde ich es hier nicht so schlimm wie die anderen. Man sollte die Dinge ohnehin realistisch sehen und nicht immer aufbauschen. Claudia ist zwar schwierig in ihrer Art, sich ihre Unabhängigkeit zu sichern. Aber das sollte einen nicht so aufregen, wie es Annette und Herta in Wallung versetzt. Wir sollten weniger die Probleme wälzen, sondern mehr zusammenarbeiten, dann renkt sich schon alles von selbst ein. Ich habe keine Probleme damit, die Beratungslehrer in meinen Raum zu lassen. Das fördert die Zusammenarbeit, obgleich es etwas eng wird. Schließlich müssen wir uns gegenseitig helfen.

Ich verstehe Claudia nicht. Sie beharrt auf ihrer Unabhängigkeit. Mit den anderen komme ich besser klar. Trotzdem braucht man doch die ganze Sache nicht so hoch zu spielen. Jedenfalls mache ich da nicht mit, halte mich eher raus.

Herta erlebe ich ziemlich verbissen, und das macht mir manchmal etwas Angst. Es liegt nicht nur an Claudia, wenn die Fallbesprechungen zu verkrampft und unoffen sind, sondern auch an Herta, die manchmal ziemlich kritisch nachfragt. Auf der anderen Seite setzt sich Herta stark für den Beratungsdienst ein, und man kann sich hundertprozentig auf sie verlassen, z.B. als Holger neulich von der Schulleitung wegen der Fahrradwerkstatt in die Zange genommen wurde und schon seine Vorbereitungszeiten gestrichen sah. Da hat Herta sich sehr für das Projekt engagiert, während wir alle tatenlos zugeschaut haben.

Zwischen uns wird es aber kaum besser werden. Dazu sind wir viel zu unterschiedlich.

Rudolf versucht, eine neutrale Position einzunehmen.

Henner, Schulpsychologe, 41 Jahre, arbeitet 8 Stunden im Beratungsdienst dieser Schule und betreut noch drei weitere Schulen, u.a. seine Stamm-Gesamtschule

Der folgende Text soll Ihnen eine Orientierung bieten, welche Gedanken und Gefühle diese Rolle ausfüllen mögen. Diese Gedanken kommen nicht von selbst, sondern müssen von den Moderatoren gefördert werden, zum Beispiel durch einfühlendes Verstehen, offene Fragen, Ermunterungen, Vorschläge usw. Bitte erschweren Sie es den Moderatoren nicht unnötig. Was Ihnen in dem Rollenspiel stimmig vorkommt, das machen Sie bereitwillig mit.

Ich bin seit zwölf Jahren Schulpsychologe der Nachbarschule und mußte vor drei Jahren diesen Beratungsdienst hier zusätzlich übernehmen. Ich sehe wohl, daß es im Team dieser Abteilung ziemliche Spannungen zwischen den Beratungslehrerinnen und der Sozialpädagogin Claudia gibt. Claudia steht meiner Meinung nach allein da. Das liegt vor allem daran, daß sie viel Wert auf ihre Unabhängigkeit legt. Eigentlich ist es ja unmöglich, daß sie den ganzen Klassenraum für sich beansprucht und sich alle anderen einen zweiten Raum teilen müssen – bloß weil sie am längsten hier ist und die meisten Stunden hat. Aber sie hat das formale Recht auf ihrer Seite, und ich will da nicht eingreifen. Wenn die Beratungslehrer einen Raum wollen, müssen wir das mit dem Schülergruppenraum rückgängig machen. Dann hätten sie den als ihren Raum.

Mich selbst stört Holger mit seinen hohen Ansprüchen am meisten – Ansprüche, die er selbst nicht einhält. Und immer diese Vorwurfshaltung! Als ob ich verhindere, daß hier kooperiert wird. Ich finde eigentlich, daß hier ganz gute Arbeit gemacht wird und daß es nirgendwo voll funktionierende Teams gibt. Wenigstens gibt es hier eine bessere Arbeitshaltung als in manchen anderen Teams. Wenn man nur Claudia integrieren könnte, wäre schon viel gewonnen. Aber ich glaube, Herta und Annette wollen nun endgültig nicht mehr mit Claudia zusammenarbeiten. Sie hören offenbar von Lehrkräften, deren Schüler Claudia in der Beratung hat, ziemlich Katastrophales über sie: autoritäre Moralpredigten, Mitteilungen an die Eltern über vertrauliche Gesprächsinhalte, Verhaltensvorschriften statt Verständnis usw. Und dieses Verhalten von Claudia können sie vor den Lehrern kaum rechtfertigen. Ich könnte mir vorstellen, daß das strukturierere Verhalten von Claudia für manche Schüler ganz gut ist, aber den politisch emanzipierten Lehrern ein Dorn im Auge ist. Sie müßte mal mehr darüber erzählen, was genau ihre Konzeption ist, damit wir vielleicht etwas besser verstehen, was dahinter steckt.

Henner minimiert sein Engagement an dieser Schule. Er möchte so wenig wie möglich in die Konflikte hineingezogen werden. Seine Strategie ist bisher: Das Team soll alles selbst klären und entscheiden. Er versteht sich als Experte in psychologischen Fragen der Erziehung und Beratung.

178

Claudia, Sozialpädagogin, 46 Jahre, arbeitet mit vollem Stundenumfang im Beratungsdienst

Der folgende Text soll Ihnen eine Orientierung bieten, welche Gedanken und Gefühle diese Rolle ausfüllen mögen. Diese Gedanken kommen nicht von selbst, sondern müssen von den Moderatoren gefördert werden, zum Beispiel durch einfühlendes Verstehen, offene Fragen, Ermunterungen, Vorschläge usw. Bitte erschweren Sie es den Moderatoren nicht unnötig. Was Ihnen in dem Rollenspiel stimmig vorkommt, das machen Sie bereitwillig mit.

Ich war gemeinsam mit Herta von Anfang an im Beratungsdienst dabei. Früher war es besser. Da gab es nicht so viele Beratungslehrer. Wir konnten uns mehr um einzelne Schüler kümmern. Es brauchte nicht ständig koordiniert zu werden. Man sprach eben zwischendurch miteinander. Das ging damals auch mit Herta ganz gut. Sie ist aber (wie viele Lehrer) immer verbissener geworden. Am liebsten würden die Beratungslehrer jeden Fall stundenlang besprechen und immer nur reden, reden, reden … Das liegt vielleicht an der psychologischen Ausbildung im Beratungslehrerkurs. Mit dem Gerede vergeuden wir viel Zeit. Das gilt auch für die Fallbesprechungen. Es nützt den Schülern gar nichts, wenn wir in der Fallbesprechung an unseren „Eigenanteilen arbeiten", solange wir bloß reden. Ich habe mich dafür entschieden, diesen allgemeinen Pseudopsycho-Trend nicht mitzumachen. Da bin ich vielleicht etwas altmodisch. Aber ohne eine fundierte Therapieausbildung ist das in meinen Augen wilde Analyse, vor der schon Freud gewarnt hat.

Ich finde, es sollte nicht alles geteilt werden. Denn wenn alle auf alles Zugriff haben, geht es auch schnell kaputt, weil sich letztlich niemand verantwortlich darum kümmert. Zum Beispiel die Polster, die ich mal für DM 3.000 beschafft habe. Die habe ich für den Schülergruppenraum zur Verfügung gestellt. Völlig verdreckt! Unbrauchbar! Aber es ist niemand verantwortlich, nicht einmal fürs Wegwerfen! Warum? Weil alles allen zur Verfügung steht! Oder die Spiele hier. Die meisten sind nicht vollständig und für die Kinder frustrierend. Auch die 5. Klassen. Ich war dagegen, daß sie „gerecht" aufgeteilt werden und man es dann mit ganz unsympathischen Lehrern zu tun bekommt. Jeder sollte sich vorher umsehen, mit welchem Klassenlehrer der neuen Klassen er am besten klarkommen würde. Warum nicht?

Dasselbe gilt für die Verteilung von Fällen. Ich bin auch dagegen, daß wir Listen über die Beratungsfälle führen. Die Zeit können wir besser einsetzen.

Bei uns werden oft gegen meine Auffassung Entscheidungen per Mehrheitsbeschluß gefällt, die dann unter „Absprachen" laufen. An einen Beschluß, dem ich nicht zugestimmt habe, brauche ich mich nicht zu halten, finde ich. Ich wünsche mir, daß die anderen mich nicht durch Argumente zu überreden versuchen, wenn ich ihre Auffassung nicht teile. Ich fühle mich dadurch unter Druck gesetzt und traue mich dann nicht, klar zu sagen, daß ich nicht bereit bin, so einen Beschluß mitzutragen. Das läuft oft so, daß einer nach dem anderen auf mich einredet, streng nach Rednerliste. Und wenn ich dann

179

endlich dran bin, habe ich das Gefühl, daß ich ganz alleine dastehe und meine Auffassung verdammenswert ist.

Und zu meinem Raum: Wir haben drei Räume. Einen für Rudolf mit seiner vollen Arbeitsstelle, einen für mich mit meiner vollen Stelle und einen dritten für die Beratungslehrer, deren Beratungsstunden zusammen nicht einmal eine volle Stelle ausmachen. Wenn nun der dritte Raum zum Toberaum gemacht wurde – natürlich per Mehrheitsbeschluß ohne meine Zustimmung – , dann sollte ich doch wohl nicht darunter leiden. In meinem Raum gibt es kein Spiel, bei dem etwas fehlt. Die Polster bei mir sind sauber. Da kommen die Eltern und Schüler gerne hin. Den kann man vorzeigen, während ich mich in den anderen Räumen vor manchen Eltern schämen würde. An meine Sachen lasse ich jedenfalls niemanden. Wer will, kann z.B. den Fußballkicker für die Arbeit mit den Schülern rausholen, muß ihn aber wieder zurückbringen.

Kernpunkte

Die Gruppe hat ein Außenseiterproblem

Weil die Kontaktbrücken zu Claudia abgebrochen sind, kann sie ihre Position niemandem mitteilen.

Die Norm der Gruppe erlaubt keine Individualisierungstendenzen. Diese würden als destruktiv empfunden. Im Wertequadrat nach Schulz von Thun (1998, S. 38ff) läßt sich das folgendermaßen darstellen:

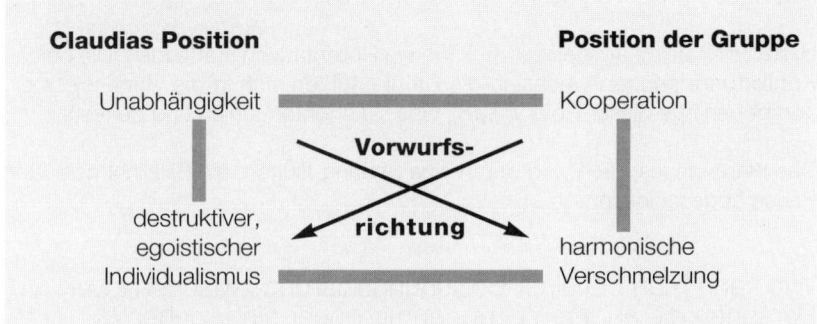

Abb.42: Wertequadrat nach Schulz v. Thun, „Claudia versus Gruppe "

So wie bereits im vorherigen Fall beschrieben (S. 166), löst ein Moderator die Eskalation beider (Werte-)Lager dadurch auf, daß er beiden Konfliktpartnern genügend Raum gibt, um ihre Position in Ruhe und ausführlich den anderen darzustellen. Eine Außenseiterproblematik in einem Team steht oftmals als Stellvertreter für andere ungelöste Themen, wie etwa in diesem Fall Henners Führungsschwäche, ein fehlendes gemeinsames Konzept des Beratungsdienstes, eine alte Beziehungskiste zwischen Claudia und Herta usw.

Es ist wahrscheinlich egal, zu welchem Thema die Moderatoren eine Sichtweisenklärung durchführen, denn letztlich läuft es auf eine Beziehungsklärung zwischen Claudia und jemand anderem aus der Gruppe hinaus, in welcher Claudia ihre Gefühle und Ansichten zur Position im Team zum Ausdruck bringen kann.

Beziehungsklärung zwischen Außenseiterin und einer Person, die die anderen vertritt

Wie führt man die Beziehungsklärung durch?

Nach dem Prinzip „Dort löschen, wo es am meisten brennt" scheint die Beziehung zwischen Herta und Claudia am besten geeignet zu sein, um mit der Klärung anzufangen. Damit Claudia nicht – wie sonst immer – alleine der Gruppe gegenübersteht, setzt sich Herta, als Stellvertreterin der Gruppe, Claudia gegenüber. Weil die anderen vom Thema mitbetroffen sind, bleiben sie im Raum und hören zu.

Zuerst nimmt Claudia Stellung zu den erhobenen Vorwürfen, warum sie einen Raum für sich beansprucht. Die Moderatoren verfolgen das Ziel, mit präzisen, offenen Fragen alles zu verstehen. Um nicht „schmutzige Wäsche zu waschen", formulieren sie Vorwürfe wie z.B.: „Du nervst mich mit deinem Pseudopsycho-Gequatsche" in neutralere Ich-Botschaften um: „Sie finden, daß hier im Team zuviel Zeit mit Reden verschwendet wird? Wie sähe es denn aus, wenn es so liefe, wie Sie es sich wünschen?"

Aktives Zuhören, kontrollierter Dialog und Rollentausch als Verstehenshilfe

Wenn alles gesagt und klar ist, vergewissern sich die Moderatoren, daß Herta alles richtig verstanden hat, indem sie Herta bitten, eine Zusammenfassung von Claudias Statement zu geben. Anschließend kann Herta ggf. korrigieren und ist dann selbst an der Reihe, Claudias Position wiederzugeben.

Haben sich beide ausgetauscht, kann ein Rollentausch stattfinden. Die beiden Konfliktpartnerinnen wechseln die Stühle, fühlen sich in die Gegenseite ein und geben aus dieser Rolle wieder, was sie spontan fühlen und denken.

Das Klärungsgespräch wird durch eine Sharing-Runde, ein Blitzlicht oder eine Pause abgeschlossen.

Wie kann man bei einer Beziehungsklärung zwischen zwei Personen die anderen Gruppenmitglieder einbeziehen?

Von der Problematik sind alle Gruppenmitglieder betroffen, denn sie haben ähnliche Schwierigkeiten mit Claudia. Deshalb ist es durchaus sinnvoll, daß das Klärungsgespräch vor der Gruppe stattfindet.

Um den Rest der Gruppe planvoll in das Geschehen einzubeziehen, werden Beobachteraufträge erteilt:

▧ eigene Irritationen merken

▧ Notizen machen zu eigenen Gedanken und Gefühlen

▧ Claudias Stärken sammeln

▧ Lösungsideen festhalten.

Fall **8**
Rettet die Qualität des Qualitätszirkels

Umfang eines Organisationsentwicklungs-Projektes bei einem Energieversorger aushandeln

Ausgangslage: Lösungen aushandeln

Sie gehören zu einem Moderatorenteam, das Aufträge zur Personal-, Team- und Organisationsentwicklung übernimmt. Ein Kunde ist ein großes Ernergieversorgungsunternehmen. Herr Pfingsten, Chef der Personalentwicklung des Unternehmens, nimmt Kontakt mit Ihnen auf. In einer Vorbesprechung schildert er sein Anliegen wie folgt:

In einer Projektsteuerungsgruppe, die er leitet, gibt es einen Knackpunkt, der in der kommenden Sitzung abschließend behandelt werden muß. Die Projektsteuerungsgruppe habe „in einem ausgesprochen kommunikativen, kollegialen Arbeitsklima sehr zügig und effektiv gearbeitet". In der letzten Sitzung wurde allerdings ein Punkt angesprochen, der strittig ist. Es gab eine kurze Auseinandersetzung, in der er selbst inhaltlich Partei ergriffen hat. Pfingsten war froh, daß die Zeit nicht reichte, um den Konflikt zu vertiefen, und vertagte den Punkt auf das nächste Treffen. Gleichzeitig holte er sich die Zustimmung der Beteiligten, um einen externen Moderator hinzuziehen zu können.

Worum geht es? Thema der Projektsteuerungsgruppe ist eine Erprobung von zeitlich befristeten Qualitätszirkeln, die Vorschläge zur Verbesserung der Verwaltung entwickeln und deren Umsetzung betreiben sollen. Es gibt in zunehmendem Maße Klagen aus den operativen Bereichen über eine zu langsame Verwaltung und unkooperative Verwaltungsmitarbeiter. Der Krankenstand ist vergleichsweise hoch. Es geistern Gerüchte über Alkoholmißbrauch und verlotterte Arbeitshaltung in der Zentralverwaltung durchs Unternehmen.

Hintergrund der Qualitätszirkel ist auch das Interesse des stellvertretenden Verwaltungsleiters, Dr. Cranz, die Verwaltung von einer „Bürokratenmentalität" zu einem „kundenorientierten Dienstleistungsunternehmen" zu entwickeln. Sein direkter Vorgesetzter, der Verwaltungsleiter, geht in einem Jahr in den Ruhestand und unterstützt das Projekt ebenso wie die für die Verwaltung zuständigen Vorstandsmitglieder. Die Qualitätszirkel sollen aus freiwilligen Mitarbeitern unterschiedlicher Abteilungen zusammengesetzt werden. Die Gruppentreffen finden in der regulären Arbeitszeit statt und werden von externen Moderatoren betreut. Die Mitarbeiter werden in einem Drei-Tages-Kurs auf die Gruppentreffen vorbereitet, in dem man ihnen Methoden wie Brainstorming, Kreativitätstraining, Nebenfolgenabschätzung der Vorschläge

183

usw. vermittelt. Die erste Erprobung wird mit sechs Gruppen à sechs Personen durch die Personalentwicklung vorbereitet und betreut.

Die Erprobung soll innerhalb des nächsten Jahres durchgeführt und ausgewertet werden. Danach wird aufgrund der Ergebnisse über eine Weiterführung bzw. Ausweitung entschieden. Parallel zur Erprobung sollen alle Führungskräfte der Zentralverwaltung über das Projekt informiert werden. Die Vorgesetzten der beteiligten Mitarbeiter sollen zusätzlich motiviert werden, damit sie die von den Qualitätszirkeln vorgeschlagenen Veränderungen unterstützen. Diese Aufgabe hat Dr. Cranz übernommen. Die Unternehmensleitung erwartet in absehbarer Zeit eine Konzeptvorlage von der Steuerungsgruppe. Die Projektsteuerungsgruppe besteht aus folgenden Personen:

Dr. Einhard Cranz, Jurist, ist stellvertretender Leiter der Zentralverwaltung, hat das Projekt angeregt, „um offensichtliche Probleme in der Verwaltung anzupacken und Kundenorientierung zu entwickeln".
Jörg Pfingsten, Psychologe und Betriebswirt, ist Abteilungsleiter der Organisationentwicklungsabteilung.
Conrad („Conny") Borg, Psychologe, Stellvertreter von Pfingsten, ist zusammen mit Helma Hagen für die Qualitätszirkel verantwortlich.
Helma Hagen, Pädagogin, eine erfahrene Moderatorin, die die Qualitätszirkel zusammen mit Herrn Borg vorbereiten und betreuen wird.
Dr. Jana Kurth, Betriebswirtin, arbeitet an anderen Projekten in der PE, Expertin für Mitarbeiterbefragungen, ist beratendes Mitglied der Steuerungsgruppe.
Gert Hirsch, Informatiker, ist zuständig für alle EDV-Fragen in der PE; zugleich Mitglied im Betriebsrat, Berater in der Steuerungsgruppe.

Nach den Angaben von Herrn Pfingsten zeichnen Sie sich die beteiligten Personen in den überlappenden Gruppierungen etwa so auf (siehe nächste Seite).

Herr Pfingsten berichtet weiter: In der letzten Konferenz waren alle Mitglieder der Steuerungsgruppe anwesend. Frau Hagen stellte den Vorbereitungskurs vor und erhielt für ihre Vorlage viel Anerkennung. Gegen Ende der Sitzung wurde kurz das Thema „Laufzeit der Gruppen" angesprochen. Frau Hagen schlug vor, zwölf Sitzungen von jeweils drei Stunden, verteilt über ein halbes Jahr, durchzuführen. Daraufhin sagte Dr. Cranz, daß es „völlig unmöglich" sei, die Mitarbeiter so lange und so häufig aus der Arbeit herauszuziehen, es würde „zu viel Unruhe" entstehen. Das Thema konnte aus Zeitmangel nicht weiter diskutiert werden und wurde vertagt.

Alle Mitglieder der Steuerungsgruppe sind einverstanden, daß dieser brisante Punkt unter externer Moderation behandelt werden soll. Die Gruppenmitglieder sind also für die nächste Sitzung (ca. 100 Minuten Zeit) darauf eingestellt, daß Sie hinzukommen und die Sitzung moderieren.

Einziger Tagesordnungspunkt: „Laufzeit der Qualitätszirkel: Wie lange soll die erste Erprobung der Qualitätszirkel gehen?"

184

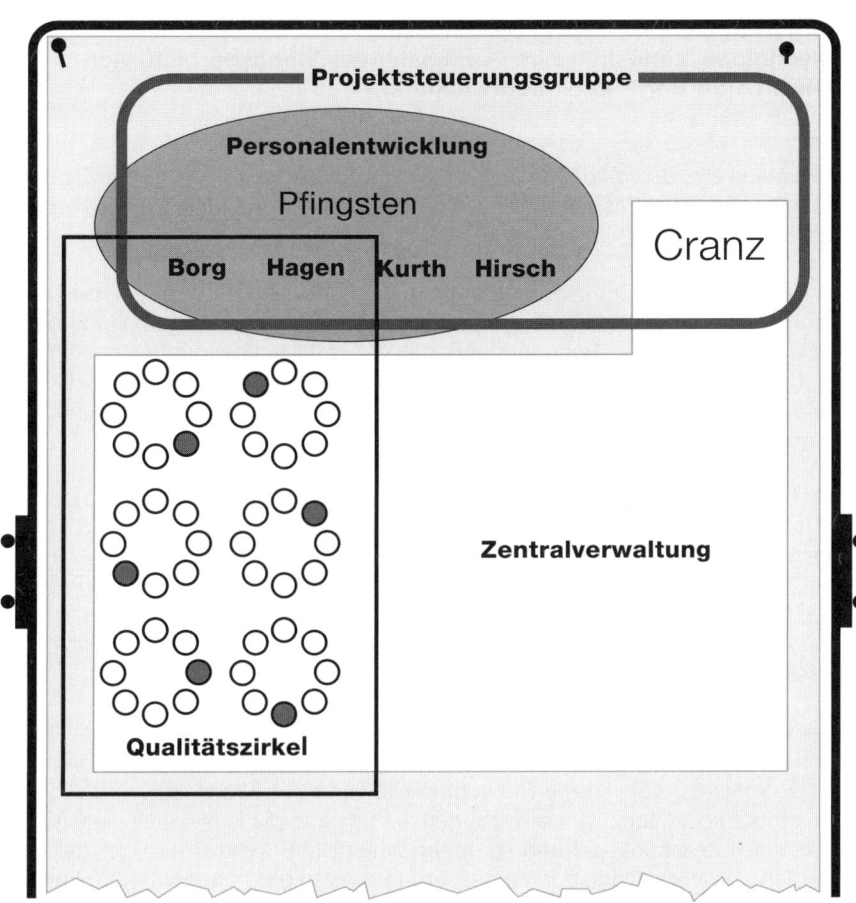

Abb. 43: Die Steuerungsgruppe im Kontext des Unternehmens und des Projektes

Detaillierte Rolleninstruktionen für die Teilnehmer finden Sie auf den folgenden Seiten.

Jörg Pfingsten, 43 Jahre, Betriebswirt, Psychologe, zehn Jahre im Personalentwicklungsbereich, vier Jahre Leiter der Personalentwicklung

Versuchen Sie, so zu kommunizieren, wie Sie es sonst tun. Vertreten Sie die Position von Jörg Pfingsten so, wie Sie sie vertreten würden, wenn Sie sie tatsächlich hätten.

Ich habe Herrn Dr. Cranz durch Berichte über weltweite Erfahrungen, besonders in Japan, davon überzeugt, daß eine grundsätzliche Umgestaltung der Verwaltung zu einem kundenorientierten Dienstleistungsangebot nur über flächendeckende Beteiligung der Basis geht – in Form dieser Qualitätszirkel, deren erste Erprobung bald anlaufen soll. Endlich jemand, der es wirklich begreift.

Wir haben in dieser Steuerungsgruppe bisher hervorragend gearbeitet. Beim letzten Mal deutete sich jedoch ein Konflikt an, den ich geahnt, aber bis jetzt noch nicht auf den Tisch gebracht habe. Die Laufzeit der Qualitätszirkel, d.h. die Zeit, die die Mitglieder der Arbeitsgruppen am Arbeitsplatz fehlen und die durch zusätzliche Einstellungen ausgeglichen werden muß, wird Dr. Cranz und anderen Vorstandsmitgliedern unverständlich und langfristig unbezahlbar erscheinen.

Meine Position: Ich beharre zwar nicht auf zwölf Treffen à drei Stunden. Das ist von Conny Borg und Helma Hagen ausgetüftelt worden, um es möglichst gut zu machen. Aber meine Befürchtung ist vor allem: Wenn die Laufzeit der Qualitätszirkel zu kurz ist, geht das ganze Projekt in die Hose, weil die Gruppen unter Zeitdruck geraten, gruppendynamische Probleme nicht gelöst werden, die Vorschläge zur Verbesserung zu wenig durchdacht sind, keine Nebenfolgenabschätzung durchgeführt wird usw.

Außerdem besteht dann kaum die Möglichkeit, seitens der Moderatoren hilfreich einzugreifen und hilfesuchende Gruppen supervisorisch zu unterstützen. Selbst wenn ein Zirkel reibungslos läuft, muß man sechs Treffen à zwei Stunden vorsehen.

Außerdem habe ich noch einen Punkt, der mindestens genauso wichtig ist wie die Laufzeit: die Unterstützung der Qualitätszirkel durch das Management. Dr. Cranz hat es übernommen, die Führungskräfte in der Verwaltung dafür zu motivieren, aber bis jetzt offenbar noch nichts gemacht und auch keinen Plan vorgelegt, wie er da rangehen will. Ich befürchte, daß er es bei einer bloßen Information, vielleicht sogar nur einer schriftlichen, bewenden läßt.

Meine Vorstellung läuft dagegen darauf hinaus, daß es für das Management eine moderierte Veranstaltung gibt, bei der weltweite Erfahrungen mit solchen Qualitätsgruppen präsentiert werden und die Führungskräfte durch ihre Mitbeteiligung an dem ganzen Projekt motiviert werden, die Qualitätszirkel zu unterstützen – besonders dann, wenn sie Vorschläge machen, deren Umset-

186

zung im Management auf Widerstand stoßen. Ich werde diesen Punkt so lange einbringen, bis die Moderatoren daraus einen eigenen Tagesordnungspunkt gemacht haben, damit Dr. Cranz die Bedeutung klar wird.

Nur wenn Herr Pfingsten seine Sichtweise in Ruhe zum Ausdruck bringen kann und wenn die andere Seite gute Gründe für eine kürzere Laufzeit einbringt oder wenn in der Steuerungsgruppe kreative Alternativen gefunden werden, läßt er sich auf einen Kompromiß oder andere Lösungen ein. Dabei sollten aber sechs Wochen bzw. sechs Treffen von wenigstens zwei Stunden nicht unterschritten werden.

Helma Hagen, 35 Jahre, Pädagogin, seit vier Jahren in der Personalentwicklung

Versuchen Sie, so zu kommunizieren, wie Sie es sonst tun. Vertreten Sie die Position von Helma Hagen so, wie Sie sie vertreten würden, wenn Sie sie tatsächlich hätten.

Mir liegt daran, daß die Qualitätszirkel ein menschliches Arbeitsklima entwickeln. Meiner Auffassung nach lassen sich kommunikative Prozesse wie Weiterbildung, Kooperation, Teamarbeit usw. nicht wie technische Probleme optimieren, sondern brauchen Zeit zum Reifen, damit die zwischenmenschlichen Beziehungen so tragfähig werden, daß die Arbeit Spaß macht. Der Erfolg stellt sich dann von selbst ein. Dies benötigt natürlich viel Zeit. So eine Gruppe braucht meiner Meinung nach vor allem eine Aufwärmphase, damit sich die Leute überhaupt zu einem kreativen und produktiven Team zusammenfinden. Unter Laufzeit verstehe ich die Zeit, bis die Zirkel durchdachte, begründete und konkrete praktische Vorschläge machen, die als erste Ergebnisse dem Vorstand vorgelegt werden können. Das bedeutet, daß diese Vorschläge auch der Steuerungsgruppe zur Prüfung vorgelegt werden und ggf. zur Korrektur an die Qualitätszirkel zurückgegeben werden, die dann noch einmal daran arbeiten müssen.

Aus diesem Grund meine ich, daß die Laufzeit für die Gruppen nach dem Training vier bis sechs Monate mit zwölf Arbeitstreffen von ca. drei Stunden umfassen sollte. Davon müßte Dr. Cranz die Unternehmensleitung auch überzeugen können.

An mir hängt die meiste Arbeit. Im Laufe der Vorbereitung habe ich mich immer mehr für das Projekt erwärmt. Es ist „mein" Projekt geworden. Ich möchte, daß die Vorschläge der Qualitätszirkel im Unternehmen wirklich etwas in Gang setzen und in der Verwaltung Bewegung erzeugen. Darum liegt mir sehr viel daran, daß den Qualitätszirkeln durch hinreichend Zeit „von oben" signalisiert wird, daß dieses Projekt gewünscht und für wertvoll erachtet wird. Je weniger Zeit dafür zur Verfügung gestellt wird, desto mehr zeigt die Verwaltungsleitung damit auch, daß das Ganze nachrangig ist. Ich versuche, auch die Position der anderen Seite zu verstehen. Aber: Wenn meine Kompromißlinie unterschritten wird, scheint mir das Projekt von vornherein unsinnig.

Nur wenn Frau Hagen ihre Sichtweise in Ruhe zum Ausdruck bringen kann und wenn andere gute Gründe für eine kürzere Laufzeit einbringen oder die Steuerungsgruppe sinnvolle Alternativen entwickelt, läßt sie sich auf einen Kompromiß oder andere Lösungen ein. Sechs Wochen mit sechs Treffen von mindestens zwei Stunden dürfen aber nicht unterschritten werden.

Dr. Jana Kurth, 39 Jahre, Betriebswirtin, 13 Jahre im Unternehmen, seit zwei Jahren in der Personalentwicklung

Versuchen Sie, so zu kommunizieren, wie Sie es sonst tun. Vertreten Sie die Position von Jana Kurth so, wie Sie sie vertreten würden, wenn Sie sie tatsächlich hätten.

Ich bin nur beratend in der Steuerungsgruppe. Die Hauptarbeit machen Conny und Helma. Allerdings bin ich davon überzeugt, daß die größte Gefahr für die Qualitätszirkel darin besteht, daß sie sich in endlosen Diskussionen verlieren und am Ende nichts dabei herauskommt außer viel warmer Luft. Ich habe darüber promoviert, daß die Qualität von Ergebnissen autonomer Projektgruppen im wesentlichen von der Strukturiertheit der Zusammenarbeit und nicht von der Zeitdauer (ob ein halbes Jahr oder länger) abhängt.

Zuviel Zeit führt meiner Meinung nach eher dazu, daß die Gruppen sich zu viel vornehmen und sich in Endlosdebatten verzetteln. Ein gewisser Zeitdruck macht die Arbeitsergebnisse prägnant.

Aus diesen Gründen meine ich, daß die Laufzeit der Qualitätszirkel nicht zu lange ausgedehnt werden darf. Also: Nach drei bis vier Treffen à eineinhalb Stunden (in sechs Wochen) müssen die Gruppen erste Ergebnisse liefern.

Außerdem liegt mir daran, daß dieser Punkt nicht zu viel Zeit in Anspruch nimmt. Hauptsache, man einigt sich, und die Arbeitsatmosphäre in der Steuerungsgruppe bleibt so angenehm wie bisher. Am besten wäre es, wenn Dr. Cranz und Herr Pfingsten entscheiden würden, nachdem sie sich die kontroversen Meinungen angehört haben.

Nur wenn Frau Kurth ihre Sichtweise in Ruhe zum Ausdruck bringen kann und wenn Andere gute Gründe für eine längere Laufzeit einbringen, läßt sie sich auf einen Kompromiß ein, der aber vier Monate bzw. sieben Treffen von zwei Stunden nicht überschreiten darf.

Gert Hirsch, 45 Jahre, Informatiker, EDV-Experte, seit drei Jahren in der Personalentwicklung

Versuchen Sie, so zu kommunizieren, wie Sie es sonst tun. Vertreten Sie die Position von Gert Hirsch so, wie Sie sie vertreten würden, wenn Sie sie tatsächlich hätten.

Mir liegt als Gewerkschafter daran, daß nicht auch noch die Qualitätszirkel unter unmenschliche Arbeitshetze gestellt werden. Die Gruppen müssen kreativ arbeiten und sollen auch Vorschläge machen, die der Unternehmensleitung und bestimmten Führungskräften nicht so lieb sind. Das bedeutet viel Arbeit, und die muß honoriert werden. Es darf auf keinen Fall dazu kommen, daß die Gruppen in ihrer Freizeit arbeiten. Es gibt genug Selbstausbeuter im Unternehmen. Darum muß das Unternehmen den Qualitätszirkeln genug Zeit zur Verfügung stellen.

Außerdem befürchte ich, daß in dieser Konferenz Konflikte entstehen und diese das gute Betriebsklima in der Personalentwicklungsabteilung verschlechtern. Darum ist mir wichtig, daß man sich gütlich einigt. Letztlich scheint mir der goldene Mittelweg am besten, so daß niemand benachteiligt wird und sich abgelehnt fühlt. Diese Vermittlerposition vertrete ich gerne.

Ich habe mich dem Vorschlag von Helma Hagen und Conny Borg angeschlossen, daß die Laufzeit für die Gruppen nach dem Training vier bis sechs Monate mit zwölf Arbeitstreffen von ca. drei Stunden umfassen sollte. Davon müßte man die Unternehmensleitung auch überzeugen können.

Herr Hirsch orientiert sich in seiner Entscheidung an der von Helma Hagen und Conny Borg – aus Solidarität. Nur wenn die Mitarbeiter ihre Freizeit opfern sollen, dann ist er strikt dagegen und hält das auch durch. Im Ernstfall würde er als Personalratsmitglied dem Gesamtbetriebsrat von diesem Projekt abraten. Damit wäre es so gut wie „gestorben".

Dr. Einhard Cranz, 52 Jahre, Jurist, zwölf Jahre im Unternehmen, seit drei Jahren stellvertretender Verwaltungsleiter, vorher neun Jahre Leiter der Rechtsabteilung

Versuchen Sie, so zu kommunizieren, wie Sie es sonst tun. Vertreten Sie die Position von Herrn Cranz so, wie Sie sie vertreten würden, wenn Sie sie tatsächlich hätten.

Ich möchte als zukünftiger Leiter der Zentralverwaltung mit den Qualitätszirkeln von Anfang an neue Wege beschreiten, um alte Probleme zu lösen. Herr Pfingsten hat mich durch seine weltweiten Erfahrungen, besonders in den USA und Japan, davon überzeugt, daß eine grundsätzliche Umgestaltung der Verwaltung zu einem kundenorientierten Dienstleistungsangebot nur über flächendeckende Beteiligung der Basis geht – in Form dieser Qualitätszirkel, deren erste Erprobung bald anlaufen soll. Allerdings geht es hier um einen sehr sensiblen Bereich. Das Projekt kann leicht abgeschossen werden, weil maßgebliche Leute – mancher kleine Fürst in der Zentralverwaltung hat enge Kontakte zur Unternehmensleitung – von den Veränderungsvorschlägen der Qualitätszirkel voraussichtlich kritisch betroffen sein werden und dies im Vorfeld „riechen" können. Das möchte ich hier in der Steuerungsgruppe höchstens andeuten, auf keinen Fall ausführlich erläutern.

Meine größte Befürchtung ist, daß das Projekt aus Kostengründen von vornherein nicht in Gang kommt. Kosten sind immer schlagende Argumente, wenn man unliebsame Entwicklungen bremsen oder abwürgen will. Dabei zählen nicht allein die realen Kosten der sechs Qualitätszirkel. Diese machen bei dem Vorschlag von Frau Hagen nicht einmal eine Jahresstelle aus (35 Mitglieder x 12 Treffen x 3 Stunden = 1260 Arbeitsstunden : 38,5 Wochenarbeitsstunden = 33 Arbeitswochen eines Mitarbeiters). Aber wenn man solche Gruppen ständig und flächendeckend einführte, dann würde es langfristig richtig teuer.

Zuviel Zeit führt auch eher dazu, daß die Gruppen sich zuviel vornehmen und in Endlosdebatten verzetteln. Wenige gute Vorschläge der Qualitätszirkel überzeugen den Vorstand, auch wenn ihre Umsetzung nicht so sicher ist.

Ich befürchte außerdem, daß es zu Unruhe und Neid in den Abteilungen kommt, wenn einzelne Mitarbeiter häufig und lange fehlen und irgend etwas Attraktives („mit Kaffee und Kuchen") machen. Das könnte indirekt den von den Zirkeln erarbeiteten Vorschlägen schaden.

Darum meine ich, daß die Laufzeit kurz sein muß. Die Unternehmensleitung muß merken, daß mit wenig Kosten, d.h. höchstens drei bis vier Treffen (max. 1 Monat), schon gute Vorschläge entwickelt werden können. Schließlich kommen die Mitglieder der Gruppen ja aus den betroffenen Bereichen und bringen das nötige Wissen mit. Also: Nach drei bis vier Treffen müßten die Gruppen eigentlich erste Ergebnisse liefern. Dann kann man ja weitersehen.

Nur wenn Herr Dr. Cranz seine Sichtweise in Ruhe zum Ausdruck bringen kann und wenn Andere gute Gründe für eine längere Laufzeit einbringen oder die Steuerungsgruppe kreative Alternativen entwickelt, läßt er sich auf einen Kompromiß oder andere Lösungen ein. Zwei Monate mit max. sieben Treffen sollten aber nicht überschritten werden.

Conrad („Conny") Borg, Psychologe, 37 Jahre,
seit vier Jahren in der Personalentwicklung (Zusatzrolle)

Versuchen Sie, so zu kommunizieren, wie Sie es sonst tun. Vertreten Sie die Position von Conny Borg so, wie Sie sie vertreten würden, wenn Sie sie tatsächlich hätten.

Für mich ist die Qualität der Teamarbeit das Wichtigste. Meiner Auffassung nach lassen sich kommunikative Prozesse wie Weiterbildung, Kooperation, Teamarbeit usw. nicht wie technische Probleme optimieren, sondern brauchen Zeit zum Reifen, damit die zwischenmenschlichen Beziehungen so tragfähig werden, daß ihre Arbeit ein hohes Qualitätsniveau erreicht.

Dies ist auch das Motto für die Arbeit der Qualitätszirkel, die darum ja auch so heißen. Für mich ist deshalb klar, daß der Erfolg der Qualitätszirkel in erheblichem Maße von einer ausreichenden Laufzeit abhängt. Unter Laufzeit verstehe ich die Zeit, bis die Zirkel durchdachte, begründete und konkrete Vorschläge machen, die als erste Ergebnisse dem Vorstand vorgelegt werden können. D.h., daß diese Vorschläge auch der Steuerungsgruppe zur Prüfung vorgelegt und ggf. zur Korrektur an die Qualitätszirkel zurückgegeben werden, die dann noch einmal daran arbeiten müssen.

So eine Gruppe braucht meiner Meinung nach eine Aufwärmphase, damit sich die Leute überhaupt zu einem kreativen und produktiven Team zusammenfinden. Im Vorbereitungskurs der Gesamtgruppe mit 35 Personen kann ein Gemeinschaftsgefühl nicht entwickelt werden.

Außerdem müssen die Gruppen tiefergehende und vielfältige Ursachen verschiedener Probleme sorgfältig analysieren, um mit Lösungsvorschlägen an ihre Wurzeln zu gehen. Überdies müssen sie Widerstände der betroffenen Verwaltungskräfte und andere Hindernisse für jeden Lösungsweg einbeziehen sowie Nebenfolgen abschätzen. Andernfalls kommt es zu oberflächlichen Vorschlägen, die nicht greifen. Dann würde das Programm zu einem Bumerang, der auch auf die Personalentwicklungsabteilung und mich selbst zurückfällt.

Aus diesen Gründen bin ich der Auffassung, daß die Laufzeit für die Gruppen nach dem Training vier bis sechs Monate bzw. zwölf Arbeitstreffen von etwa drei Stunden umfassen sollte. Dies müßte Dr. Cranz der Unternehmensleitung auch einsichtig machen können. Daran will ich aber nicht total festhalten. Wenn Helma und Jörg runtergehen, dann bin ich auch bereit, etwas weniger zu fordern.

Nur wenn Herr Borg seine Sichtweise in Ruhe zum Ausdruck bringen kann und wenn die andere Seite gute Gründe für eine kürzere Laufzeit einbringt oder wenn in der Steuerungsgruppe kreative Alternativen gefunden werden, läßt er sich auf einen Kompromiß oder andere Lösungen ein. Dabei sollten aber sechs Wochen bzw. sechs Treffen von wenigstens zwei Stunden nicht unterschritten werden.

192

Kernpunkte

Vier Verhandlungsschritte

Da keine Beziehungsproblematik, sondern ein Sachkonflikt im Vordergrund steht, steigen die Moderatoren nach folgenden vier Schritten in die Verhandlung ein:

1. Wo stehen wir im Augenblick?

Als Einstieg stellen die Moderatoren ihren bisherigen Stand der Dinge dar, machen den Konsens und den Konflikt für alle deutlich und lassen sich den Auftrag bestätigen.

2. Bestandsaufnahme/ Themen sammeln

Durch Kartenabfrage werden die Argumente jedes Einzelnen gesammelt und als Überblick auf der Pinnwand festgehalten. Wenn sämtliche in den Rollenanweisungen enthaltenen Argumente geäußert würden, ergäbe sich folgender Überblick:

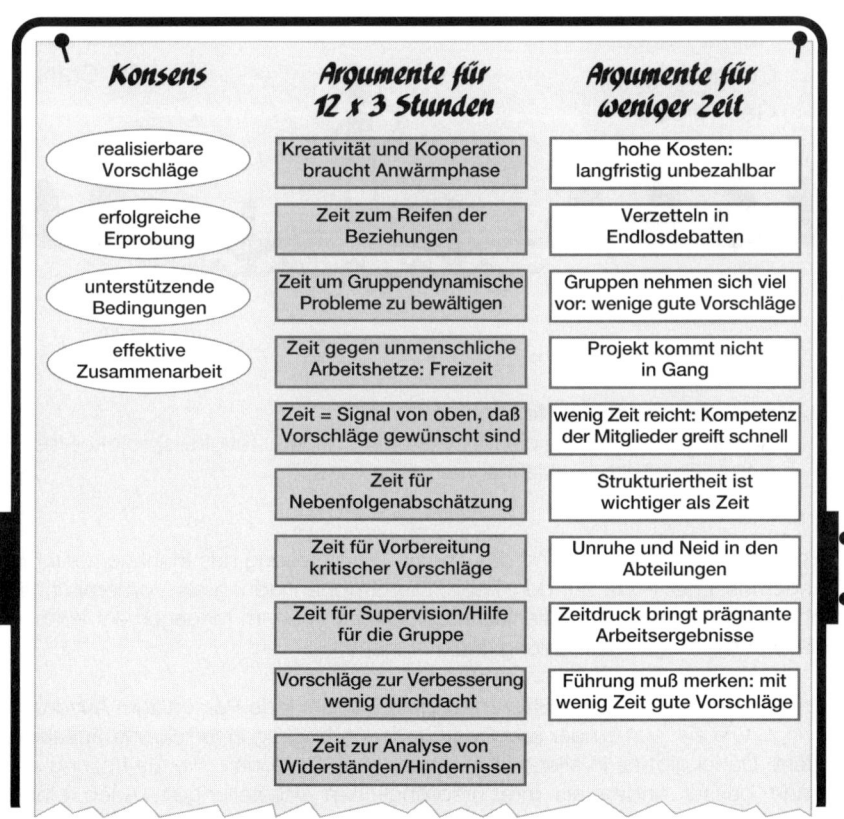

Abb. 44: Bestandsaufnahme/Themenwahl

3. Aushandeln von Lösungen

Nachdem jeder die Argumente für seine Position ungestört darstellen konnte, ist der Zeitpunkt gekommen, die Positionen in Bewegung zu bringen. Hierzu bietet eine Pause die Gelegenheit, daß sich die Beteiligten innerhalb ihrer „Fraktionen" über Zugeständnisse austauschen und auch auf die andere Seite in informeller Weise zugehen können. Anschließend fragen die Moderatoren ein eventuelles Pausenergebnis ab. Die Schlüsselfragen an beide Seiten sind:

- Was brauchen Sie, um auf die andere Seite zuzugehen?
- Wie weit und unter welchen Bedingungen können Sie der anderen Seite entgegenkommen?

Diese Fragen gilt es in der direkten Kommunikation oder in indirekter Kommunikation über den Moderator als „Treuhänder der Informationen" zu beantworten. Die Gruppen beraten getrennt:

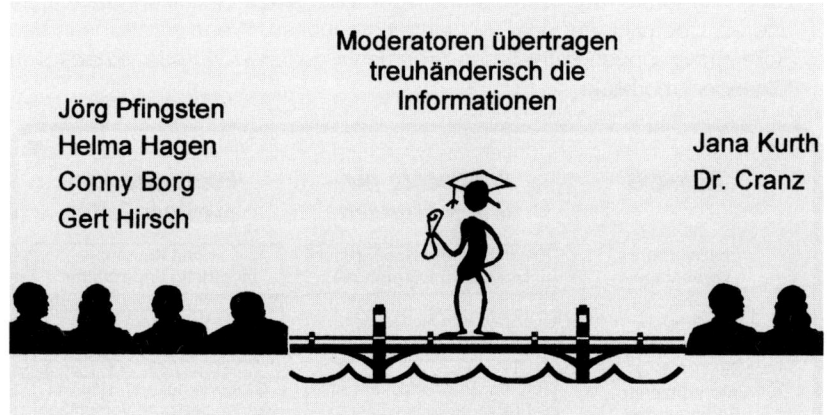

Abb. 45: Moderator als Informations-Treuhänder

4. Vereinbarungen treffen

Die Ergebnisse könnten die Moderatoren in einem Tätigkeitsprotokoll festhalten (siehe Abb. 46: Maßnahmen-Pinnwand).

Bei diesem Verfahren kommt das Thema „Vorbereitung des Managements" in angemessener Form auf den Tisch. Die Gruppenfindung als Vorbereitungsphase sowie die Planung flankierender Maßnahmen im Management können dann in die Aufgabenverteilung direkt eingehen.

Am Ende bietet sich eine Blitzlichtrunde an, in der jede Person zum Ausdruck bringt, wie sie jetzt zu der jeweils gefundenen Lösung innerlich und äußerlich steht. Dabei gibt es in allen Fällen immer auch Personen, die die Lösung am Ende besser finden als ihre ursprünglichen Vorstellungen. Auch bloße Kompromisse werden letztlich als notwendig und fruchtbar eingeschätzt, weil sie zur Arbeitsfähigkeit der Steuerungsgruppe beitragen.

194

Aufgabenverteilung

was	wer	mit wem	bis wann	wie geprüft
Gruppen-bildungs-phase planen	Frau Hagen	Herr Borg	1. 4.	Vorlage: nächste Besprechung
Plan zu flankierenden Maßnahmen	Herr Pfingsten	Herr Cranz	1. 4.	Vorlage: nächste Besprechung
Endreaktion der Konzeption	Frau Hagen Herr Borg	Herr Pfingsten	16. 4.	Vorlage: Abschluß-besprechung

Abb. 46: Maßnahmen-Pinnwand: Aufgabenverteilung

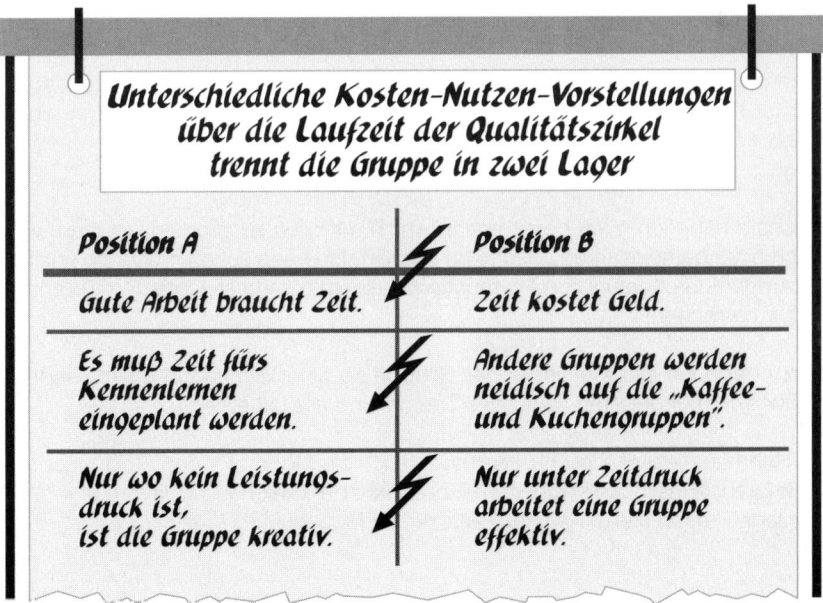

Abb. 47: Positionen der beiden Lager

195

Fall 9
Umzug in die Freiheit oder Zwangskollektivierung?

Neuverteilung von Räumen im Rahmen eines Umzuges der Verwaltung eines Handelsunternehmens

Ausgangslage aus der Sicht des Leiters der Raumverwaltung (Moderator): Lösungen aushandeln

Ich bin als Leiter der Raumverwaltung im Zentralbereich eines großen Handelsunternehmens zuständig für die Raumvergabe. Ich erhielt den Auftrag, eine Gruppe der Finanzbuchhaltung im Hauptgebäude unterzubringen.

Die Finanzbuchhaltung erledigt auch Sonderaufgaben, wenn es um Projekte geht. Dabei obliegt es ihr, mögliche Kosten zu kalkulieren und Projektprognosen abzugeben. Insofern ist ihre Arbeit von großem Gewicht. Die gesamte Abteilung besteht aus sechs Personen gleicher hierarchischer Ebene. Bisher hatten alle ein Einzelzimmer.

Leider kann ich nichts anderes bieten außer einem Einzelzimmer, einem Doppelzimmer und einem Dreierzimmer, da alle anderen Räume schon vergeben sind und wir noch umfangreiche Umbauten durchführen müssen.

Eigentlich möchte ich mich aus dieser ganzen Problematik heraushalten, aber mir ist klar, daß die Gruppe die Raumvergabe höchstwahrscheinlich nicht allein schafft, und ich brauche eine Lösung innerhalb der nächsten sechs Tage.

Deshalb habe ich mich bereit erklärt, mich mit allen zusammenzusetzen und nach einer gemeinsamen Lösung zu suchen. Ich habe schon mehrfach solche Sitzungen durchgeführt und versuche, zu einem allseits akzeptierten Kompromiß zu gelangen.

Dazu habe ich alle Mitglieder der Gruppe zu einer Sitzung in mein Besprechungszimmer gebeten. Über das Thema sind alle informiert.

Im Rahmen dieser Möglichkeiten möchte ich als Moderator den Einigungsprozeß voranbringen. Die Pflicht zum Einzug ist aber unabhängig davon gegeben. Für jede Person stehen 20 qm Platz zur Verfügung.

Zum Einstieg werde ich noch einmal kurz die Raumsituation darstellen und dann versuchen, eine zügige Besprechung durchzuführen.

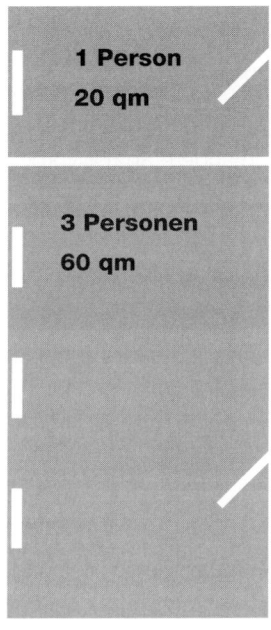

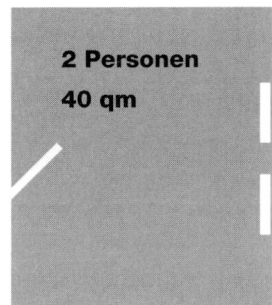

Abb. 48: Zukünftige Raumsituation

Detaillierte Rolleninstruktionen finden Sie auf den folgenden Seiten.

Georg Alt, 54 Jahre,
seit 35 Jahren im Unternehmen

Versuchen Sie, so zu kommunizieren, wie Sie es sonst tun. Vertreten Sie die aufgeführte Position so, wie Sie sie vertreten würden, wenn Sie sie tatsächlich hätten.

Seit Jahren bin ich nicht mehr befördert worden, habe andere an mir vorbeiziehen sehen. Ich habe ein enormes Fachwissen und habe über viele Jahre ein Archiv über die Vorgänge angelegt. Deshalb brauche ich auch einen großen Raum für mich. Außerdem finde ich, daß ein Einzelzimmer auch Wertschätzung bedeutet. Meine Kollegen sind nicht annähernd so lange in der Firma wie ich, und ich habe viel für diese Firma getan.

Den Kollegen gegenüber bin ich eher distanziert und mißtrauisch. Ich bin aber bereit, Kompromisse einzugehen, wenn meine Kompetenz anerkannt wird. Da gibt es einen jungen Kollegen, mit dem würde ich mich zur Not in ein Zimmer setzen, wenn ich ihn anleiten könnte und darüber Wertschätzung erfahre. Aber das sage ich nicht direkt. Eigentlich möchte ich, daß man erst einmal zeigt, wie wichtig ich für das Haus bin.

Ich nehme auf die Sitzung viel Einfluß und sage sehr klar meine Meinung, zumal der Moderator auch ein jüngerer Kollege ist. Ich könnte diese Aufgabe selbst übernehmen.

Wenn ich keine Anerkennung erlebe, werde ich allerdings deutlich machen, daß ich das als kränkend empfinde, und werde diese Signale auch zeigen. Dann kann es dazu kommen, daß ich mich auch zurückziehe und gar nichts mehr sage.

Die Finanzbuchhaltung des Handelsunternehmens erledigt neben der laufenden Abrechnung der Einnahmen- und Ausgabenrechnung auch einzelne Sonderaufgaben, wenn es um Projekte geht. Dabei obliegt es Ihnen, mögliche Kosten zu kalkulieren und Projektprognosen abzugeben. Insofern ist die Arbeit Ihrer Abteilung für das Unternehmen von großem Gewicht.

Der Leiter der Raumverwaltung stellt sich als Moderator für Ihren Einigungsprozeß zur Verfügung. Die Pflicht zum Umzug ist aber unabhängig davon gegeben.

**Fritz Exter, 32 Jahre,
seit 4 Jahren dabei**

*Versuchen Sie, so zu kommunizieren, wie Sie es sonst tun. Vertreten Sie die
aufgeführte Position so, wie Sie sie vertreten würden, wenn Sie sie tatsächlich
hätten.*

Ob ich noch lange dabeibleibe, weiß ich nicht. Eigentlich ist mir das ziemlich
egal, was hier abläuft, weil ich diesen ganzen Umzug in die neuen Räume
unnötig finde. Im Grunde ist es ein Unding, daß uns die Verwaltung einfach so
mir nichts dir nichts umsetzt und dann auch noch in Doppel- oder Dreierzimmer!

Mir macht es aber Spaß, ein bißchen reinzuhauen, wenn Kollegen sich
engstirnig um Kleinigkeiten streiten. Da schieße ich gerne zwischendurch mit
bissigen Bemerkungen in die Diskussion rein.

Ich will natürlich am liebsten das Einzelzimmer, weil ich viele Pflanzen habe,
die auch Platz brauchen. Gegen meine Kollegen habe ich nichts, auch
Raucher stören mich nicht. Es ist sowieso nur eine Frage der Zeit, bis das
Rauchen in den Diensträumen untersagt wird.

Wenn die anderen stur bleiben, bleibe ich auch stur und gebe keinen Finger-
breit nach. Wenn andere sich bewegen, bin ich auch dazu bereit. Aber ich
möchte einen Kompromiß hinterher nicht bereuen, wenn ich z.B. mit einem
Kollegen zusammensitze, der mir früher oder später auf den Geist geht.

*Die Finanzbuchhaltung des Handelsunternehmens erledigt neben der laufen-
den Abrechnung der Einnahmen- und Ausgabenrechnung auch einzelne
Sonderaufgaben, wenn es um Projekte geht. Dabei obliegt es Ihnen, mögliche
Kosten zu kalkulieren und Projektprognosen abzugeben. Insofern ist die Arbeit
Ihrer Abteilung für das Unternehmen von großem Gewicht.*

*Der Leiter der Raumverwaltung stellt sich als Moderator für Ihren Einigungs-
prozeß zur Verfügung. Die Pflicht zum Umzug ist aber unabhängig davon
gegeben.*

Peter Jung, 28 Jahre,
seit einem Jahr im Unternehmen

Versuchen Sie, so zu kommunizieren, wie Sie es sonst tun. Vertreten Sie die aufgeführte Position so, wie Sie sie vertreten würden, wenn Sie sie tatsächlich hätten.

Ich bin direkt nach dem Studium eingestiegen. Ich bin mir unsicher, wo genau in der Gruppe meine Position ist. Fachlich fühle ich mich an manchen Stellen noch unsicher, andererseits bin ich der Computerexperte in der Runde, weil ich mich auch in meiner Freizeit mit Hard- und Software auseinandersetze. Bei Fragen zu Programmen wenden sich alle immer an mich, zumal im Moment eine Veränderung in der EDV überlegt wird.

Ich bin eher zurückhaltend und möchte gerne mit jemand anderem in einem Büroraum sein, um verstärkt Kontakte zu haben. Dafür würde ich viele Kompromisse eingehen.

Die Finanzbuchhaltung des Handelsunternehmens erledigt neben der laufenden Abrechnung der Einnahmen- und Ausgabenrechnung auch einzelne Sonderaufgaben, wenn es um Projekte geht. Dabei obliegt es Ihnen, mögliche Kosten zu kalkulieren und Projektprognosen abzugeben. Insofern ist die Arbeit Ihrer Abteilung für das Unternehmen von großem Gewicht.

Der Leiter der Raumverwaltung stellt sich als Moderator für Ihren Einigungsprozeß zur Verfügung. Die Pflicht zum Umzug ist aber unabhängig davon gegeben.

Gerald Rauch, 45,
seit 15 Jahren im Unternehmen

Versuchen Sie, so zu kommunizieren, wie Sie es sonst tun. Vertreten Sie die aufgeführte Position so, wie Sie sie vertreten würden, wenn Sie sie tatsächlich hätten.

Ich habe eine anerkannte Position und bin Experte für spezielle Projektfragen, z.B. für die Umsetzung neuer Steuergesetze in zügige Bearbeitungsformen. Ich rauche gerne, u.a. auch einmal Pfeife, aber das muß nicht sein. Zigaretten brauche ich allerdings. Deshalb denke ich, daß ich ein Einzelzimmer benötige, da ich der einzige Raucher in der Gruppe bin. Außerdem liegt mir daran, daß ich sehr konzentriert arbeiten kann und nicht von jemand anderem gestört werde, der womöglich auch noch ständig Besprechungen mit anderen im Raum hat.

Ich sehe mich in der Gruppe als die beste Fachkraft und möchte hier auch weiterkommen. Ich bin kompromißbereit, wenn Lösungen meiner Karriere dienlich wären. So möchte ich mich gern im Computerbereich weiterentwickeln. Dazu würde ich enger mit Herrn Jung zusammenarbeiten. Ich könnte mir vorstellen, mit Herrn Jung das Doppelzimmer zu beziehen.

Die Finanzbuchhaltung des Handelsunternehmens erledigt neben der laufenden Abrechnung der Einnahmen- und Ausgabenrechnung auch einzelne Sonderaufgaben, wenn es um Projekte geht. Dabei obliegt es Ihnen, mögliche Kosten zu kalkulieren und Projektprognosen abzugeben. Insofern ist die Arbeit Ihrer Abteilung für das Unternehmen von großem Gewicht.

Der Leiter der Raumverwaltung stellt sich als Moderator für Ihren Einigungsprozeß zur Verfügung. Die Pflicht zum Umzug ist aber unabhängig davon gegeben.

Andreas Jakob, 37 Jahre,
seit sechs Jahren im Unternehmen

Versuchen Sie, so zu kommunizieren, wie Sie es sonst tun. Vertreten Sie die aufgeführte Position so, wie Sie sie vertreten würden, wenn Sie sie tatsächlich hätten.

Ich habe es gerne, wenn wir uns auch mal gemütlich zusammensetzen und miteinander reden. Ich bin dabei ganz witzig und unterhaltsam und freue mich über die gute Stimmung. Deshalb würde ich gerne mit anderen Kollegen in einem Zimmer zusammensein.

Anderseits bin ich Computerfan und habe einen Hochleistungsrechner, auf dem ich mich austoben kann. Weil wir bisher in Einzelzimmern sitzen, hat keiner gemerkt, daß ich zwischendurch auch gerne mal einzelne Spiele aufrufe und einen Teil meiner Arbeitszeit damit verbringe. Keiner erwartet mehr Leistung, weil ich ansonsten ganz effizient arbeiten kann.

Ich schwanke also zwischen meinen Interessen als gesprächsfreudiger Kollege einerseits und spielfreudiger Computerfan andererseits. Einen Anspruch auf das Einzelzimmer für mich läßt sich damit begründen, daß ich unter einer starken Pollen- und Pflanzenallergie leide.

Das ständige Niesen und Naseputzen ist mir sehr unangenehm vor meinen Kollegen, denn ich könnte sie beim Telefonieren oder ähnlichem stören.

Wenn die Atmosphäre zu heiß wird, versuche ich gerne, über Sprüche und freundlichen Umgang die Situation zu entschärfen. Das bringt andere manchmal durcheinander.

Die Finanzbuchhaltung des Handelsunternehmens erledigt neben der laufenden Abrechnung der Einnahmen- und Ausgabenrechnung auch einzelne Sonderaufgaben, wenn es um Projekte geht. Dabei obliegt es Ihnen, mögliche Kosten zu kalkulieren und Projektprognosen abzugeben. Insofern ist die Arbeit Ihrer Abteilung für das Unternehmen von großem Gewicht.

Der Leiter der Raumverwaltung stellt sich als Moderator für Ihren Einigungsprozeß zur Verfügung. Die Pflicht zum Umzug ist aber unabhängig davon gegeben.

Franz Binder, 38 Jahre,
seit acht Jahren im Unternehmen

Versuchen Sie, so zu kommunizieren, wie Sie es sonst tun. Vertreten Sie die aufgeführte Position so, wie Sie sie vertreten würden, wenn Sie sie tatsächlich hätten.

Ich bin davon überzeugt, daß unsere Abteilung sehr gute Arbeit leistet und daß sie als leistungsfähiges Team auch in Zukunft möglichst eng zusammenarbeiten sollte. Deshalb freue ich mich über die Möglichkeit, daß wir mit mehreren auch in einem Zimmer arbeiten. Das wird den Austausch verstärken. Daß wir jetzt in die Zentralverwaltung kommen, zeigt auch noch einmal die Chancen zu einem besseren Austausch mit anderen Bereichen auf und daß diese Abteilung stärker als dem Gesamtunternehmen zugehörig angesehen wird.

Ich finde es wichtig, daß die jungen Leute gefördert werden und daß zwischen den Generationen mehr Austausch als in der Vergangenheit stattfindet. Ich mag es überhaupt nicht, wenn sich gestritten wird, weil sich die einzelnen Kollegen vernünftig miteinander verständigen sollten. Jedes Problem ist doch lösbar, wenn man es nur will. Insgesamt finde ich, daß es uns sehr gutgeht und daß andere Bereiche viel stärkere Probleme haben als wir.

Einerseits arbeite ich sehr stringent und an der Aufgabe orientiert, achte aber gleichzeitig darauf, daß wir das Miteinander und den freundlichen Umgang nicht aus den Augen verlieren. In Diskussionen melde ich mich häufiger zu Wort und versuche, „Brücken zu bauen".

Die Finanzbuchhaltung des Handelsunternehmens erledigt neben der laufenden Abrechnung der Einnahmen- und Ausgabenrechnung auch einzelne Sonderaufgaben, wenn es um Projekte geht. Dabei obliegt es Ihnen, mögliche Kosten zu kalkulieren und Projektprognosen abzugeben. Insofern ist die Arbeit Ihrer Abteilung für das Unternehmen von großem Gewicht.

Der Leiter der Raumverwaltung stellt sich als Moderator für Ihren Einigungsprozeß zur Verfügung. Die Pflicht zum Umzug ist aber unabhängig davon gegeben.

Kernpunkte

Vier typische Gefahren lauern in diesem Fall

Moderator übernimmt zu viel Verantwortung

1. Der Moderator fühlt sich für eine allseits akzeptierte Lösung mehr und mehr verantwortlich. Hier geht es um die Einstellung oder Moderatorenhaltung: Letztlich sind die Gruppenmitglieder für das Ergebnis verantwortlich. Der Moderator hilft mit, möglichst gute Kommunikationsstrukturen, wie etwa das Vorstellen einer klaren Übersicht des Treffens zu Anfang, das Festhalten von Zwischenergebnissen auf dem Flipchart, das Strukturieren, Zusammenfassen der bisherigen Schritte, Ausblick auf den nächsten Schritt usw., zu schaffen.

Persönliche Werte und Wünsche werden unterschätzt

2. Der Moderator unterschätzt die Bedeutung von Hintergrundbedürfnissen für den Einzelnen; besonders dann, wenn eine betroffene Person ihre Interessen nur schwer zum Ausdruck bringen kann. Wenn z.B. Herr Alt vorsichtig erwähnt, daß „man mit einer 35jährigen Betriebszugehörigkeit das Einzelzimmer beanspruchen darf", kann es vorkommen, daß der Moderator dies überhört und Herr Alt sich beleidigt in eine Abwehrhaltung zurückzieht.

Selbstverständliche aber irrige Erwartung der Moderatoren: Alle wollen Einzelzimmer

3. Der Moderator hält es von vornherein für selbstverständlich, daß jeder das Einzelzimmer haben möchte, und trägt mit dieser „sich selbst erfüllenden Prophezeiungshaltung" dazu bei, daß bei allen das Interesse an dem Einzelzimmer entsteht. Denn auch diejenigen, die gern in einen Mehr-Personen-Raum gehen würden, fragen sich dann, ob sie nicht auch Anspruch auf das Einzelzimmer erheben sollten, da das ja aus irgendeinem Grund wichtig zu sein scheint. Darum ist es notwendig, zu Anfang eine Bestandsaufnahme der Wünsche zu machen unter dem Motto „Vielfalt der Wünsche kennenlernen". Für diese erste vorläufige Bestandsaufnahme kann der Raumplan als Grundlage dienen. In diesen tragen sich die Mitglieder mit ihrer ersten Priorität (roter Stift) und der zweiten (grüner Stift) namentlich ein. Vielleicht geht es sofort auf.

Falsche Leitlinie: Lösungen müssen in der ganzen Gruppe erarbeitet werden

4. Der Moderator versucht, Lösungen immer in Anwesenheit aller zu sammeln. Kreative Lösungsfindungs- und Entscheidungsmethoden sind hier besonders gefragt: Beispielsweise in Zweier- oder Dreiergruppen Lösungsideen entwickeln und im Plenum präsentieren lassen. Dann kann man im Beisein aller noch weitere Ideen draufsatteln, um die Komplexität zu erweitern, oder bei genügend Ideen die besten durch die Vergabe von Punkten priorisieren.

Fall **10**
Wie kommen wir zum Dreamteam?

Kriterien aushandeln (Automobilbranche)

Ausgangslage: Lösungen aushandeln

Bei Ihnen meldet sich Herr Glas am Telefon. Er stellt seinen Auftrag folgendermaßen vor: Ich bin Abteilungsleiter in einem deutschen Automobilkonzern. Ich leite insgesamt fünf etwa sechsköpfige Teams von Ingenieuren, die sich mit Zukunftstechnologien rund ums Auto beschäftigen.

Immer wieder werden aus diesen fünf Stammteams Projektteams gebildet, die für einen begrenzten Zeitraum an einer spezifischen Aufgabenstellung zusammenarbeiten. Das neulich gegründete „2,5-Liter-Auto-Team" ist so ein Beispiel. Jedes Team hat einen Gruppensprecher, der die Außenvertretung seines Teams übernimmt. Das heißt im wesentlichen, jeden Montag beim einstündigen Treffen die neuesten Infos zu erfahren. Im letzten Montagsmeeting wurde mir deutlich, daß die Neubildung der Projektgruppe 2,5-Liter-Auto mit erheblichen Problemen über die Bühne ging. Für manche Ingenieure ist es eine Auszeichnung, mit in diesem Team sein zu dürfen, für andere offenbar nicht. Die einzelnen Projekte laufen über mehrere Jahre.

Kurzum: Es gab Unmut über mangelhafte Transparenz bei der Auswahl der Projektteammitglieder. Für die Zukunft möchte ich dieses Verfahren mit den Sprechern der Teams gemeinsam besprechen. Die Frage, wer, warum in welches Team kommen darf/muß, sollte am Ende des Workshops geklärt sein. Alle Sprecher begrüßen diese Neuerung. Ich würde mich freuen, wenn Sie die ca. 1 1/2-stündige Verhandlung begleiten könnten. Es werden anwesend sein:

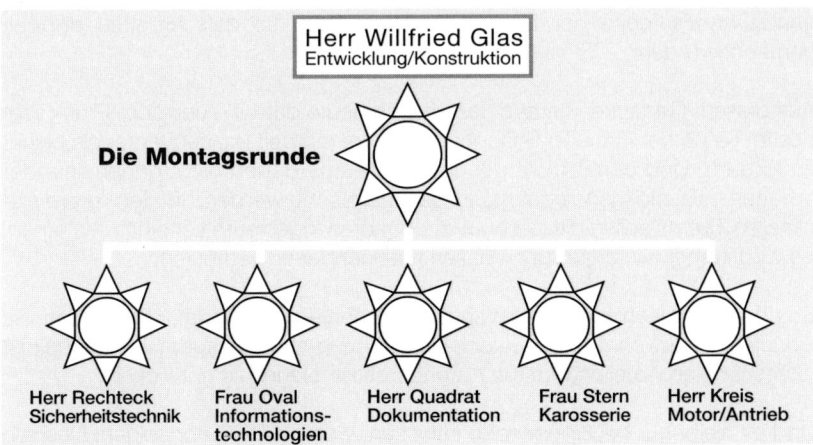

Abb. 49: Übersicht der Abteilung Entwicklung

Willfried Glas,
Abteilungsleiter, Entwicklung und Konstruktion

Lassen Sie sich von den in dieser Instruktion genannten Einstellungen und Zielvorstellungen leiten. Übertreiben Sie bitte nicht, indem sie eine Karikatur der Rolle spielen. Füllen Sie sie mit Ihren eigenen Verhaltensweisen so aus, als wären Sie die Person. Improvisieren Sie bei Bedarf!

Sie können sehr aktiv sein und die Situation dominieren. Gehen Sie aber positiv darauf ein, wenn die Moderatoren Ihnen eindeutig signalisieren, sich zurückzuhalten.

Der Konkurrenzdruck in unserer Abteilung ist eine wichtige Voraussetzung, um Innovationen zu fördern. Wir befinden uns an einer hochempfindlichen Schnittstelle im Unternehmen, die als Karrieresprungbrett für junge Ingenieure genutzt werden kann. Wer sich heute mit guten Ideen hervortut, dem winken später ungeahnte Entwicklungschancen im Unternehmen.

Das weiß jeder hier. Doch die Konkurrenz nimmt in letzter Zeit ungeahnte Ausmaße an. Ich möchte den Teamgeist seit eh und je fördern. Was zählt, ist die Leistung, die ein Team als Ganzes bringt, nicht mehr wie früher die Leistung eines Einzelnen.

Seit Jahren sage ich im Montagsmeeting: „Leute, reißt euch etwas mehr zusammen, es geht doch vor allen Dingen darum, daß wir gemeinsam die Dinge auf die Schiene bringen."

Noch vor kurzem haben wir in dieser Abteilung eher das Einzelgängertum gefördert. Viele Projekte wurden in kleine Einzelteile zerlegt, jeder erhielt eine langfristige Aufgabe, an der er lange Zeit ungestört in seinem Einzelzimmer herumwerkeln konnte. Die Konsequenz war, daß oft zu spät die Weichen gestellt wurden, um die Einzelarbeit sinnvoll zu einem Ganzen zusammenzufügen. Oftmals fehlte der frühzeitige Austausch, so daß Arbeiten doppelt gemacht wurden.

Aus diesem Gedanken heraus bestehe ich heute darauf – und zum Glück liegt das im Sinne der Firmenphilosophie -, die Teamarbeit konsequenter als bisher zu fördern. Und damit nicht genug: Die Teams dürfen nicht gegeneinander arbeiten, sie müssen regelmäßig neu gemischt werden. In den interdisziplinären Teams sollen die besonders begabten Ingenieure voneinander lernen. Es wird immer wichtiger, das Wissen miteinander zu vernetzen.

Solche Gedanken machen zwangsläufig denjenigen Angst, die sich an die Einzelarbeit gewöhnt haben. Doch Gewöhnung macht träge, und Trägheit ist nichts für eine Abteilung, deren Aufgabe es ist, Neues zu entwickeln.

Und es bleibt nur bei Lippenbekenntnissen, wenn keine Taten folgen. Deshalb habe ich beim letzten Montagsmeeting die Aussagen von Frau Oval zum

Anlaß genommen, die Teamzusammenstellung der Projektgruppe 2,5-Liter-Auto genauer unter die Lupe zu nehmen.

Ich gebe zu, daß die gängige Praxis nicht transparent genug ist, und möchte nicht den Eindruck der Übervorteilung Einzelner entstehen lassen. Bei uns sollte jeder, der will, eine Chance erhalten. Es ist auch für mich nicht immer einfach. Ich muß die Interessen meiner Abteilung auch nach oben durchsetzen. Die Leute, die in Projektteams berufen werden, stehen ihren Abteilungen manchmal mehrere Monate und Jahre nicht mehr zur Verfügung. So etwas kann nur ich koordinieren, weil ich das Ziel der gesamten Abteilung im Auge habe.

Bisher ist es so, daß ich fast jedem, der sich bei mir meldet oder sonstwie auffällt, eine Chance im Projektteam gebe. Immer wenn wieder ein Projektteam geplant ist, frage ich zu Beginn der Montagsrunde die Gruppensprecher nach ihren Empfehlungen. Mittlerweile kennt man ja auch seine Pappenheimer. Aus den Empfehlungen sollte jedoch kein selbstverständlicher Anspruch entstehen. Ich muß die letzte Entscheidung behalten. Ich muß ja auch meinen Kopf hinhalten, wenn's schiefläuft. Ein bißchen haarig könnte die ganze Sache schon werden, wenn ich an die Dokumentation denke. Die Leute sind schon seit Jahren nicht mehr in einem Projektteam gewesen. Da muß ich mir etwas einfallen lassen. Als Ausgleich, quasi.

Zukünftig sollte sich am Prozeß eigentlich nicht viel ändern. Wahrscheinlich müßte der bisherige Ablauf nur jedem deutlich vor Augen geführt werden. Das sollte genügen.

Doch ich bin auch gespannt, ob das heutige Treffen etwas Neues bringen wird.

Herrmann Rechteck, Wirtschaftsingenieur,
Team Sicherheitstechnik (Airbag, Aufprallschutz, ABS etc.)

Lassen Sie sich von den in dieser Instruktion genannten Einstellungen und Zielvorstellungen leiten. Übertreiben Sie bitte nicht, indem sie eine Karikatur der Rolle spielen. Füllen Sie sie mit Ihren eigenen Verhaltensweisen so aus, als wären Sie die Person. Improvisieren Sie bei Bedarf!

Mein Gott, ich verstehe die Welt nicht mehr. Was für ein Aufwand! Das ganze Theater mit dem Workshop haben wir doch nur, weil einige Gruppensprecher ihre Aufgaben nicht deutlich wahrnehmen.

Jetzt wird die ganze Schuld Herrn Glas in die Schuhe geschoben. Er habe nicht transparent gemacht, wer aus welchen Gründen in die Projektteams gekommen ist. Doch er hatte auch seine guten Gründe dafür. Alle wünschen sich mehr Klarheit in dem Auswahlprozeß. Aber sind die, die Kriterien fordern, sich auch bewußt, welchen Unfrieden wir stiften, wenn wir die klaren Grenzen ziehen werden?

Wir tun gerade so, als wenn es immer eine Auszeichnung wäre, in ein Projektteam berufen zu werden. Wenn mir Herr Glas zu viele meiner besten Leute für ein halbes Jahr oder noch länger ins Projektteam abzieht, dann hat der Rest der Mannschaft mit der Abwicklung des Tagesgeschäfts zu kämpfen. Schon alleine deshalb kann ich nicht jeden zu jeder Zeit abgeben.

Natürlich gibt es immer wieder Idealisten wie Frau Oval, die uns glauben machen wollen, wir würden durch mehr Transparenz den Grundstein für eine zielorientierte, gerechte Welt legen, so wie der Vorstand sich das erträumt. Doch die Realität sieht anders aus als des Vorstandes Wunschliste oder – wie die das nennen – Unternehmensleitbild.

Mehr Klarheit heißt mehr Wahrheit, und die tut oft unnötig weh! Wir berühren mit dem heutigen Workshop ein heißes Eisen, an dem wir uns sehr schnell verbrennen. Das ganze Thema ist doch nur die Spitze vom Eisberg. Darunter verbergen sich noch viele, ganz andere ungelöste Themen, die sich nicht mal eben in einem Workshop lösen lassen. Wer soll später wie darüber entscheiden, daß jemand nicht qualifiziert genug ist? Wir Gruppensprecher etwa? Dazu haben wir doch gar keine Berechtigung. Wenn ich meinen Leuten sagen müßte: „Hört mal her, ihr seid nicht gut genug für das ‚X-Y-Auto-Projekt'", dann werden die sagen: „Gib uns Seminare, damit wir besser werden können" oder „Ach nee, der Meyer aus dem Kreisteam wurde doch auch genommen. Ist der etwa besser?" Wir schüren damit nur die Konkurrenz zwischen den Teams.

Deshalb sollten wir das heutige Thema entweder nur als Anregungssammlung für Herrn Glas nutzen oder gleich richtig angehen. Das hängt auch davon ab, wie ernst Herr Glas das Ganze meint. Ich wünsche mir vor allen Dingen einen sachlichen Austausch. Sozusagen eine erste Bestandsaufnahme. Wir können aber am Ende noch nicht verbindliche Maßnahmen festhalten, die für die Zukunft gelten sollen. Das geht zu schnell. Entweder ganz oder gar nicht!

Karla Oval, Informatikerin, Gruppensprecherin für den Bereich Neue Informations- technologien (Satellitenleitsystem, Autopilot etc.)

Lassen Sie sich von den in dieser Instruktion genannten Einstellungen und Zielvorstellungen leiten. Übertreiben Sie bitte nicht, indem sie eine Karikatur der Rolle spielen. Füllen Sie sie mit Ihren eigenen Verhaltensweisen so aus, als wären Sie die Person. Improvisieren Sie bei Bedarf!

Ich glaube, der wahre Grund dafür, daß wir heute die nächsten 1,5 Stunden über uns ergehen lassen müssen, ohne daß sich etwas verändern wird, ist der Hahnenkampf zwischen und in den Teams.

Diese Abteilung gilt in der Firma als Karrieresprungbrett. Wir arbeiten nicht nur an neuen Technologien, sondern jeder Einzelne bastelt auch an seiner persönlichen Karriere. Das heißt, wenn eine Projektgruppe gebildet wird und nicht klar ist, wer aus welchen Gründen „mit dazu gehören darf", entstehen automatisch Gerüchte, die schlecht für den Teamgeist sind.

Die Konkurrenz innerhalb und zwischen den Teams könnte konstruktiver genutzt werden, indem wir klare Kriterien aufstellen.

Wir sollten doch alle an einem Strang ziehen. Das ist leider nicht immer so. Besonders Herr Rechteck zieht sich sicherlich wieder aus allem raus.

Wenn wir zukünftig Projektteams zusammenstellen, sollten wir eine Quotenregelung einführen. Ziel: aus jedem Team eine Person. Für den Zeitraum des Projektes sollten die Mitarbeiter auch räumlich zusammenarbeiten und nicht so wie jetzt in ihren alten Räumen verbleiben.

Die Zugehörigkeit zu einem Projektteam sollte zukünftig gewisse Vorteile bringen. Ich stelle mir vor, daß die Teilnahme an einem Projektteam der erste Schritt sein könnte, um in dieser Firma weiterzukommen.

Dann muß zukünftig jeder, der will, dabei sein dürfen, indem er bei seinem Gruppensprecher einen entsprechenden Antrag stellt.

Dazu ist es notwendig, die Neubildung der Projektteams frühzeitiger als bisher anzukündigen.

In Feedbackgesprächen werden Möglichkeiten erörtert, ob der/die Betreffende geeignet ist, und wenn nicht, was er/sie tun kann, um sich zukünftig zu qualifizieren.

Dadurch würde der undurchsichtigen Gönnertumpraxis von Herrn Glas ein Riegel vorgeschoben. Aber wahrscheinlich ist deshalb von Herrn Glas bisher nichts unternommen worden. Immerhin konnte er so seine „Lieblingskinder" nach Gutdünken fördern. Deshalb habe ich im letzten Montagsmeeting darauf bestanden, daß wir etwas in dieser Sache ändern. Es hat mich freudig überrascht, daß Herr Glas diesen heutigen Workshop vorgeschlagen hat.

Das könnte eine Chance sein für die Grundsteinlegung eines klaren Miteinanders. Das geht nur, indem wir die Ergebnisse schriftlich festhalten. Sollten wir heute in der kurzen Zeit nicht dazu kommen, schriftliche Vereinbarungen zu formulieren, bestehe ich auf einer Fortführung des Prozesses. Sonst verläuft das Ganze im Nichts.

Heinz Quadrat, Informatiker,
Gruppensprecher für den Bereich Dokumentation

Lassen Sie sich von den in dieser Instruktion genannten Einstellungen und Zielvorstellungen leiten. Übertreiben Sie bitte nicht, indem sie eine Karikatur der Rolle spielen. Füllen Sie sie mit Ihren eigenen Verhaltensweisen so aus, als wären Sie die Person. Improvisieren Sie bei Bedarf!

Das beunruhigt mich aufs äußerste, was wir heute vorhaben. Die Stimmung in meinem Team ist schon schlecht genug. Wir entwickeln uns zunehmend zum Sorgenkind der Abteilung. Aber das muß einen auch nicht wundern. Eine ungeschriebene Regel lautet doch: Wer hier nicht innerhalb von zwei Jahren weiterkommt, kommt ins Team Dokumentation.

Wir werden von vielen als besseres Schreibbüro angesehen. Schon seit längerem erhält keiner aus meiner Mannschaft die Möglichkeit, sich einem Projektteam anzuschließen oder sonstwie weiterzukommen. Das stinkt mir schon lange. Als ich damals vor drei Jahren dieses Team als Gruppensprecher übernommen habe, war mir nicht klar, daß wir hier die Endstation sind. Meine heutige Forderung lautet: Wenn wir schon mehr Transparenz bei der Zusammenstellung der Projektteams einführen wollen, dann möchte ich bitte schön einmal von Herrn Glas wissen, warum keiner von uns sich weiterentwickeln darf. Wie sieht es denn für uns mit der Möglichkeit aus, an Seminaren teilzunehmen?

Kriterien sind Grenzen. Das ist ja auch gut. Besser, es wird einmal deutlich das ausgesprochen, was sowieso jeder weiß. Doch es sollte auch dafür gesorgt werden, daß diejenigen, die nicht in die Projektteams dürfen, eine reelle Chance erhalten, sich zu qualifizieren.

Zukünftig wünsche ich mir einen größeren fachlichen Austausch von Informationen zwischen den Teams. Wir sind nur deshalb das „Sorgenkind der Abteilung", weil wir die Informationen erst am Ende des Prozesses erhalten. Das ist typisch für unsere Abteilung. Man darf hier im besten Falle etwas zur Kenntnis nehmen, jedoch nichts aktiv mitgestalten.

Dabei haben wir von der Dokumentation eine Menge zu bieten. Wenn ich nur an die Prozeßablaufdiagramme denke, die wir eingeführt haben, damit die Arbeit einzelner Abteilungen besser ineinander greifen kann. Früher haben die Abteilungen doppelte Arbeit gemacht, heute reicht ein Blick in das Prozeßablaufdiagramm, und jeder weiß Bescheid, wer gerade an was arbeitet. Viele Ideen in den Projektteams versanden doch deshalb, weil sie keiner festhält.

Vielleicht ändert sich ja heute etwas, aber man darf zu Recht sehr gespannt sein.

Gernot Kreis, Maschinenbauingenieur, Gruppensprecher für den Bereich Motor und Antrieb

Lassen Sie sich von den in dieser Instruktion genannten Einstellungen und Zielvorstellungen leiten. Übertreiben Sie bitte nicht, indem sie eine Karikatur der Rolle spielen. Füllen Sie sie mit Ihren eigenen Verhaltensweisen so aus, als wären Sie die Person. Improvisieren Sie bei Bedarf!

Ich verstehe die ganze Aufregung nicht. Frau Oval muß immer alles ganz genau wissen. Deshalb hat sie neulich im Montagsmeeting darauf bestanden, daß wir die Zusammenstellung der Projektteams neu diskutieren.

Das bringt doch nichts. Wir drehen uns im Kreis. Wollen wir das Ganze wieder von vorne aufrollen? Seit Jahren diskutieren wir, welche Rolle die Gruppensprecher haben sollen. Damals haben sie die Gruppenleiter abgeschafft und fanden das ganz toll und neu. Mit der Begründung, wir hätten jetzt weniger Hierarchie. Wenig später bekamen wir als neueste „Innovation" einen Gruppensprecher, der genau dasselbe tat wie vorher die Leiter: Wenn etwas nicht klappt, Anschiß von oben kriegen, und wenn es prima klappt, dann erntet Herr Glas die Lorbeeren. Naja, die von der Personalentwicklung müssen auch leben.

Ist doch alles klar wie Kloßbrühe: Herr Glas ist unser Chef. Wenn er ein neues Team zusammenstellt, dann fragt er uns, wen wir für geeignet halten.

Letztlich muß er entscheiden, wen er für den Richtigen hält. Er muß ja auch seinen Kopf hinhalten, wenn die Ergebnisse der Projektteams nicht gut sind. Wir sollten darüber nicht zu lange diskutieren, das bringt am Ende nur böses Blut.

Ich werde alles tun, damit die Diskussion schnell ein Ende findet und wir wieder zurück an die Arbeit können.

Vielleicht kann Herr Glas ja am Anfang der Sitzung für alle offenlegen, wie die gängige Praxis läuft und wo er einen Handlungsspielraum an Beteiligung bei uns sieht. Damit wir überhaupt wissen, worauf wir uns einlassen. Sonst debattieren wir endlos, und zum Schluß sagt Herr Glas: „Danke, Leute, da sind gute Ideen dabei gewesen, doch ich mache es dann doch so wie immer." Davon hat niemand etwas.

Lara Stern, Maschinenbauingenieurin, Gruppensprecherin für den Bereich Karosserie (Rostschutz, Stabilität, Materialien etc.) (Zusatzrolle)

Lassen Sie sich von den in dieser Instruktion genannten Einstellungen und Zielvorstellungen leiten. Übertreiben Sie bitte nicht, indem sie eine Karikatur der Rolle spielen. Füllen Sie sie mit Ihren eigenen Verhaltensweisen so aus, als wären Sie die Person. Improvisieren Sie bei Bedarf!

Ich bin neugierig, was heute herauskommt. Ich hoffe, wir bleiben sachlich und können uns auf einige wenige Kriterien festlegen, die zukünftig zu einer besseren Auswahl der Ingenieure für die Projektgruppen führen werden.

Ich finde, es muß deutlich gemacht werden, daß die Berufung in ein Projektteam eine klare Auszeichnung ist. Diejenigen, die sich in den Teams durch hervorragende Leistungen qualifiziert haben, werden für zukünftige Projektteams vorgeschlagen.

Das darf gerne auch offiziell geschehen. Jeder sollte wissen, wo er im Moment steht und was er tun kann, um dorthin zu gelangen, wo er hin möchte.

Wir brauchen eine klarere Karriereplanung. Den heutigen Workshop sehe ich als Startschuß für eine längerfristig angelegte Veränderung in unserer Abteilung.

Ich glaube, auch Herr Glas wünscht sich das. Ich halte ihn für einen sehr fähigen Abteilungsleiter. Das wird auch dadurch klar, daß er dieses Thema so schnell durch externe Moderation angeht. Bravo, kann ich nur sagen. Weiter so. Nur kein Stillstand. Und vor allen Dingen, bitte keine persönlichen Angriffe.

Blick nach vorn statt zurück im Zorn!

Kernpunkt

Verwechslung von Mitbestimmung und Prozeßtransparenz

Herrn Glas geht es darum, den bestehenden Prozeß transparent zu machen. Viel daran ändern kann oder will er nicht. Immerhin muß er seinen Kopf für die Entscheidung hinhalten.

Doch er ist neugierig, ob es vielleicht Argumente gibt, die er bisher nicht gekannt hat.

Der Anspruch, den Teams Mitspracherecht einzuräumen, kann von den Gruppensprechern mißdeutet werden und führt zu einer Gratwanderung zwischen Mitbestimmung und „ja, aber das letzte Wort muß ich behalten". Das letzte Wort wird immer dann hervorgeholt, wenn die Kriterien für die zukünftige Projektgruppenzusammenstellung die Einflußnahme seitens Herrn Glas' beschneiden.

Nicht selten kommt es vor, daß bei einer Moderation, bei der es um das Aushandeln von Kriterien geht, am Ende der Chef (oder ein Teammitglied) ein Papier aus dem Hut zaubert, in dem die Kriterien bereits früher einmal festgehalten wurden. Oftmals sind diese Kriterien nie offen ausgesprochen worden, oder es fand keine Überprüfung statt, die sicherstellte, daß das Papier auch gelebt wurde. Anstatt einer Diskussion hätte es einer klaren Präsentation bedurft.

Die folgende Abbildung illustriert diesen Punkt in Anlehnung an das sogenannte Delegationskontinuum nach McGregor (1970).

Abb. 50: Delegationskontinuum

Die Moderatoren tun gut daran, zu Beginn des Workshops die Bedingungen vom Chef darstellen zu lassen, unter denen momentan Projektteams zusammengestellt werden. Dieses Vorgehen kann vor dem Workshop mit dem Abteilungsleiter Herrn Glas besprochen werden, so daß er in aller Deutlichkeit sagen kann, bei welchen Themen überhaupt ein Handlungsspielraum besteht. Je nachdem, wie groß dieser ist, läßt sich das Ziel bereits im Einladungsschreiben zum Treffen näher eingrenzen.

Kapitel 3
Ausblick: So kann es weitergehen

Am Ende des Seminars sind viele Teilnehmer gut warmgelaufen und möchten gerne an weiteren Fällen üben. Daher stellen wir im Folgenden dar, wie man selbst Fallmaterial für Rollenspiele herstellt.

Wie Sie eigene Fälle konstruieren

Das Interview

Wenn es nicht Fälle aus unserer Praxis sind, die wir zu einem Rollenspiel aufarbeiten, gibt es sehr unterschiedliche Gründe, warum wir einen neuen Fall entwickeln. Zum einen könnte der Leiter einer Weiterbildung für ein Konflikt-training ein Rollenspiel wünschen, das typische Aspekte seines Unterneh-mens berücksichtigt, oder wir führen ein maßgeschneidertes Seminar durch, in dem die Teilnehmer eigene Fälle einbringen. Bereits in der Anmeldung bitten wir dann um ein Stichwort zum eigenen Fall.

Abb. 51: Fälle konstruieren

Wir vereinbaren mit denjenigen Teilnehmern einen ersten Termin, deren Thema uns – völlig subjektiv – als erstes interessiert hat.

Um an die nötigen Informationen für die Ausgangslage und die Rollenspielerinstruktionen zu kommen, führen wir ein halbstrukturiertes Interview durch.

Phase 1:
Auftrag klären
Während des Interviews ist unsere Haltung die eines Beraters, der eine Auftragsklärung durchführt. Meistens reicht es aus, sich frei erzählen zu lassen, worum sich der Konflikt dreht. Wir fragen immer dann genauer nach, wenn wir selbst nicht verstanden haben, „wo der Hase lang läuft". Zuletzt fassen wir die wesentlichen Punkte zusammen:

So erzählt z.B. ein Moderator, der eines unserer Seminare besuchen möchte – nennen wir ihn Herrn Schubert –, er betreue eine Schulleiterin, die Schwierigkeiten in ihrer Schule mit der Einführung einer Schulreform habe. Diese Reform teile das Lehrerkollegium in drei Fraktionen, wodurch das Miteinander immer schwieriger werde. Demnächst wird es eine Schulkonferenz zum Thema „Schulreformausschuß" geben, welche er unterstützend moderieren soll.

Die Vertreter jeder Fraktion sind eingeladen worden. Die Durchführung dieser Konferenz bereitet ihm viel Sorge.

Der Berater schlägt vor, die geplante Konferenz im Seminar zu simulieren.

Auf diese Weise kann Herr Schubert sich auf die zukünftige Situation einstellen, indem er Anregungen erhält, wie andere Seminarteilnehmer diese Konferenz leiten würden.

Um die Rollenanweisungen zu entwickeln, bittet der Interviewer Herrn Schubert, sich typische Vertreter jeder Fraktion vorzustellen. Ein lebendiges Bild von den Lehrern erhält man, wenn Herr Schubert nacheinander in die unterschiedlichen Rollen der Lehrer schlüpft und den Konflikt aus deren Sicht darstellt. Der Interviewer hilft Herrn Schubert dabei, indem er ihn als „Lehrer" nach seinem Namen, Alter, seinen Hobbys und Unterrichtsfächern fragt. Solche Basisinformationen sind nicht nur zum „Warmlaufen" sinnvoll, sondern können auch in den Rolleninstruktionen berücksichtigt werden, denn viele Moderationen beginnen mit einer Anfangsrunde zum Kennenlernen.

Herr Schubert kommt mühelos in die Rollen hinein und spielt die verschiedenen Charaktere nacheinander sehr einfühlsam.

Im weiteren Verlauf des Gesprächs erfährt der Interviewer etwas über die Rolle im Konflikt und die Gefühle, die sein „Gesprächspartner" hat, sowie dessen Sprachstil.

Eingangs erwähnte Herr Schubert drei Fraktionen, deshalb möchte der Interviewer natürlich auch wissen, wie der jeweilige Beteiligte zu dem „Schulreformausschuß" und der bevorstehenden Moderation steht.

216

Der Fall im Beispiel stellt sich als sehr komplex dar. Darum eignet er sich gut für die Phasen des Kontaktstiftens und des Themenfindens. In dieser Phase geht es überwiegend um das gegenseitige Kennenlernen und das Klären, unter welchen Rahmenbedingungen zu welchen Themen gearbeitet werden soll. Hierzu sind die Hintergrundinteressen jedes einzelnen „Lehrers" sowie seine Wünsche und Befürchtungen in bezug auf den Auftrag relevant.

Phase 2 + 3:
Kontakt stiften und
Themen finden

Bei einem Fall, bei dem es um die Klärung der Sichtweisen geht, sollte klar sein, wie jedes Teammitglied zu den zentralen Hauptthemen steht. Dabei kann es passieren, daß verschiedene Teammitglieder in bezug auf einen konkreten Konflikt unterschiedliche Sichtweisen haben, die aufeinander abzustimmen sind.

Phase 4:
Sichtweisen klären

Auch können vereinzelt persönliche Animositäten zwischen zwei Teammitgliedern oder zwei Lagern in dieser Phase ausgeführt werden. Aus diesem Grunde sind die Rolleninstruktionen der Hauptakteure bei einem Beziehungskonfliktfall länger als die der anderen Spieler.

Phase 5:
Lösungen aushandeln

Würde man einen Verhandlungsfall konstruieren, müßte man die Verhandlungsposition jedes Teammitgliedes und den möglichen Bewegungsspielraum sammeln.

Die vielen Rollenwechsel sind für Herrn Schubert anstrengend. Zwischen jedem Rollenwechsel sollte deshalb eine kleine Pause liegen, so, als würde man die Lehrer nacheinander in den Raum zum Interview bitten. Abschließend macht der Interviewer eine „Lückenanalyse" zu seinen Notizen, das ist das Aufspüren fehlender wichtiger Informationen.

Regeln zum Erstellen von Rolleninstruktionen

Die Komplexität des Falles soll auf das Nötigste reduziert sein, falls man nicht beabsichtigt, die Teilnehmer mit dem Gefühl aus dem Seminar zu entlassen, versagt zu haben. Das heißt konkret: Die Auftragslage sollte nicht länger als eine Seite sein! Hier ist das Motto „Quick and dirty" erlaubt.

Die folgende Aufstellung gibt Aufschluß über die neun Regeln, die beim Erstellen von Rollenspiel-Instruktionen wichtig sind:

1. Anonymität sicherstellen
   Um den Schutz der am Konflikt Beteiligten zu gewährleisten, sollten alle Hinweise, die Rückschlüsse auf Personen oder Unternehmen zulassen, herausgenommen werden. Alle im Buch verwendeten Fälle sind anonymisiert worden, indem wir die Namen der Personen, den Ort und auch das Unternehmen geändert haben.

2. Viel Spielraum in der Rolleninterpretation lassen: Neutrale Namen
   Wir benutzen zunächst z.B. witzige Namen (wie „Herr Sarkowski, der

Sarkastische", um in den ersten Seminaren über Vorurteile eine leichtere Identifikation der Rollenspieler mit den Charakteren herbeizuführen. Dagegen steht aber der Nachteil, daß die Rollenspieler unbeweglicher im Spielen wurden. Die Etikettierung macht auch gute Interventionen der Moderatoren unwirksam. Wir haben uns deshalb dazu entschlossen, neutrale Namen zu wählen, die das Spiel facettenreicher werden lassen.

3. Eindeutige Machtverhältnisse: Auftrag immer von der Führungskraft
   In der Realität war Holger Schubert, der beratende Schulpsychologe, unser Ansprechpartner. Ein Auftrag sollte nicht über tausend Ecken vereinbart werden, sondern direkt mit der Führungskraft bzw. dem Geldgeber abgesprochen sein. Deshalb wird in diesem Fall auch die Schulleiterin, die wir persönlich nie kennengelernt haben, zur Auftraggeberin gemacht. Auch Auftragsverhältnisse, in welchen Teammitglieder aus mehr als zwei Führungsebenen mitspielen, sind zu schwierig. Kein einfacher Büroangestellter verhandelt mit dem Vorstand über wichtige Entscheidungen.

4. Bearbeitung von Eigenanteilen vermeiden: Protagonist fällt heraus
   Im Seminar spielt der nicht mit, der den Fall eingebracht hat, sondern er oder sie beobachtet das Spiel von außen. Deshalb taucht seine Rolle im Rollenspiel nicht auf.

5. Komplexität reduzieren
   Ein Konflikt läßt sich nicht durch einseitige, kausale Wirkungsketten darstellen. So ist nicht der „Sündenbock" an allen Schwierigkeiten des Teams schuld, sondern eher ein Symptomträger für eine ganze Reihe von ungelösten Einzelkonflikten und Tabus im Team. Möchte man bereits in der Ausgangslage möglichst alle Aspekte berücksichtigen, so schafft dies nur unnötige Verwirrung bei den Moderatoren. Das Ziel ist, in kurzen Sätzen ein bis zwei Hauptkonflikte und den Anlaß zur Moderation zu beschreiben. Für eine Auftragsvereinbarung reicht meistens eine halbe DIN-A4-Seite aus. Für den Einstieg in spätere Phasen muß entsprechend mehr über den bisherigen Stand der Dinge, die gefundenen Themen, die Sichtweisen erwähnt werden. So läßt sich ein Fall auch über mehrere Phasen einsetzen, indem für jede Phase eine getrennte Ausgangslage erstellt wird.

6. Rollenidentifikation fördern: Positive Formulierungen wählen
   Ein Moderator möchte Lust auf einen Fall bekommen. Grundsätzlich muß sich jeder Spieler mit jeder Rolle identifizieren können. Eine Schwarzweißmalerei verhindert dies. Oder möchten Sie den schlimmen Chef spielen, den niemand mag, weil er abgrundtief böse dargestellt wird? Für einige Protagonisten (Fallspender), die im Konflikt ein eigenes Interesse vertreten, kann dies eine schwere Hürde sein. Könnten sie die Gegenseite gut verstehen, hätte sich der Konflikt wahrscheinlich auch nicht zugespitzt. So muß der Berater beim Interview darauf achten, daß die Mitglieder der Gegenposition auch nachvollziehbare und positive Motive und Hintergründe erhalten. Am besten eignen sich hierzu Fälle aus der Vergangenheit, bei denen der Protagonist relativ neutral zu allen Beteiligten stand.

7. Keine Fallen stellen: Die Fälle sind immer schwer genug
   Ist ein Fall so angelegt, daß ihn niemand zufriedenstellend lösen kann, findet kein positives Lernen statt, sondern Frustration auf allen Ebenen. Besonders sollte man der Versuchung widerstehen, die Moderatoren durch hinterhältige Rollen-Instruktionen reinzulegen, weil man glaubt, daß die Wirklichkeit auch so hinterhältig ist. In einem Verhandlungsfall beispielsweise benötigt jeder Rollenspieler Lösungsspielräume, die helfen, eine realistische Gesamtlösung zu finden.

8. Die Wahl des Titels: Wie ein Buchtitel
   Der Titel sollte Neugierde wecken und die Hauptaspekte des Falls auf den Punkt bringen. Wir lassen uns dabei gerne von Film und Fernsehen, bekannten Buchtiteln etc. inspirieren: „Sein oder nicht Sein" = „Reform oder nicht Reform".

9. Die Rollenspielerübersicht
   Stehen die Namen, so verschaffen wir uns einen Überblick über das Team, indem wir alle Mitglieder in ein SAG-Verhaltensdiagramm einzeichnen (siehe S. 86). Auf vier Verhaltensdimensionen: Aktivität (Größe des Kreises), Gefühlsausdruck (Grauton), Problembehandlung (zielgerichtet versus offen für Neues) und Beziehung (verbunden versus unabhängig) lassen sich die Gruppenmitglieder durch einen Kreis mit Namenskürzel in das Koordinatensystem eintragen. Alternativ zum Einzeichnen in ein SAG-Felddiagramm kann auch ein Schachbrett als Vorlage dienen. Die Personen werden dann mit Münzen (=je aktiver eine Person ist, desto größere Münzen werden verwendet) so lange verschoben, bis wir (oder der Protagonist) den Eindruck haben, daß es stimmt. Gibt es im Realfall mehr als sechs bis sieben Teammitglieder, sollten die Spieler gestrichen werden, die sich ähnlich verhalten und deren Kreise deshalb im SAG-Diagramm dicht beieinander stehen, gleich groß sind und eine ähnliche Färbung haben. So wäre von jeder Position bzw. Rolle ein typischer Stellvertreter vorhanden.

Die sechs Bausteine einer Rolleninstruktion

1. Viele Moderatoren beginnen ihre Sitzung zur Aufwärmung mit einer kurzen Vorstellungsrunde. Deshalb ist es sinnvoll, einige allgemeine Angaben zur Person, wie etwa Beruf und Alter, zu erwähnen. **Allgemeine Daten zur Person**

2. Das Rollenspiel wird „echt", wenn die Rollenspieler ihre Texte nicht auswendig lernen, sondern auf ihr persönliches Verhaltensrepertoire zurückgreifen und die Texte als Anregung betrachten. Eine mögliche Einleitung kann beispielsweise lauten: **Das eigene Verhalten nutzen**

   Der folgende Text soll Ihnen eine Orientierung bieten, welche Gedanken und Gefühle diese Rolle ausfüllen mögen. Diese Gedanken kommen Ihnen nicht von selber, sondern müssen von den Moderatoren gefördert werden, zum Beispiel durch einfühlendes Verstehen, offene Fragen, Ermunterun-

219

gen, Vorschläge usw. Bitte erschweren Sie es den Moderatoren nicht
unnötig. Was Ihnen in dem Rollenspiel stimmig vorkommt, das machen Sie
bereitwillig mit.

**Sparsame
Regieanweisungen**

3. Daran anschließend können einige Verhaltenshinweise stehen, mit denen
sich der Ablauf und die Dramaturgie der Moderation steuern lassen. Diese
Regieanweisungen sollten äußerst sparsam gestreut sein. Sie können auch
während des Rollenspiels direkt vom Trainer einzelnen Spielern mitgeteilt
werden. Beispiel:

*Dominieren Sie ruhig die Situation. Gehen Sie aber positiv darauf ein, wenn
die Moderatoren Ihnen eindeutig signalisieren, sich zurückzuhalten.*

**Innenwelt-
Informationen**

4. Für den eigentlichen Rollentext bevorzugen wir die „Ich-Form", um die
Identifizierung des Lesers mit seiner Rolle zu fördern. Hierbei gehen wir auf
mögliche Hintergrundinteressen ein, erwähnen andere am Konflikt beteiligte Personen, die Gedanken und Gefühle gegenüber anderen Teammitgliedern und mögliche Motive im Hinblick auf Lösungsbemühungen.

**Erwartungen an die
Moderation**

5. Ergänzend formulieren wir Gedanken und Gefühle, die jeder Rollenspieler
im Hinblick auf die bevorstehende Konfliktmoderation haben könnte. Übrigens mehrheitlich positive Vorstellungen.

Konfliktstoff

6. Bei einem Verhandlungsfall benötigt jeder Rollenspieler sinnvolle Lösungsideen. Diese sind aufeinander abzustimmen. Hierzu fertigen wir uns eine
Übersicht von möglichen Ausgangspositionen und den Handlungsspielräu-
men jedes einzelnen Spielers an. Die Kunst besteht darin, einen vernünftigen Spannungsbogen anzufertigen: Einerseits dürfen sich die Rollenspieler
nicht bereits vor Beginn der Verhandlung handelseinig sein. Dann hätten
sie keinen Konflikt. Anderseits sollten die Positionen auch nicht zu weit
auseinander liegen, und es müssen Bewegungsspielräume eingeplant sein,
damit eine Lösung grundsätzlich in der kurzen Zeit möglich ist. Beispiel für
eine Verhandlungsanweisung:

*Nur wenn Herr Cranz seine Sichtweise in Ruhe zum Ausdruck bringen kann
und wenn Andere gute Gründe für eine längere Laufzeit einbringen oder die
Steuerungsgruppe kreative Alternativen entwickelt, läßt er sich auf einen
Kompromiß oder andere Lösungen ein. Drei Monate mit max. 7 Treffen
sollten aber nicht überschritten werden.*

Zum Schluß lassen wir eine andere Person die Rollenanweisungen gegenle-
sen. Reichen die Angaben, so bekommt jeder Lust, unmittelbar ins Rollenspiel
einzusteigen.

Viel Spaß und Erfolg wünschen Ihnen
Alexander Redlich und Jens Elling

Planungshilfe für den Berufsalltag:
Vermittlung planen

Bitte planen Sie, wie Sie Ihre Vermittlungsfähigkeiten anwenden können.

▧ Welche Personen in Ihrer Umgebung haben regelmäßig Konflikte miteinander?

▧ Für welches dieser Konfliktpaare könnten Sie ein akzeptabler Vermittler sein? (nicht mit einem Ihrer Vorgesetzten!)

▧ Wie können Sie den Konflikt ansprechen und Ihre Vermittlung anbieten?

▧ Wie könnte ein Vermittlungsauftrag konkret aussehen?

▧ Welches Ziel soll erreicht werden? (konkret)

▧ Wie soll vorgegangen werden? (Was soll nicht passieren?)

▧ Wann und wo treffen Sie zusammen?

▧ Wie oft? (vorläufig)

▧ Welche Hindernisse sind voraussehbar?

▧ Wo gibt es Gefahren?

Planungshilfe für den Berufsalltag: Verhandlung planen

Bitte planen Sie, wie Sie Ihre Verhandlungsfähigkeiten anwenden können.

▣ Mit wem haben Sie die nächste schwierige Verhandlung?

▣ Worum geht es? (Konfliktthema)

▣ Welche Personen sind noch dabei?

▣ Welche (vordergründigen) Ziele haben Sie?

▣ Was ist Ihr Wunschergebnis?

▣ Welche Interessen stehen dahinter?

▣ Welche Ziele hat vermutlich die andere Seite?

▣ Was will sie erreichen?

▣ Welche Interessen stehen vermutlich dahinter?

▣ Welche übergeordneten Interessen hat Ihre Organisation? bzw.: Welche übergeordneten Interessen haben die beteiligten Organisationen?

aus: Alexander Redlich/Jens R. Elling · Potential : Konflikte ©Windmühle GmbH

Literaturhinweise

BESEMER, C. (1993)
Mediation. Stuttgart, Gewaltfreies Leben lernen

ELLING, J.R. (1999)
Die Soziale Architektur von Gruppen. Das Auswertungsprogramm für MS-Excel 97
mit Anwenderhandbuch, Band 22 der Materialien der Arbeitsgruppe Beratung und
Training. Fb 16, Universität Hamburg

FISHER, R., URY, W. (1984)
Das Harvard-Konzept: Sachgerecht verhandeln – erfolgreich verhandeln. Frankfurt,
Campus

GLASL, F. (1998)
Selbsthilfe in Konflikten. Stuttgart, Verlag Freies Geistesleben. Bern, Verlag Paul Haupt

GLASL, F. (1997)
Vortragsniederschrift: Konfliktfähigkeit statt Streitlust. Dornach, Verlag am Goetheanum

JACOBS, M., REDLICH A: (1998)
Kommunikative Basiskompetenzen in Beratungs- und Coaching-Gesprächen – ein
interaktives Lernprogramm auf CD-ROM. Hamburg, Aufbruch Organisationsberatung

KLEBERT, K., SCHRADER, E., STRAUB, W.G: (1994)
KurzModeration. Hamburg, Windmühle

LUTHER, M., MAAß, E. (1994)
NLP Spiele-Spectrum. Paderborn, Junfermann

McGREGOR, D. (1970)
Der Mensch im Unternehmen, Düsseldorf, Econ

REDLICH, A. (1997 a)
KonfliktModeration. Hamburg, Windmühle

REDLICH, A. (1997 b)
Die Soziale Architektur von Gruppen in der Teamentwicklung, Band 8 der Materialien
der Arbeitsgruppe Beratung und Training. Fb 16, Universität Hamburg

SCHULZ VON THUN, F. (1998)
Miteinander reden (Band 1-3) Reinbek, Rowohlt

THOMANN, C., SCHULZ VON THUN, F. (1994)
Klärungshilfe. Reinbek, Rowohlt

THOMANN, C. (1998)
Klärungshilfe 2. Konflikte im Beruf. Reinbek, Rowohlt

VOPEL, K.W. (1974)
Interaktionsspiele. Salzhausen, Isko-Press

STANGE, W. et al. (1997)
Planen mit Phantasie, Kiel, Dt. Kinderhilfswerk und „Aktion Schleswig Holstein – Land
für Kinder"

STANGE, W. et al. (1998)
unveröffentlichter Zwischenbericht – Dorf für Kinder – Dorf für alle

Glossar

Arbeitsgruppe:	Eine Gruppe, deren Mitglieder ihre Handlungen auf ein gemeinsames Ziel hin ausrichten und dafür bezahlt werden.
Basiskompetenzen:	Konfliktmoderation benötigt wenigstens 4 kommunikative Basiskompetenzen, die Berater und Trainer, über ihre mitgebrachten Fertigkeiten der Moderation und Gruppenleitung hinaus, lernen sollten. Es handelt sich um (1) das Strukturieren des Kommunikationsprozesses der Gruppe, (2) das aktive Zuhören nach zwei Seiten, (3) die Anleitung zu einer kreativen Lösungssammlung und -findung sowie (4) das Herstellen eines fairen Kommunikationsprozesses zwischen den Konfliktpartnern.
Beziehung:	Die Art, wie zwei Personen zueinander stehen (zum Beispiel Vorgesetzter-Mitarbeiter-Verhältnis, Anziehung-Abneigung, neutrales Verhältnis).
Beziehungsstörung:	Einzelne Elemente der Beziehung oder die ganze Beziehung werden von einer oder beiden Personen nicht akzeptiert.
Coaching:	Personenbezogene Einzelberatung von Arbeitsgruppenmitgliedern (meist Führungskräften) mit dem Ziel der Verbesserung der innerseelischen und zwischenmenschlichen Fähigkeiten. Coaching trägt also zur Persönlichkeitsentwicklung bei.
Fünf Phasen der Konfliktmoderation:	In Befragungen von etwa 50 erfahrenen Trainern und Beratern, die regelmäßig Konfliktmoderationen durchführen, haben sich fünf Schritte der Konfliktbearbeitung herauskristallisiert: (1) den Auftrag mit dem Vorgesetzten gestalten, (2) Kontakt zwischen allen Beteiligten herstellen, (3) Themen sammeln, (4) Sichtweisen der Beteiligten klären und (5) Lösungen aushandeln. Diese Schritte zielen auf die Vermeidung der fünf häufigsten Moderationsfehler ab. Das Konzept der fünf Phasen der Konfliktmoderation stimmt weitgehend überein mit den Theorien der Mediation (Besemer 1993), des Konfliktverhandelns (Fischer u. Ury 1984) und des Konfliktmanagements (Glasl 1998).

Gruppe:	Eine Menge von Personen, die sich als Einheit und von anderen Personen in irgendeinem Merkmal als unterschiedlich wahrnehmen.
Innerseelischer Konflikt:	Gegensatz zwischen Vorstellungsinhalten innerhalb einer Person.
Konflikt:	Gegensatz zwischen zwei oder mehr tatsächlich nicht zu vereinbarenden oder als unvereinbar wahrgenommenen Vorstellungsinhalten.
Konfliktmoderation:	Moderation mit dem Ziel der Lösung eines Konfliktes zwischen den Mitgliedern einer Gruppe oder zwischen Gruppen.
Lösungsfindung:	Aushandeln von Absprachen über gemeinsames Handeln, die von allen Beteiligten akzeptiert werden und den gewünschten Effekt ohne unerwünschte Nebeneffekte erwarten lassen.
Mediation:	Konfliktmoderation zwischen zwei Personen ohne weitere Gruppenmitglieder. Mediation erfordert weniger Kompetenzen in der Steuerung der Gruppendynamik, kann aber in der zwischenmenschlichen Klärung tiefer gehen als Konfliktmoderation.
Moderation:	Strukturgebende Einflußnahme einer inhaltlich neutralen, außenstehenden Person auf den Kommunikationsprozeß einer Gruppe.
Sachklärung:	Austausch von Sachinformationen mit dem Ziel, die Wahrheit von Fakten herauszufinden.
Selbstklärung:	Erkundung des inneren Erlebens einer Person mit dem Ziel, Stimmigkeit mit sich und ihrem Umfeld herzustellen (Authentizität).
Teamentwicklung:	Professionelle Betreuung einer Arbeitsgruppe durch eine außenstehende Person über einen Zeitraum von wenigstens einem halben Jahr mit dem Ziel, die Zusammenarbeit zu verbessern. Teamentwickler thematisieren neben Sachinhalten der Arbeit auch Werte, Normen und Rollen sowie ihr Zusammenwirken in der Kommunikation und Kooperation der Gruppenmitglieder. Coaching, Konfliktmoderation und Mediation können Bestandteile der Teamentwicklung sein.
Zwischenmenschlicher Konflikt:	Gegensatz zwischen Vorstellungsinhalten von verschiedenen Personen.

Zu den Autoren

Dr. Alexander Redlich

 Psychologe, Sozialpädagoge und Pädagoge. Seit 1976 Hochschuldozent am Fachbereich Psychologie der Universität Hamburg. Seine Arbeitsschwerpunkte in Forschung und Lehre umfassen die Beratung und Training von Einzelpersonen oder Gruppen in Schulen, Wirtschaft und sozialen Einrichtungen. Daneben beschäftigt er sich mit der Förderung verhaltensauffälliger Kinder und Jugendlicher und ihrer Familien.

Jens R. Elling

 Psychologe, seit 1994 Lehrbeauftragter und freier Mitarbeiter am Fachbereich Psychologie der Universität Hamburg sowie Teamentwickler und -trainer in freier Praxis. Forschungs- und Arbeitsschwerpunkt: Teamentwicklung, Konfliktmoderation, Mediation, Führungsberatung in Wirtschaftsunternehmen und sozialen Einrichtungen.

Kontakt
Arbeitsgruppe Beratung und Training
Universität Hamburg
Fachbereich Psychologie/Institut II
Von-Melle-Park 5
20146 Hamburg
Telefon 040 - 42838-5434
Telefax 040 - 42838-3767
E-Mail   Redlich@uni-hamburg.de
E-Mail   Elling@uni-hamburg.de

Werkzeuge für moderierte Gruppenarbeit

Moderationswände

Sechs Moderationswände in einteiliger oder klappbarer Ausführung als mobile Arbeitsflächen für die Visualisierung sind die ideale Grundausstattung für die Arbeit mit Gruppen (hier: bis zu 12 Personen). Die Wände müssen leicht, stabil und ohne Werkzeug aufzubauen sein. Sie sollen sicher stehen.

Visualisierungskoffer oder -boxen

Ein Visualisierungskoffer oder eine Visualisierungsbox, gefüllt mit allen notwendigen Hilfsmitteln, um die Ideen, Bemerkungen und Fragestellungen

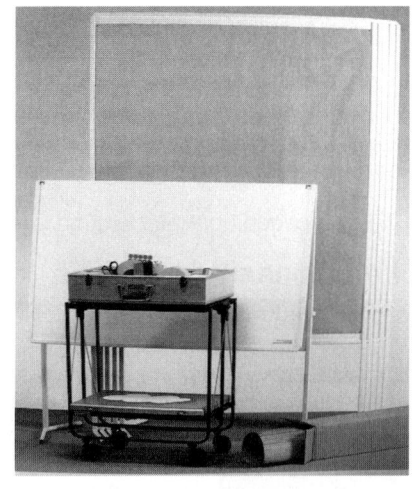

Wer Konflikte moderatorisch bearbeiten will, benötigt hierzu Moderationswerkzeuge. Diese sollten so einfach und gut funktionieren, dass man keinen Gedanken daran verschwenden muss. Deshalb hier einige Hinweise, die Ihnen die Auswahl der richtigen Hilfsmittel erleichtern sollen.

der Teilnehmer in optisch ansprechender Form festzuhalten, garantiert ein verzögerungsfreies Arbeiten und vermeidet lästiges Suchen in den letzten Vorbereitungsminuten des Trainings. Es sollten enthalten sein: Filzschreiber in schwarz und rot, Papierkarten in verschiedenen Farben und Formen, Wolken, Klebestifte, Nadeln, Klebepunkte, Tesa-Krepp und Schere. Stellen Sie rechtzeitig sicher, dass der Koffer auch richtig gefüllt ist.

Packpapier

Das Packpapier ist Arbeitsuntergrund für die Visualisierung der Arbeitsergebnisse auf den Moderationswänden. Sie erhalten das Material als Paket zu 100 Bogen abgepackt.

Flipchart

Ein Flipchart sollte zum Visualisieren in ausschließlich schriftlicher Form bereit stehen. Auch hier an Papier denken. Ein Block enthält 20 Bogen. Die Verpackungseinheit beinhaltet 5 Blöcke.

Lernsoftware

Zwei computergestützte Lern- und Arbeitsprogramme auf CD-ROM bieten Ihnen hilfreiche Unterstützung. Das Programm „Moderationsmethode" führt in die Geschichte und Philosophie der Methode ein und vermittelt die Grundlagen dieser Arbeitstechnik. Das Programm „Workshop-Moderation" erleichtert die Planung und Durchführung moderierter Workshops durch Hintergrundwissen, Anregungen zur Dramaturgieentwicklung und praktische Arbeitshilfen.

**Bezugsadresse:
Nitor GmbH,
Adlerstraße 44-46,
25462 Rellingen
Telefon 04101 36021,
Fax 04101 36630,
Internet www.nitor.de**

Die Reihe Moderation in der Praxis

Wenn Zusammenarbeit zum Problem wird, wenn Teamarbeit funktionieren muß, wenn Arbeitsergebnisse Prozesse beeinflussen, dann bietet die ModerationsMethode für die Gestaltung effektiver Gruppen- und Teamarbeit ein bestechend einfaches Konzept. Kooperativ miteinander zu lernen und zu arbeiten ist Zielsetzung, Pinnwände, Kärtchen, Filzschreiber sind Handwerkszeug, um die Erfahrung aller für die Ergebnisfindung zu nutzen, um Betroffene zu Beteiligten zu machen, um jede Meinung zu berücksichtigen.

Viele sprechen über Moderation – wie's geht, zeigen Ihnen diese Bücher:

Band 1

Einführung der ModerationsMethode im System Schule. Praxis der Schulentwicklung in zahlr. Fallbeispielen.
241 S., zahlr. Abb.,
ISBN 3-922789-75-7

KURSKORREKTUR SCHULE   P. Nissen. U. Iden

Geht es um Veränderungsarbeit im System Schule, dann bietet dieser Titel mit seinen Moderationsabläufen zu den Themenbereichen Leitungs- und Kollegiumsebene, Elternarbeit, Unterrichtsgestaltung und Schulentwicklung hervorragende Anregungen. Zielsetzung der Autoren ist es, die Erneuerung von der Basis her zu initiieren, Teamarbeit zu fördern, interaktives und kommunikatives Umgehen miteinander zu lehren. In dem Buch stecken zukunftsweisende Ideen und Techniken für Schulleitung und Lehrende.

Band 2

Handlungsstrategien für alle, die mit Gruppen arbeiten.
Mit vier Fallbeispielen
213 S., zahlr. Abb.,
ISBN 3-922789-63-3

KONFLIKTMODERATION   Alexander Redlich

Auf dieses Buch greift das Trainingskonzept „Potential : Konflikte" zurück. Es hilft die Ursachen eines Konfliktes zu identifizieren, sensibilisiert für problematische Strukturen in Teams, schult den Blick für Beziehungsstörungen und hilft die Aufarbeitung geschickt zu steuern. KonfliktModeration vermittelt Basiskompetenzen für Moderatoren. Der Autor entwickelt eine Handlungsstrategie, mit der man die Auseinandersetzung zwischen Konfliktparteien in Arbeitsgruppen nutzen kann, um neue und bessere Problemlösungen zu finden. Vier Fallbeispiele verdeutlichen dann die geeigneten Vorgehensweisen. Damit wird das Buch zu einem wichtigen Nachschlagewerk der Konfliktbewältigung.

Band 4

Ein Handbuch für Projektleiter, Prozeßbegleiter und Berater.
Mit vielen Praxisbeispielen
256 S., zahlr. Abb.,
Checklisten,
ISBN 3-922789-68-4

PROZESSKOMPETENZ IN DER PROJEKTARBEIT

D. Mayrshofer, H. A. Kröger

Die komplexen Zusammenhänge innerhalb eines Projektes und seiner Umwelt werden häufig nicht erkannt bzw. richtig genutzt, so daß ein frühzeitiges Scheitern im Unternehmensalltag die Folge sein kann. Hier setzt dieses Buch an. Es behandelt das „Wie" der Projektdurchführung mit einem prozeßorientierten Ansatz. Die Autoren strukturieren sehr praxisnah und geben umsetzbare Hilfestellung für solche grundlegenden Fragen wie Auftragsklärung, Bilanzierung und Teamentwicklung, funktionale

Planung und Steuerung, Führung, sowie zum Qualitätsmanagement, KVP oder zum Einsatz von EDV-Tools etc. Prägende Projektsituationen werden an Fallbeispielen gezeigt, Werkzeuge und Methoden für die erfolgreiche Projektdurchführung bilden den Abschluß des Buches.

VISUALISIEREN IN DER MODERATION T. Schnelle-Cölln, E. Schnelle

Handwerkszeug des Moderators ist das gut gestaltete Plakat. Es zeugt von Klarheit der Gedanken, Respekt vor dem Adressaten, Souveränität im Vorgehen. Dieses Buch ist ein Lernprogramm der „optischen Rhetorik", das Ihnen hilft, komplexe Sachverhalte durch Nutzung einfacher Grundprinzipien der Kommunikation und bewußt komponierter Bildgestaltung verständlich darzustellen. Darüber hinaus ist es Übungsmaterial und Kreativpool für ungewöhnliche Umsetzungen. Jeder, der richtig moderieren will, sollte den Band in seinem Bücherschrank stehen haben.

Band 5
Eine praktische Anleitung für Gruppenarbeit und Präsentation
96 S., zahlr. Abb.,
4-farbig,
ISBN 3-922789-50-1

KUNDENKONFERENZ Peter Böhm

Ein gutes Verhältnis zum Partner Kunden beeinflußt gravierend den Erfolg eines Unternehmens, bestimmt Motivation und Selbstwertgefühl der Mitarbeiter und wirkt stark in die Unternehmenskultur hinein. Die Kundenkonferenz kann rechtzeitig auf Mißstände im Unternehmen aufmerksam machen und wertvolle Anregungen vermitteln. Das wichtigste Instrument einer Kundenkonferenz ist der strukturierte Workshop, der dem Unternehmen die Möglichkeit bietet, gemeinsam mit seinen Kunden, Lieferanten, Kooperationspartnern, Behörden oder Repräsentanten der Zielgruppe „Endverbraucher" die Aspekte zu erarbeiten, die den guten Kontakt ausmachen und der Verbesserung bedürfen. Ablauf, Planung, Einsatz der Moderationsmethode als Hilfsmittel belegen die Fallbeispiele.

Band 6
Der intensive Dialog mit dem Partner Kunde.
Moderations-veranstaltungen zur Erhöhung der Kundenbindung
116 S., zahlr. Abb.
ISBN 3-922789-73-0

KURZMODERATION

K. Klebert, E. Schrader, W. G. Straub

Neben Basiswissen zur Methode finden sich hier 20 Fallbeispiele aus unterschiedlichen Branchen und vielfältigen Problembereichen (z.B. Abteilungssitzung, Zielvereinbarung in einem Projekt, Außendienstbesprechung etc.). Äußerst hilfreich sind die minutiösen Ablaufpläne einzelner Moderationen, die sich unmittelbar in die eigene Praxis integrieren lassen. KurzModeration ist damit ein sehr verständlicher Ratgeber voller profundem Erfahrungswissen – eine gute Anleitung für jedermann.

Anwendung der ModerationsMethode in Betrieb, Schule, Kirche, Politik, Sozialbereich und Familie, bei Besprechungen und Präsentationen.
200 S., zahlr. Abb.,
ISBN 3-922789-23-4